高等学校教师教育创新培养模式
"十三五"规划教材

编委会

丛书主编　　　靖国平

丛书副主编　　（以姓氏笔画为序）

　　　　　　　王　文　　王　锋　　孔晓东　　邓银城
　　　　　　　李经天　　吴亚林　　张相乐　　胡振坤
　　　　　　　徐学俊　　黄首晶　　谢新国　　雷体南
　　　　　　　熊华生

编　　委　　　（以姓氏笔画为序）

　　　　　　　邓晓红　　卢世林　　叶显发　　刘启珍
　　　　　　　汪　果　　张裕鼎　　金克中　　赵厚勰
　　　　　　　姜　庆　　徐碧波　　曹树真

高等学校教师教育创新培养模式"十三五"规划教材

丛书主编 ◎ 靖国平

中国教育史教程

（第二版）

ZHONGGUO JIAOYUSHI JIAOCHENG

主　编　赵厚勰　陈竞蓉
副主编　兰　军　罗玉霞　胡朝阳　郑　刚
　　　　张利平

华中科技大学出版社
http://www.hustp.com
中国·武汉

内 容 简 介

本书分为中国古代文教政策和教育制度、中国古代教育思想、中国近现代教育发展与变革、中国近现代教育思想四个部分，共18章。全书以简史的形式，简要介绍了中国自先秦以来教育发展的历史，试图让读者从总体上对中国教育发展的历史有所了解与掌握。本书既注意体系的完整性，也注意突出重点，行文尽量做到简明扼要，脉络清晰。出于增强可读性的考虑，本书精心搜集了一些中国教育史方面的小故事（或教育案例、教育心得），还精心挑选了一些教育名言，并选取了一些相关图片。我们希望通过这些工作，进一步吸引读者对本书的阅读兴趣。本书既可用做教材，也可供自学阅读。

图书在版编目(CIP)数据

中国教育史教程/赵厚勰，陈竞蓉主编．—2版．—武汉：华中科技大学出版社，2018.2（2021.12重印）
ISBN 978-7-5680-3776-1

Ⅰ.①中⋯　Ⅱ.①赵⋯　②陈⋯　Ⅲ.①教育史-中国-高等学校-教材　Ⅳ.①G529

中国版本图书馆 CIP 数据核字(2018)第 023596 号

中国教育史教程（第二版） 赵厚勰　陈竞蓉　主编
Zhongguo Jiaoyushi Jiaocheng

策划编辑：曾　光
责任编辑：华竞芳
封面设计：孢　子
责任监印：朱　玢
出版发行：华中科技大学出版社（中国·武汉）　　电话：(027)81321913
　　　　　武汉市东湖新技术开发区华工科技园　　邮编：430223
录　　排：华中科技大学惠友文印中心
印　　刷：武汉开心印刷有限公司
开　　本：787mm×1092mm　1/16
印　　张：13　插页：2
字　　数：288千字
版　　次：2021年12月第2版第11次印刷
定　　价：32.00元

本书若有印装质量问题，请向出版社营销中心调换
全国免费服务热线：400-6679-118　竭诚为您服务
版权所有　侵权必究

总序

教师兴则教育兴，教师强则教育强。当今世界，大力加强教师队伍建设，创新教师教育培养模式，提高教师专业化水平，是世界各国教育改革与发展的一项共同目标。我国新近颁布的《国家中长期教育改革和发展规划纲要(2010—2020年)》提出："教育大计，教师为本。有好的教师，才有好的教育。""加强教师教育，构建以师范院校为主体、综合大学参与、开放灵活的教师教育体系。深化教师教育改革，创新培养模式，增强实习实践环节，强化师德修养和教学能力训练，提高教师培养质量。"

教材建设与开发是创新教师教育培养模式、促进教师专业化发展的一个重要手段，也是深化教师教育改革、提高教师培养质量的一项重要举措。2009年6月，教育部启动实施"教师教育创新平台项目计划"，明确提出要努力创新教师培养模式，加强教师教育学科群建设，深化学科专业、课程教学改革。在这种背景下，我们组织一批教学经验丰富、研究成果突出的高校专业教师，根据教师教育创新培养模式以及教师专业化发展的新形势、新目标和新任务，以华中科技大学出版社为平台，编写了"高等学校教师教育创新培养模式'十二五'规划教材"，包括《教育学教程》、《心理学教程》、《现代教育技术教程》、《课程与教学论教程》、《中国教育史教程》、《外国教育史教程》、《教师伦理学教程》、《学与教的心理学》、《学校心理咨询与辅导》、《公关心理学》、《班主任工作艺术》、《多媒体课件设计与制作》、《教育科研技能训练》、《教师教学技能训练》和《教师语言艺术训练》共15本。

通过教材建设与开发创新教师教育培养模式，探索教师专业化成长之路，是一种新的尝试，也是一项比较复杂的系统工程。本系列规划教材的编写，以《国家中长期教育改革和发展规划纲要(2010—2020年)》精神为指导，在坚持教材编写的科学性、创新性、系统性、规范性等基本原则的基础上，力图从以下三个方面进行有益的探索。

(1) 在传承教育学专业基础知识的基础上，突出教师教育教材编写的实践取向。教师教育教材体系的变革，是当前创新教师教育培养模式的一个重要课题。教师教育教材的编写，既要体现系统、严密、扎实的教育理论知识，又要突出丰富、生动、具体的教育实践情境；既要注重将抽象的理论知识引入鲜活的实践领域，还要注意将日常实践经验导向富有魅力的理论阐释。其重点和难点在于达成理论与实践两方面的动态平衡和相互转化，并始终专注于教材的现实取向和实践立场，以克服理论脱离实际、知识与能力相分离、所学非所用等方面的流弊。本系列规划教材的编写,力求在简明介绍、评述相关理论知识及其背景的基础上,凸显教材的实践取向和实用价值。如《班主任工作艺术》《多媒体课件设计与制作》《教育科研技能训练》《教师教学技能训练》《教师语言艺术训练》等教材,都充分体现了这种取向。

(2) 在坚持教材编写为教师服务的基础上,突出教材编写的学习者取向。任何教材的编写,既要考虑教师"教"的需要,也要考虑学习者"学"的需要,好教材通常是教师"好教",学生"好学",教学一致,师生相长。本系列规划教材的编写,力求在为从事教师教育的专业教师提供优质的课程与教学设计的基础上,坚持"以学习者为主,为学习服务"的基本原则。基于创新教师教育模式所要达成的目标,教师的"教"需要满足于学生的"学","教材"需要趋向于"学材"。尽管许多教材名曰"教程",但我们更倾向于将它转化为"学程",追求"教程"与"学程"的有机统一。同时,在教材编写过程中注重学习资源与问题情境相结合、文字表述与图表呈现相结合、文本学习与思想交流相结合、知识掌握与能力训练相结合。

(3) 在坚持教材编写的普适性、通用性原则的基础上,突出教材编写的区域性特色。湖北是我国的教育大省,湖北教育尤其是教师教育在中部地区具有重要的比较优势与特色。未来10年湖北将努力从教育大省迈进教育强省,而教师教育必将是我省基础教育改革与发展的一项重点工作。本系列规划教材的编写者以湖北省属高校专业教师为主,旨在充分利用湖北省丰富的高校教师教育方面的教学和研究资源,以及广大中小学校教育教学改革的先进经验,凸显教师教育教材编写的区域特色和比较优势。同时,也注意充分吸收其他地区教师教育的理论和实践成果。

本系列规划教材的编写,是一次较大规模的集体劳动的成果。湖北大学、江汉大学、长江大学、三峡大学、湖北师范学院、湖北第二师范学院、湖北民族学院、黄冈师范学院、孝感学院、咸宁学院、襄樊学院、荆楚理工学院、郧阳师范高等专科学校等10余所院校的百余名专业教师的热诚加盟,华中科技大学出版社领导和各位编辑的大力支持,各路同仁的精诚团结与通力合作,使本系列规划教材的编写得以顺利进行。编委会同仁深知编写系列规划教材是一件非常不易的大事,有的教材或许存在某些问题、差错,热诚欢迎广大读者及时加以指出,以便我们在下次修订时改正、完善。

本系列规划教材适用于高等师范院校学生和综合性大学师范专业学生学习,同时可作为在职教师培训教材和专业教师教学参考用书。

靖国平

2010年11月30日

第二版前言

《中国教育史教程》自出版以来,受到了广大读者的喜爱。本书的主要优点就在于,既能够简明扼要地反映中国教育历史的发展概况,又能让读者掌握中国教育史上重要的教育改革与教育思想,比较适合那些对教育史感兴趣的初学者阅读,也适合作为相关课程的教材以及报考教育专业的考研人员复习备考使用。

借此次再版之机,我们重新仔细审读全书,对相关内容做了必要的修订。修订的内容主要包括两个方面:其一是少量地增补了部分内容,让全书显得更加丰满与完善;其二,对在审读过程中发现的文字错讹做了必要的改正。

参与此次修订工作的人员主要有罗玉霞、冯晶、刘雪梅、唐爽、徐丹、杨晓莹、张思萌、郑雅晴等人。赵厚勰负责全书的审定工作。在此谨对上述人员所付出的劳动表示感谢!再次感谢华中科技大学出版社,并真诚期望听到读者的反馈与批评的声音!

编者

2018 年 1 月 26 日

前言

为适应国家高度重视师范教育的时代需求,作为"高等学校教师教育创新培养模式'十三五'规划教材"丛书之一,我们编写了《中国教育史教程》。本书以时间为脉络,简要介绍中国自先秦以来教育发展的历史,以使读者从总体上对中国教育发展的历史有一个整体的了解与掌握。本书既可用做教材,也可供自学阅读。

中国教育史涉及的范围很广,时间跨度很长,内容极其庞杂繁复。为了让读者较为明晰地认识中国教育的发展历史,本书在编写时力图做到简明扼要,脉络清晰。我们既注意体系的完整性,同时也注意突出重点,对非重点部分尽量压缩。在编写的结构安排上,我们以纵向历史发展为基本线索,但并不是简单遵循朝代更替或历史发展的先后顺序来编写,而是对部分内容进行了有机的整合。相信这种安排更有利于读者的阅读。

我们在编写的过程中,认真地参考和吸取了教育界前辈的成果,同时尽力做到搜求一手资料,准确反映教育史实,并注意将近年来教育史学界的最新研究成果反映到教材中去,力求有新的突破。

《中国教育史教程》由赵厚勰、陈竞蓉担任主编,兰军、罗玉霞、胡朝阳、郑刚、张利平担任副主编。全书的写作框架主要由赵厚勰设计,各位主编参与全书统稿工作。参加本书的编写人员大多是多年从事教育史学科学习和研究的、经验丰富的高校教师,他们是(按章节顺序):赵厚勰(湖北大学,前言、第十三章)、兰军(江汉大学,第一、二、三章)、郑刚(华中师范大学,第四、五章)、杜天波、贺双(长江大学,第六章)、陈竞蓉(长江大学,第十四、十五、十七、十八章)、苏星(湖北大学,第七章)、罗玉霞(孝感学院,第八、九章)、胡朝阳(咸宁学院,第十、十一、十二章)、张利平(武汉大学,第十六章)。湖北大学吴中齐也参与了部分写作工作。书中的教育名言、教育启示录以及插图主要由赵厚勰搜集整理,张艳丽协助做了一些工作。

阅读历史的人是睿智的,阅读历史也能让人变得更加睿智。"读史使人明智",学习和研究历史越久,对英国哲学家培根的这句话体会越深。教育中的许多现实问题,其实都可以从历史中找到答案。希望从事教育史学习和研究的读者,以及一切对教育史感兴趣的读者,能通过阅读这本书得到一些收获。

湖北大学教育学院领导也多次关心本书的进展情况,丛书主编靖国平教授经常督促本书的写作。本书的编排体例也受益于周洪宇老师的精心指点。在此一并表示衷心感谢。

由于水平所限,书中一定存在一些缺点、错误和疏漏之处,敬请读者批评指正。

赵厚勰

2012 年 1 月于沙湖之滨

目录

第一部分 中国古代文教政策和教育制度

第一章 中国古代文教政策 (3)
第一节 先秦时期的文教政策 (3)
第二节 秦汉时期的文教政策 (5)
第三节 魏晋南北朝时期的文教政策 (8)
第四节 隋唐的文教政策 (9)
第五节 宋元明清时期的文教政策 (11)

第二章 中国古代官学 (17)
第一节 官学的雏形 (17)
第二节 汉代官学的确立 (20)
第三节 魏晋南北朝时期官学的中落 (22)
第四节 隋唐官学的复兴 (23)
第五节 宋元官学的发展 (25)
第六节 明清时期官学的衰落 (31)
教育启示录1 孔子误会颜回 (34)

第三章 中国古代私学 (36)
第一节 私学的创建与发展 (36)
第二节 私学的类型 (37)
第三节 私学的教学内容 (39)

第四章 中国古代书院 (41)
第一节 书院制度的历史演变 (41)
第二节 书院制度的教育特点 (47)
教育启示录2 孟母三迁 (50)

第五章 中国古代科举制 (52)
第一节 科举制度的起源与演变 (52)
第二节 科举制度对社会的影响 (61)

1

第二部分　中国古代教育思想

第六章　中国先秦时期的教育思想 (67)
　　第一节　孔丘的教育思想 (67)
　　第二节　墨翟的教育思想 (70)
　　第三节　孟轲的教育思想 (72)
　　第四节　荀况的教育思想 (75)
　　第五节　《学记》的教育思想 (78)
　　教育启示录3　给父母的信 (80)

第七章　中国秦汉、魏晋南北朝时期的教育思想 (81)
　　第一节　董仲舒的教育思想 (81)
　　第二节　王充的教育思想 (84)
　　第三节　嵇康的教育思想 (85)
　　第四节　颜之推的教育思想 (87)

第八章　中国唐宋时期的教育思想 (90)
　　第一节　韩愈的教育思想 (90)
　　第二节　柳宗元的教育思想 (94)
　　第三节　王安石的教育思想 (95)
　　第四节　朱熹的教育思想 (97)
　　教育启示录4　知识的价值 (103)

第九章　中国明清时期的教育思想 (105)
　　第一节　王守仁的教育思想 (105)
　　第二节　王夫之教育思想 (108)
　　第三节　颜元的教育思想 (110)

第三部分　中国近现代教育发展与变革

第十章　从鸦片战争到五四运动时期的教育 (117)
　　第一节　洋务教育 (117)
　　第二节　从维新运动到清末新政时期的教育 (122)
　　第三节　民国成立初期的教育 (127)

第十一章　从新文化运动到新中国成立时期的教育 (130)
　　第一节　新文化运动对封建教育的批判 (130)
　　第二节　新民主主义教育的发端 (133)
　　第三节　国民政府时期的教育 (135)
　　第四节　中国共产党领导下的革命根据地的教育 (139)

教育启示录5　陶行知的四块糖果 …………………………………………… (142)
第十二章　中国近现代学制沿革 ………………………………………………… (144)
　　第一节　癸卯学制 …………………………………………………………… (144)
　　第二节　壬子癸丑学制 ……………………………………………………… (147)
　　第三节　1922年的壬戌学制 ………………………………………………… (150)
　　教育启示录6　三毛被罚 …………………………………………………… (154)
第十三章　中国近现代基督教学校教育 ………………………………………… (156)
　　第一节　基督教学校的缘起与初期概况 …………………………………… (156)
　　第二节　清末民初以来基督教学校的发展 ………………………………… (158)
　　第三节　基督教学校教育的影响 …………………………………………… (161)

第四部分　中国近现代教育思想

第十四章　张之洞的教育思想 …………………………………………………… (165)
　　第一节　生平及教育活动 …………………………………………………… (165)
　　第二节　"中学为体，西学为用"的教育思想 ……………………………… (166)
　　教育启示录7　破格录取 …………………………………………………… (170)
第十五章　康有为、梁启超和严复的教育思想 ………………………………… (172)
　　第一节　康有为的教育思想 ………………………………………………… (172)
　　第二节　梁启超的教育思想 ………………………………………………… (175)
　　第三节　严复的教育思想 …………………………………………………… (178)
第十六章　蔡元培的教育思想 …………………………………………………… (181)
　　第一节　生平与教育活动 …………………………………………………… (181)
　　第二节　五育并举、和谐发展的教育方针 ………………………………… (182)
　　第三节　对北京大学的改革 ………………………………………………… (183)
第十七章　陶行知的教育思想 …………………………………………………… (186)
　　第一节　生平与教育活动 …………………………………………………… (186)
　　第二节　生活教育理论 ……………………………………………………… (187)
　　教育启示录8　陶行知喂鸡 ………………………………………………… (192)
第十八章　陈鹤琴的教育思想 …………………………………………………… (193)
　　第一节　生平和教育活动 …………………………………………………… (193)
　　第二节　活教育理论 ………………………………………………………… (194)
　　教育启示录9　春晖中学 …………………………………………………… (199)

第一部分

ZHONGGUO GUDAI
WENJIAO ZHENGCE HE JIAOYU ZHIDU

中国古代文教政策和教育制度

教育名言

三人行,必有我师焉。　　　　　　　　　　　　　　　　　　　　　　　　　　(孔子)

蓬生麻中,不扶而直;白沙在涅,与之俱黑。兰槐之根是为芷,其渐之滫。君子不近,庶人不服。其质非不美也,所渐者然也。故君子居必择乡,游必就士,所以防邪僻而近中正也。　　　　　　　　　　　　　　　　　　　　　　　　　　(荀子)

一年之计,莫如树谷;十年之计,莫如树木;终身之计,莫如树人。　　(管仲)

人生小幼,精神专利,长成已后,思虑散逸,固须早教,勿失机也。　　(颜之推)

读书无疑者,须教有疑,有疑者,却要无疑,到这里方是长进。　　　　(朱熹)

在可疑而不疑者,不曾学;学则须疑。　　　　　　　　　　　　　　　　　(张载)

身教重于言传。　　　　　　　　　　　　　　　　　　　　　　　　　　　　　(王夫之)

动人以言者,其感不深;动人以行者,其应必速。　　　　　　　　　　　(李贽)

第一章 中国古代文教政策

文教政策是一个国家对教育发展的指导思想,决定了教育的发展方向、水平和重心。自先秦至清代,中国历代统治者都十分重视制定和施行文教政策,其出发点都是培养统治阶层所需要的忠臣驯民,以发挥文化教育对维护国家长治久安的作用。中国古代历朝的文教政策对各朝教育的发展都产生了直接的影响。

第一节 先秦时期的文教政策

从新石器文化时代,到夏商周三代,再到春秋战国,中华民族逐渐形成了具有强大凝聚力的华夏文化。在这个文化体系中,教育占有十分显著的地位。在这一时期,中国古代教育经历了从无到有、从原始到文明、从依附到独立的发展过程。随着教育的逐步发展,先秦时期的统治者制定了维护朝代稳固的文教政策。

一、夏代"以射造士"的文教政策

夏代(公元前21世纪—前16世纪)是文献记载中中国最古老的朝代,是国家形态的最初形成时期。这一时期,文化教育事业初步摆脱原始蒙昧的羁绊,文化教育制度进入初创阶段。中国先秦时代的教育自此以夏代教育为底蕴,开始孕育、生长和扩充。

夏代是一个动荡、战乱和征伐不断的朝代。氏族间的仇杀、王室与周边部族、方国间的战争连续不断。夏代国君想拥有的权力与地位必须依靠武力来维持。为适应这种政治需要,统治者极为重视军事人才的培养。史料中有许多夏代重视军事教育的记载。《山海经·海外西经》记载:"大乐之野,夏后启于此舞九伐。"就是说夏后启曾在大乐之野,教授人们操练"九伐"之舞。这种"九伐"之舞,一击一刺为一伐,"九伐"即九个回合,可见这种"九伐"之舞,实际上就是一种武术操练。弓箭是当时战争中的主要武器装备之一,培养善射的武士是统治者的要务,"以射造士"便成为夏代教育的重要特点。

夏代是一个崇尚鬼神、重视祭祀礼典的朝代。《礼记·表记》记载:"夏道尊命,事鬼敬神而远之。"在宗教祭祀活动中,统治者借助追思前辈推动文明进步的历程、创造丰功伟绩的活动,对百姓进行道德教育。宗教活动中的仪式熏陶,还能够起到维护人伦社会的等级秩序的作用。

二、商代"尊神重孝"的文教政策

商代(公元前1600年—前1046年)是奴隶制社会趋于鼎盛的时期。由于汉字系统的成熟和典册的出现,导致具有初步学校形态的学、庠、瞽宗等教育机构形成,促使商代的教育上升到一个新的水平。

商代统治者推行"尊神重孝"的文教政策。《礼记·表记》曰:"殷人尊神,率民以事神,先鬼而后礼。"在商代,世人举凡日常起居、生老病死、农务战事,都须请巫师占卜以询鬼神。因而传授尊神重孝的宗教知识是教育的主要内容。殷人的祖先是至上神——帝。在《殷墟卜辞》中,可以看到帝的权利极大,它主宰着整个自然界和人世间。培养年青一代对祖先神的崇拜是商代教育的重要目的。

三、西周"尊礼"的文教政策

西周(公元前1046—前771年)是中国奴隶制的鼎盛时期,也是奴隶制学校教育发展的全盛时代。西周实行分封制,形成了严格的宗法等级制度。在思想意识上由重鬼神逐渐变为重人事。

"尊礼"是西周统治者推行的政策。《礼记·表记》曰:"周人尊礼尚施。"所谓礼,一方面包含宗教和行为的仪表,如人与人交接中的礼节以及冠、婚、丧、祭等典礼,其目的在于分尊卑、别上下;另一方面包含"敬德保民"的思想。敬德保民的思想是由周公提出的。周公认为,上天只协助那些有道德的统治者,而统治者有没有道德,主要是体现在统治者是否"从民之欲",因为"民之所欲,天必从之"①。这说明了"天命"与"民欲"的一致性。"敬德",即服从"天命";"保民",即安抚奴隶。"保民"是"敬德"的体现。由此,等级名分观念的培植成为西周教育的重心。

夏商周三代,由于教育是同政治、宗教、军事等各种现象糅合在一起的。因此,文教政策也与政治、宗教、军事等政策糅合在一起。

四、春秋战国时期"以礼为文,以戎为主"的文教政策

春秋战国时期(公元前770—前221年),王室衰微,诸侯争霸。维系宗族血缘的宗法制度已失去控制能力。在政治上,王权衰落,"礼乐征伐自诸侯出";在意识形态方面出现了"礼崩乐坏"的局面。"以礼为文,以戎为主"为这一时期诸多诸侯国在国策选取方面的总体特征。

随着各国诸侯势力逐渐壮大,纷纷立国。各国诸侯和公卿大夫为了自身的政治经济利益,增强自己的影响力,都争相培养和扶植具有一定文化知识和技能的人为自身的利益服务,由此养士之风大兴。由于士需要经过一定的学习和训练才能造就,因此人们就需要拜师求学,这就促进了私学的发展。私学促成了各派学说的成熟。各家为展其所长,或著书论辩,或驰说奔竞,由此出现了百家争鸣的局面。

---

① 《左传》哀公三十一年引《泰誓》。

第二节　秦汉时期的文教政策

秦汉时期是中国历史上统一的封建国家形成和确立的时期,也是中国封建社会文教政策的探索和确立时期。文教政策经历了由秦朝法治教育到汉武帝"独尊儒术"的德治教育的转变,对后世产生了深远的影响。中国两千多年来封建社会的教育传统,正是在这个基础上形成的。

一、秦代"以法为教、以吏为师"的文教政策

秦代(公元前221—前206年)是中国历史上第一个统一的中央集权封建国家。为了巩固统一的政权,维护秦王朝的长治久安,秦始皇采取了"以法为教、以吏为师"的文教政策,采取了一系列统一而专制的做法。

（一）"书同文"、"行同伦"

秦初,为消除春秋战国时期"言语异声,文字异形"①的现象,以利于秦政令的统一推行和政权的巩固,采取了"书同文"政策,也就是文字的统一工作,采取以小篆为文字形体的标准。这一做法不仅为秦朝政策法令的顺利推行扫除了障碍,也为文化的传播、教育的推广起到了积极作用。

"行同伦"就是匡正异风异俗,改变原六国贵族的风尚习俗、道德和思想,以合乎秦朝的法度,教化百姓,使全国人民统一法度、统一思想。为达到这一目的,秦始皇曾五次出巡,每次巡行都以东方六国旧地为主,一方面是向天下显示皇帝的权威功绩,震慑吏民;另一方面就是宣扬法度,匡正异俗。这一政策的推行在客观上促进了中华民族共同文化的形成,促进了各民族文化的大融合。

（二）设三老以掌教化

秦实行郡县制,县下有乡。"三老"是乡官之一,多为民间有文化的人,充当教师的角色。"三老掌教化",即三老负责向乡民宣教统治阶级的思想、法度、纲纪、伦理道德行为规范。这是秦统治者为了把"行同伦"的政策贯彻落实到基层所采取的一项劝导、教化措施。

（三）禁游宦

所谓游宦,是指通过游说宣传自己的主张,以达到从政做官的目的的知识阶层。秦统治者认为,游宦的上串下联,物议纷纭,传播自由思想与主张,不利于秦的一元化政治的实施,甚至有颠覆朝政之害,于是明令禁止。

（四）禁止私学、焚书坑儒

在六国趋于统一的过程中,秦代统治者意识到思想统一和君主权力集中的重要

---

① 《说文解字·序》。

性,认为私家学派的存在会造成思想的杂乱,若任由私家学者们自由发表言论,必将惑乱人心,所以有必要剥夺私家学派存在的权利。秦始皇三十四年(公元前213年),李斯提议禁止私学。他认为私学师古非今,扰乱视听,非议法教。每当朝廷令下,诸子百家各以其学说妄加议论,如果不加以制止,必然削弱君主的权威,而且会给结党乱政创造条件,因此私学必须予以取缔。禁私学的具体措施就是颁布书律:"史官非秦记皆烧之。非博士官所职,天下敢有藏《诗》、《书》、百家语者,悉诣守、尉杂烧之。有敢偶语《诗》、《书》者弃市。以古非今者族。"①秦始皇采纳了李斯的建议,下令焚书,禁止私学。

秦始皇赢政三十五年(公元前212年),儒士侯生、卢生指责秦始皇为人刚愎自用,狂妄暴戾,专意任用刑狱之吏,施行重刑杀戮政策,使满朝文武百官畏威而不敢直言进谏。侯生、卢生等人的抨击使秦始皇大怒,下令审问诸生。诸生忍受不住刑讯,彼此互相告发,导致有罪名者460多人,秦始皇命令皆坑之咸阳,以警告后人,这就是坑儒事件,与焚书事件合称"焚书坑儒"(见图1-1)。

图1-1 焚书坑儒

焚书坑儒对于统一思想或许能够起到一定的威慑作用,但这是秦朝为钳制异端邪说、扼杀民间学术活动所采取的极端政策。

(五)以法为教、以吏为师

秦统治者主张对社会实行普遍的法治教育,认为百姓知法才会守法,社会才会安定;官吏知法执法,就不会残害百姓。无论吏民,都要教其知法、畏法、守法,这样国家就必然会富强安定;如此才能使封建统治的政治、经济、文教等法令深入人心、妇孺皆知。为此,在秦代唯一允许学习的就是法令。李斯向秦始皇建议:"若有欲学法令,以吏为师。"②"以吏为师"体现了法家推行法治教育的实施手段,即为了实现法治,选择那些知法的官吏向全体人民传达和解释统治者制定的法令。这样,社会上所有的人都会以统一的标准来理解法令,做到依法行事。通过"以法为教"、"以吏为

---

① 《史记·秦始皇本纪》,又见《史记·李斯列传》。
② 《史记·秦始皇本纪》。

师",官学成为秦时的主要办学形式。

秦在文化教育上所采取的措施对维护中国的统一,对形成中华民族统一的文化有不可忽视的作用。不过,吏师制度是教育发展史上的一次大倒退。

二、汉代确立"独尊儒术"的文教政策

汉(公元前206—220年)自成立到武帝以前的60多年中,统治者推行"无为而治"的政策。汉武帝上台后,为进一步巩固王朝的统治,采纳董仲舒的建议,改变自周朝末期以来法家的统治路线,主张行仁、义、礼、智、信五常之道的儒家治道根本。汉武帝时期,将儒家经典列为官学,设置五经博士,公开"黜黄老刑名百家之言,延及文学儒者数百人",标志着"独尊儒术"文教政策的确立。由此,封建统治阶级树立起了符合自身利益的意识形态,确定了中国封建教育崇尚儒家思想的基本内涵。

"独尊儒术"的基本内容是要求国家政策和文化教育皆以儒学为本,并以儒学为统一的指导思想来培养和选拔人才。非儒的其他学说只能在民间传播,不被纳入国家正规教育系统,非儒的学者也不能进身仕途。为确保儒术"独尊",汉朝统治者采取了以下主要措施。

(一)设五经博士

汉武帝建元五年(公元前136年),朝廷专门设置五经博士来研习《诗》、《书》、《礼》、《易》、《春秋》这五种儒家经典。"博士"是中国古代学官名。战国时已有博士,秦汉承袭此制。博士的职责是掌管典籍簿册、通古今、待问咨询、议礼仪政、充任吏师教授弟子。汉武帝时设五经博士7人,至东汉五经博士14人定为制度,汉元帝时增加为15人。汉代对博士的资格要求很高,只有经学名流、权威才能担任,必须是明儒学、尊儒道的楷模。

(二)兴太学

太学是汉代的最高学府。兴办太学的建议最初由董仲舒在"对贤良策"中提出。董仲舒提出国家不但要"求贤",更重要的是要"养士"。汉武帝元朔五年(公元前124年),朝廷根据丞相公孙弘拟订的实施博士弟子制度的具体办法,由朝廷为五经博士选置弟子,有固定的名额和选拔标准,并享有官方给予的待遇,这就是博士弟子制。这一制度的实行,标志着太学的正式设立。

太学初创时只有博士弟子50人。到汉成帝时,已发展到3 000人。汉顺帝时,由于左雄、翟酺上书建议,重新修缮了太学校舍,并扩建了240房、1 850室。从此,来太学求学的人数日益增多。至汉质帝、汉桓帝时,太学生已达30 000余人。直到东汉末年,太学生经常保持30 000余人。

(三)以儒术取士

两汉时期教育昌盛,与劝以官禄的政策密不可分。汉武帝时逐步确立了以察举为主的取士制度。在取士标准上,突出强调精通儒术和具有儒家伦理道德修养。察举最盛的孝廉科,就是选取具备儒家的"孝"、"廉"美德的人士,而明经科则是专取通

晓一门儒经的学者。太学生通过考课,通一经者即补为官。以儒术取士,不仅为"独尊儒术"的推行和落实提供了保证,而且对士子进德修业具有鲜明的导向作用,极大地促进了讲习儒经的社会风气的形成和教育的发展。

"独尊儒术"文教政策的确立,标志着封建统治阶级树立起符合自身利益的意识形态。这一文教政策此后一直维系了两千多年,直到古代史的终结。汉王朝推行"独尊儒术"文教政策的结果是使儒家教育正式成为国家教育的重要组成部分,是儒家教育施行的一个里程碑,开创了中国封建教育崇尚儒家思想的先河,对汉代以后各个封建王朝文教政策的推行起了规范定型化作用。

第三节　魏晋南北朝时期的文教政策

魏晋南北朝是我国历史上的一个重要时期,上承秦汉文明,下启隋唐文化之先河。连年的征战使得这一时期中国教育的发展受到影响,呈现出文化的多元激荡和学术争鸣昌盛的局面。尽管如此,魏晋南北朝各代的文教政策仍然都以崇儒读经为核心。

一、尊崇儒学

东汉政权的垮台,使谶纬神学丧失了维系人心的力量,儒学失去了往日的尊严。魏政权建立初期,重新开始提倡儒学,多次颁布崇儒兴学的文教政策,以维护封建等级制度和皇权至高无上的地位。魏文帝黄初三年(222年)下诏孔子后人孔羡为宗圣侯,还规定选士依汉之甲乙考课,以通经为录取标准。魏明帝继位后下诏强调:"尊儒贵学,王教之本也。"西晋统治者比较重视和提倡儒学,多次下诏并前去太学释奠,以此达到尊崇儒术的目的。西晋的儒学教育出现了短暂高潮。

316年,洛阳城被攻陷,江淮以北先后由多个民族建立了近20个政权,时称十六国。十六国的当权者大都热心学习倡导先进的富有包融特质的汉族文化,崇儒兴教,采取了一系列推行汉族文化教育的政策和举措。

386年,北魏建国,后分裂为东魏和西魏,后又被北周和北齐所取代,这一时期为北朝。北朝历代都崇儒。魏孝文帝时尊孔活动更甚。北齐文宣帝曾下令全国各地郡学,立孔子庙,并定期举行祭祀。

东晋灭亡后,中国南部先后出现了宋、齐、梁、陈四个政权,史称南朝。为强化皇权和门阀士族的特权,南朝统治者都非常重视儒家礼学,皆有诏令兴学的举动。宋代文帝元嘉十九年(442年)正式恢复国子学,下诏书命令广训胄子;元嘉二十三年(446年)宋文帝亲临国学,策问学生,并给予奖励。齐朝建立后,武帝永明三年(485年)也曾下诏立学,创建堂宇,置学生200人。不过齐立国23年,在此期间曾两次废学。梁武帝比较注意文教事业,于天监七年(508年)下诏兴国子学。天监八年(509年)诏书要求凡坚持学习能通一经的,经过策试可量才录用,即使寒门也不见弃,致使讲诵经学的风气盛极一时,陈文帝天嘉元年(560年),嘉德殿学士沈不害上书请兴学校,选公卿子弟入学,使助教、博士朝夕讲经,陈文帝很赞成,下诏书根据他的建议施行。这些行为都向世人发出经明行修即可入仕的信号,激励学子刻苦学习经学。

随着中央集权的逐渐加强,振儒教以治国的趋势日渐明确,只是因南北对峙政局纷仍,这一进程时时被打断。

二、玄学的滥觞

玄学是魏晋南北朝时期流行的社会思潮,主要表现是用老、庄之说注释儒经及诸子之书。大多数玄学家比较推崇孔子,注意将孔子和老子及道家的无为与封建伦理观念结合起来,提倡玄儒融合,以玄学来改造儒学。但是,玄学在其发展过程中与儒家教育思想是有冲突的。竹林七贤中的阮籍、嵇康,以及后来的鲍敬言等人,曾对儒家思想予以猛烈批判。他们提出的越名教而任自然、否定儒家纲常伦理教育、否定六经教育等思想,表达了他们对儒学思想的批判。

东晋时期,门阀士族热衷于玄学,儒学遭到门阀士族的冷落,玄风跌宕对儒学产生冲击。

三、佛教的传播

佛教自西汉末年传入中国,至魏晋南北朝获得发展。这一时期也是佛学与玄学合流的时期。北方统治者由于缺乏儒学传统和玄学修养,当大乘佛教传入后,便被当作精神支柱。十六国时期,后赵石虎认为佛是军神,应加以供奉。后秦统治者姚崇大崇佛教,请僧人鸠摩罗什入长安译经。北魏拓跋氏政权既兴儒,又崇佛,力图儒佛并用。然而,佛教否定儒家的礼法教育,因此佛教的兴盛给儒家教育造成了新的挑战。

四、儒、佛、道兼容

魏晋南北朝时期,由于社会政治的多元化、汉代经学思想的衰颓、玄学和佛教思想的冲击,教育已不再是儒家的特权,玄学和佛教开始进入教育这一儒家的世袭领地。南朝宋文帝元嘉十五年(438年),宋文帝在京师兴设四学馆,即儒学馆、文学馆、史学馆和玄学馆。主持儒学馆的是名僧慧远的学生——雷次宗。主持玄学馆的何尚之也是一个举家信佛、世代信佛的人,代表了当时信奉佛教的封建士人。玄学馆培养了一批具有玄学和佛学知识的人,对儒学教育产生直接冲击。以往在教育领域中儒学独尊的局面已被打破,佛教和玄学步入教育领域中儒家神圣的殿堂。

第四节 隋唐的文教政策

隋(581—618年)唐(618—907年)时期,封建政治、经济、文化及教育都得到了空前的繁荣。以儒家为主干、佛教和道教为两翼的文教政策,摆脱了独尊儒学的文化专制局限。各学派的传承融合,使教育思想的发展出现了多元化的局面。三教并存而交融的局势活跃了人们的思想,奠定了宋明理学的基础。

一、隋代"兴教为先、崇尚文治"的文教政策

589年,隋朝灭陈,结束了魏晋南北朝分裂割据的局面。为了巩固统治的需要,统治者积极提倡儒家教化。

(一)重振儒术,确立儒学的正统地位

自东汉后期至魏晋南北朝时期,社会动乱,儒学地位下降,佛教和道教日益兴盛。隋文帝即位后,认识到三教皆可利用,要论教化百姓,养育人才,则非崇儒兴学不可。为加强中央集权,隋文帝确立了以儒学为治国的指导思想,把劝学行礼作为易风移俗、教化民众、改革社会政治、治理国家的基础。他在开皇三年(583年)十一月的诏书中指出:"朕君临区宇,深思治术,欲使生人从化,以德代刑。"国家以德代刑,以儒学为统治思想,就需要用儒学来教化人民和培养官吏。隋文帝以高官厚禄礼聘天下儒士集于京都,令自京都至州县均设学校,还亲自到国子监参加典礼。要求全国州县皆置博士习礼,京师国子寺也扩充规模,一时出现儒学繁荣的局面。隋炀帝对儒学更为热衷,在大业元年(605年)七月颁《求贤兴学诏》,强调"君民建国,教学为先,移风易俗,必自兹始。"

(二)尊孔

隋文帝极力抬高孔子及其后代的社会地位。隋学制规定,每岁以四月释奠于先圣先师,封孔子后裔为"邹国公",树立了孔子的独尊地位,建立了儒家思想在教育领域中的道统。

(三)重视儒经的整理和研究

开皇初年,秘书监牛弘向隋文帝提出整理图书文籍的建议,得到隋文帝的批准。自此,隋文帝广求遗书,整理书籍,不遗余力。他曾诏遣使者分赴各地,用高价收购天下图书异本。重赏之下,民间收藏的珍本异书纷纷呈献出来。隋灭陈后,图书流散于南北各地的局面终告结束,国家掌管的书籍数量大大增加。隋炀帝时,科举中设明经科,大量收集经书,并创立了经、史、子、集的目录学分类法,成为中国古代图书分类的正统方法。

二、唐代"重振儒术"的文教政策

唐代如汉化,建立起强大、统一的封建大帝国,封建政治、经济、文化教育都得到了空前的繁荣。唐朝实行"重振儒术"的文教政策,主要表现在以下几方面。

(一)尊孔

贞观元年(627年),唐太宗下令以孔子为先圣,以颜回为先师。贞观四年(630年),朝廷诏令各州县学皆立孔子庙。从唐代武德到开元,中央及地方学校皆立孔子庙,春秋释奠。唐代统治者将孔子偶像化、神圣化,强烈地表现出施儒家之教、行儒

家之政的政治目的,也体现了教育与政治的结合和为政治服务的作用。此外,唐代统治者在向学生进行教育的同时,也向社会施行儒家教化。

(二)重用儒士

唐高祖李渊在开国之初,就"颇好儒臣"。为提高儒学的地位,在国子学立周公、孔子庙各一所,四时致祭。唐高祖武德七年(624年),颁《兴学敕》,要求"敦本息末,崇尚儒宗"。唐太宗李世民更是崇儒,登基前就在王府内设立文学馆,召集房玄龄、魏征等18位名儒为学士。

(三)经学教育为学校教育的核心

唐代的科举考试以儒经为主要内容,其目的在于选拔和培养儒术人才。学校教育也成为经学教育,《五经正义》成为统一教材。唐朝再次统一儒学,基本上结束了儒学内部的派别之争,维护了儒学的统治地位。

(四)兼容佛教和道教

唐统治者虽尊崇儒学,但并不独尊儒学,而是兼重佛教和道教。唐高祖在一份诏书中宣称"三教虽异,善归一揆"。唐太宗认为三教殊途同归,支持玄奘译佛经。武则天也认为"佛道二教,同归于善。无为究竟,皆为一宗"。整个唐代,儒、佛、道三教虽有此消彼长的矛盾,但总的来说,在政治上还是儒术居于主导地位,而佛教和道教只是作为信仰和精神寄托。

第五节　宋元明清时期的文教政策

宋(960—1279年)、元(1206—1368年)、明(1368—1644年)、清(1616—1911年)是中国封建教育发展走向繁荣、得以完善,进而僵滞、逐步走向式微的时期。宋进一步完善和扩充了自唐代形成的国家教育体制,并被其后的元、明、清诸朝所承袭。明清(鸦片战争前)时期,统治者推行文化专制主义,摧残了学术的质疑精神,僵化了人的思想,难以激发人的创造力,终使中国封建教育走向衰落。

一、宋代"尊孔崇儒"的文教政策

宋代是中国封建社会持续发展的时期,在其三百余年的历史中,中国封建教育在经历一系列调整、重建与变革之后,出现了继盛唐以来的又一次繁荣局面。在这一调整变革的进程中,中国封建教育的基本模式逐步形成,基本定型,并且在教育的方针、政策、法规及观念诸方面,为其后历朝封建教育的发展提供了范本。

(一)尊孔崇儒,整饬纲常秩序,加强经学教育

宋朝建立后,汲取晚唐五代两个世纪藩镇割据、权臣悍将篡位的教训,高度重视文治。宋代统治者认为,儒学是"人伦之大纲",只有尊崇孔子,恢复儒学的至尊地位,才能真正维护封建王朝的长治久安。宋朝建立之初,即致力于恢复被战乱毁坏

的各地文孔子庙。其目的在于整顿纲常,化民成俗,以孔子的言论和行为,为士庶崇仰的典范。宋代统治者加封孔子为"玄圣文宣王"(后改为至圣文宣王),封孔门十哲①为公,七十二弟子为侯,对当时的孔子的嫡传后裔加封文宣公的爵号,并予以赐官、赐田、赐出身、免除赋税等优厚待遇。君臣亲往祭祀孔子庙,将孔子庙释奠礼由上公之礼升为帝王之礼。这些举措蔚然化开儒学隆盛的一代风气,对文化教育事业的恢复与重建,无疑起到了积极的作用。

宋代统治者十分重视经学教育,并在科举制度的一系列调整措施中,逐步加强经学比重。宋太宗在位时,就曾明确强调:科举取士,须通经义,遵周孔之礼。并于端拱年间(988—989年),诏令国子监刻印唐代孔颖达《五经正义》,颁行天下。宋真宗尤其重视经学教育,曾自称在东京讲《尚书》七遍,《论语》、《孝经》各四遍,并强调宗室诸王所习,唯在经籍。咸平三年至四年(1000—1001年),又诏令国子监祭酒邢昺等校定《周礼》、《仪礼》、《春秋·公羊传》、《春秋·穀梁传》正义,加以《礼记》、《孝经》、《论语》、《尔雅》,及孙奭《孟子正义》,合唐人经注,为《十三经正义》,颁行天下,成为法定教材。同年,诏州县学校及聚徒讲诵之所,并赐"九经"。在此之前,又诏令群臣子弟荫补京官或京官出身者,并试读一经,精熟方为合格,从而加重了经学在仕途中的作用,为宋初儒家经学教育的普及和振兴,发挥了重要的促进作用。

(二)尚文抑武,尊重读书人

宋朝成立之初,通过逐步扩大科举录取名额的办法,广求俊才于科场,抑制势家子弟,广开寒俊仕进之途。宋太祖建隆元年(960年)始复贡举时,进士诸科一榜及第、出身者,不过19人。以后历次进士、诸科及第、出身者也不过几人,或数十人。开宝六年(973年)录取人数最多,进士及第也仅10人,但复试后加进士26人,总共36人。宋太宗即位后,大幅度增加录取名额,太平兴国二年(977年),一次殿试录取进士及第109人,诸科及第207人,特奏名进士、诸科出身184人,共500人。据王禹偁至道三年(997年)统计,太宗在位的20余年间,进士、诸科登第者近万人。科举录取规模的大幅度扩展,大大鼓励了士儒读书学习的积极性,促使宋初文化教育隆盛。

宋代重用读书人。宋太祖屡次亲临国子监,并在幸学期间告诫侍臣:"朕欲尽令武臣读书,知为治之道。"②宋太祖倡导和鼓励读书,文武百官及士庶皆以读书问学相勉,以不学无术相耻。与此同时,儒臣文士在朝中占据的要职日益增多,礼遇益厚。地方大吏,则如河北、陕西诸路,形成文臣为大帅,武臣副之的定例。朝中的翰林、馆阁文职,尤被士儒所向往,并成为骤进显职的捷径。

(三)大力兴办图书文化事业

宋初崇尚文治,重视图书文化事业。宋太祖乾德四年(966年)八月,即诏求亡

---

① 十哲指的是孔子门下最优秀的十位学生(子渊、字骞、伯牛、仲弓、子有、子贡、子路、子我、子游、子夏)的合称。

② 《宋史》卷一《太祖本纪一》。

书。凡献书者,经学士院考试吏理,凡堪任职官者,多委官任职,或赐以科名。建隆初,设立三馆(昭文馆、史馆、集贤院),收藏图书12 000余卷。太平兴国三年(978年)另建三馆书院,赐名崇文院,正副本藏书总数达8万余卷。淳化三年(992年)建秘阁,专门收藏三馆正本及古画墨迹。真宗晚年又建天章阁收藏太祖、太宗御集,并为两宋历朝皇帝因袭为例。

国子监为重要的图书印制、收藏场所。宋初国子监藏书,不过4 000卷,到宋真宗景德二年(1005年),阁书库中藏书已达十余万卷,45年间增加了25倍。图书文化事业的繁荣,为教育的发展和普及创造了有利的条件。

此外,宋初还出现了许多著名的私人藏书家,如宋绶、宋敏求父子就是著名的藏书家,父子两代藏书积至30 000卷。这些藏书家也多是著名的校书家,并多能积极倡导学术和教育。

二、元朝"遵用汉法"的文教政策

元朝是以蒙古族为主体建立的政权。1279年,元灭掉南宋统一中国以后,为稳定社会秩序和巩固国家政权,开始在文化教育领域大力推行"遵用汉法"的文教政策。

(一)尚文禁武,以文治国

蒙古族统治者在征伐中,对汉族儒士采取怀柔政策。早在蒙古军队南下伐金之初,著名的契丹族政治家耶律楚材就曾向成吉思汗阐述以儒治国的道理:"治器者必用良工,守成者必用儒臣。"①元太祖采纳耶律楚材重视儒学的建议,奉孔子五十一代孙孔元措为"衍圣公"。元太宗重视选用儒者。1237年举行的科举取士就是有名的戊戌选试。中选的儒士全家得以享受免除赋役的优待,除种田需向国家缴纳地税外,其他一切科差杂役概予免除。蒙古族人主中原之后,受汉地儒家文化的深刻影响,其治国理念开始出现根本性变化,即由征战讨伐转变为以文治国。世祖及以下历代元帝皆对以文治国的政策投以了莫大关注。

(二)实行民族等级制

元代将人分为四个等级:蒙古人、色目人、汉人和南人。在元代实行的国子学试贡法中,汉人考试内容最难、要求最严,蒙古人、色目人要求宽松,内容简单,但授官等级却高于汉人。蒙古人、色目人和汉人出身的学官待遇也不相同:蒙古字学教授拟比儒学教授例高一等。②科举考试,也将蒙古人、色目人分为一榜,汉人、南人分为一榜。两榜考试内容不同,南人、汉人考试内容较难,蒙古人、色目人考试内容较易。

(三)尊孔崇儒

元朝对儒学非常尊崇。元世祖忽必烈统一中国后,规定孔子庙祭祀礼仪与帝王相等。武宗至大元年(1308年),加封孔子为"大成至圣文宣王",盛赞孔子为"万世师

---

① 《元史·耶律楚材传》。
② 《元史》卷八四《选举志四》。

表",同时将孟子推崇到"亚圣"地位。并积极推崇忠孝等儒家道德,令中书右丞悖罗铁木儿以国字译《孝经》,并称赞《孝经》:"乃孔子之微言,自王公乃至庶民,皆当由是而行。"①元仁宗也曾指出:"修身治国,儒道为切,儒者可尚,以能维持三纲五常之道也。"②

元代尊孔崇儒的政策,主要是为了加强自己的统治地位,改善其强权暴戾的政治形象,以笼络广大的汉族士儒,也确实收到了缓和社会矛盾、促进民族间和谐的实际效果。

（四）遵用汉法,崇尚理学

蒙古族统治者在统一中国的过程中,逐渐认识到中原汉地文化,特别是理学对于维护其封建专制统治的独特作用所在,开始大力推行汉化、崇尚理学。元代从元仁宗开始,理学地位得到迅速提高。元仁宗早年在太子藩邸,就曾命太子詹事王约等人节译南宋理学名臣真德秀的著作《大学衍义》,并称:"治天下,此一书足矣。"即位之后就恢复了久已停办的科举考试制度,选拔儒学人才。与此同时,采纳程矩夫等人的谏言,规定科举考试从"四书"中出题,以程朱等理学家的注疏为评分的标准,并将宋代著名理学家的牌位列入孔庙从祀。从此正式确立了程朱理学的官学地位,传统的汉唐经学教育从此转变为程朱理学的教育。

三、明代"治国以教化为先,教化以学校为本"的文教政策

明（1368—1644 年）统治者把尊经崇儒作为国策,重教兴学,以培养忠于君主、维护君主专制之士。为了进一步加强文化专制,采取了多种方法与手段。

（一）尊孔崇儒,推崇理学

明清时代的统治者,以程朱理学为建立国家政治的指导思想。明太祖朱元璋即位以后,就下令学者以朱子之学为宗,非"五经"、孔孟之书不读,非濂、洛、关、闽之学不讲。洪武三年（1370 年）开科举,规定"经义"为题,用宋儒注疏。其中"四书"一项,后来规定必须在朱熹的《四书章句集注》中出题。明成祖永乐三年（1405 年）,有个儒士朱友季把所写专诋程朱之学的书进呈给皇帝看,结果被痛打一顿,书也被烧毁。永乐十二年（1414 年）,胡广等人奉命纂修《四书大全》、《五经大全》、《性理大全》,以使"家孔孟而户程朱"。这三部《大全》的出台,全面确立了程朱理学在明代政治上的统治地位,程朱理学也彻底成为禁锢人们思想的教条。

（二）网罗士人,加强思想控制,实行文化专制

明朝建立以后,很重视人才的选拔。明太祖洪武六年（1373 年）诏书中说:"贤才,国之宝也。"朱元璋曾屡次下诏或遣使向全国访求贤才,招纳明经儒士,给予高官厚禄。明代所设的荐举科目有聪明正直、贤良方正、儒士、孝廉、秀才等,多方招纳士

---

① 《元史》卷二二《武宗本纪一》。
② 《元史》卷二四《仁宗本纪一》。

人,"由布衣而登大僚者不可胜数"①。科举的地位更加崇高,有"非进士不入翰林,非翰林不入内阁"的说法,明朝一代宰相170多人,由翰林出者十分之九。高级官员几乎全都出生于科举,科举已成为做官的唯一正途。明代官学生员,特别是国子监生,享有的优待之高是前代比不了的。

统治者一方面加强笼络士人,另一方面也加强思想禁锢,实行文化专制。明代以八股文取士,题目只能出自"四书"、"五经",从内容到格式都是高度标准化的。明代还制定了一系列法令、制度和惩处条例,对各级学校和学生施行严格的控制与管理。明代国子学和地方官学都制订了严密学规,对师生言行严加管制,学校兼有刑罚惩治的功能。明代统治者多次大兴文字狱以震慑师生,通过制造诸多文字冤案,枉杀无辜,制造恐怖气氛,使学校师生慑于淫威而俯首帖耳任其统治。

四、清代"兴文教,崇经术,以开太平"的文教政策

清初至鸦片战争前的教育崇尚儒家经术,提倡程朱理学;广兴学校,严订学规;软硬兼施,加强控制。

(一)崇尚儒家经术

清朝统治者为凝聚人心,对儒学采取尊崇的态度。早在入关以前,他们就曾派遣官员祭奠孔子,翻译儒家经典。顺治元年(1644年),顺治帝下令封赠孔子的第65代孙孔允植为"衍圣公"。第二年(1645年),顺治帝接受国子监祭酒李若琳的建议,加封孔子为"大成至圣文宣先师",并且举行了隆重的祭孔典礼。康熙二十二年(1683年)御书"万世师表"匾额,悬挂于各地孔子庙大成殿,并于次年亲自到曲阜祭孔。乾隆皇帝也非常尊崇孔子。他曾经先后九次到曲阜去朝圣。

(二)推崇程朱理学

清朝自顺治初年始,就把程朱理学作为统治思想,以统一全国思想,主要体现在以下几个方面。第一,在科举考试当中,以程朱理学派的观点作为科举考试的标准。第二,开始封赠朱子后人。顺治十二年(1655年),朱熹的十五世孙朱煌被封为翰林院的五经博士;康熙五年(1666年),朱熹的第十六代孙朱坤来承袭翰林院的五经博士。第三,清初统治者开始把朱熹作为孔庙中大成殿的配享,把朱熹封为十哲之一。第四,清初统治者开始命令一些大学士编纂朱子全书。在康熙年间,著名理学大师李光地负责编撰66卷《御纂朱子全书》。康熙为此亲自写序言。经过清初顺治、康熙对程朱理学的大力鼓吹,清朝把整个社会思想统一于程朱理学之中。

(三)笼络士人,实行文化专制

清朝统治者从入关起通过各种方式笼络汉族士大夫。清代规定的八种做官资格中,进士和举人排在前两位,而且屡开特科,网罗士人。康熙十七年(1678年)特设

---

① 《明史·选举三》。

博学鸿儒科,录取 50 人,都授予翰林院官职。这些笼络政策的确很有效果,士人以受朝廷重用为荣。

清朝统治者多次大兴文字狱,严禁世人的言行。仅康熙、雍正、乾隆三朝,总共制造百余文字狱案,其中著名的有康熙二年(1663 年)的庄廷珑"明史案"、康熙五十二年(1713 年)的戴名世《南山集》案、雍正六年(1728 年)的吕留良"文选案"等,对士人进行大肆滥杀,株连抄没。

清朝统治者还对不利于统治的书籍进行销毁。据统计,从乾隆 39 年(1774 年)到乾隆 47 年(1782 年),焚书 24 次,总共烧毁了 538 种书,13 862 部,实际上销毁的书可能还不止这些数字。清朝统治者以修书为名,成立编书馆,收罗大批士子来组织编写各种古书,致使知识分子开始走向了脱离现实的道路,很多有思想、有才气的人埋首于故纸堆,不敢去妄议政事。

清朝的文教政策,在相当长的一段历史时期内,对于文化教育的恢复和发展起到了积极的作用。但是,随着时间的推移,清朝的教育体制不可避免地走向腐朽、没落。

▶▶ 复习思考题:

1. 名词解释:焚书坑儒。
2. 简述汉代"独尊儒术"的文教政策。

第二章 中国古代官学

中国古代官学由中央官学和地方官学构成。中央官学由中央朝廷直接创办和管辖,地方官学则按地方行政区划,由地方官吏在其治所设置学校。

官学萌芽于夏商周,正式创立于汉代。魏晋南北朝时期政局纷乱,官学时兴时废,及至唐朝,官学繁盛,制度完备。南宋以后逐渐走下坡路。至明清时期,官学逐步衰败,成为科举制度的附庸。

第一节 官学的雏形

一、古史中关于学校的传说

我国最早的学校可追溯至原始社会末期的尧舜时期,那时已经有带学校性质的机构。《周礼·春官·大司乐》记载:"大司乐掌成均之法,以治建国之学政,而合国之子弟焉。""成均"是专门进行音乐教育活动的场所,被认为是古代学校的萌芽。《礼记·王制》记载:"有虞氏养国老于上庠,养庶老于下庠。""庠",本指养老的场所。当时,具有丰富生活经验的老人承担了教育年青一代的任务,他们通常在养老的地方从事这一活动,所以"庠"也兼为教育的场所。

"成均"和"庠"都是原始社会末期开展多种活动的机构,所开展的活动中包括教育活动。这些机构虽然还不是正式的学校,但已开始进行有目的的、有组织的活动,为后来专门教育机构的产生奠定了基础。

二、夏代学校的设置

在诸多古籍中都提到夏代有"序"这种场所。《礼记·明堂位》记载:"序,夏后氏之序也。"《礼记·王制》记载:"夏后氏养国老于东序,养庶老于西序。"《古今图书集成·学校部》记载:"夏后氏设东序为大学,西序为小学。"孟子认为,"序"起初是教射的场所,后来才发展成为奴隶主贵族从事议政、祭祀、养老、教育子弟等公共活动的场所。因此,"序"还不是一个独立的、纯粹的教育机构,教育仅是其中的重要职能。"序"设在夏的国都。

另据《孟子·滕文公上》记载:"夏曰校","校者,教也。""校"的本义为养马、驯马的所在,后逐渐成为练习骑马、从事教育的机构。朱熹注《孟子》时说,"校"为乡学。

三、商代的学校

关于商代学校的设立不仅有诸多文献记载,而且有出土的甲骨文为实证。出土的甲骨文中已有"学"的字样。如"壬子卜,弗,酒小求学?"意思是,壬子这一天举行占卜,弗求问上帝,王子入学,设酒祭祖以求赐福,是否可行?这表明奴隶主贵族把教育下一代当做大事情看待,入学要占卜,设酒祭祖。《礼记·王制》记载:"殷人养国老于右学,养庶老于左学。"《礼记·明堂位》记载:"殷人设右学为大学,左学为小学,而作乐于瞽宗。""瞽宗,殷学也。"郑玄注云:"右学,大学,在西郊;小学,在国中王宫之东。"从有大学、小学或右学、左学之分,表明商代已根据不同年龄提出不同的教育要求,实际划分了教育阶段。商代不仅国都有大学、小学,而且地方也有学校。《孟子·滕文公上》记载:"殷曰序"。"序"为地方学校。

由此可知,商代的学校已有了"序"、"庠"、"学"、"瞽宗"四种称呼,在商代的学校里,学习内容已较虞、夏时丰富。值得注意的是,从甲骨文中的"学"字字形分析,这种学校以传授宗教和文化知识为主,教学活动稳定,教学场所也很固定,学校已较为成熟。文献中出现的"瞽宗"之类学校,原为乐人的宗庙,乐官在此处理国家礼仪、音乐工作,并负责教乐,后逐渐成为学习礼乐的场所、教育机构。所以,商代有了专门进行一般文化知识教育的学校,学校大体上完成了过渡。学校主要进行孝道、教育、礼乐和书数教育。

四、西周的学校

西周的学校已逐步成形,并渐趋完善。

(一)学制

西周是奴隶社会文化发展的灿烂时期,大量资料表明西周的教育制度已经有一个较完整的系统。大体说来,西周时期的学校分为"国学"和"乡学"两种。"国学"是设在周王朝都城和诸侯国都城的学校,专门供奴隶主贵族子弟就读。按照学习的程度,又分为"大学"和"小学"两类。"小学"从事启蒙教育,除识文断字之外,还要学习礼节仪式、音乐舞蹈、骑马射箭、书写计算等方面的基本知识。"大学"则是在"小学"教育的基础上,进一步学习修身、治国、平天下的本领,以便日后参与国家治理。设在周王朝都城的大学叫做"辟雍",规模较大,分为五个部分:辟雍居中,是天子讲学之地,四面环以圆形水池;水南叫"成均",学习乐舞;水北叫"上庠",学习典籍;水东叫"东序",学习干戈;水西叫"瞽宗",学习礼德。设在诸侯国都城的"大学"叫做"泮宫",规模较小,规定只能环绕半圆,称为"泮水"。以上这些学校,都由国家兴办,用以培养贵族子弟。"乡学"是各地设立的地方学校,只有"小学"一级,供普通贵族子弟就读。《礼纪·学记》指出:"古之教者,家有塾,党有庠,术(州)有序,国有学。""塾"、"庠"、"序"都属于乡学,为地方学校;"塾"中的优异者可升入乡之"庠"、"序";"庠"、"序"中的优异者可升入国之大学。

(二)特征

西周的学校称为官学,由国家兴办。周王室对受教育权实行绝对控制,不同级别的贵族子弟分在不同级别的学校学习,在同一等级学校学习的贵族子弟的入学年龄也有所限制。学校的教师称为官师,由国家政府官吏担任。官师担任的教学职务,一般都与其所任命的官职相符,如乐师在国学中担任小舞教学。

(三)教育内容

西周的教育内容以礼、乐、射、御、书、数等六艺为基本内容。六艺教育起源于夏朝,商朝又有所发展,西周在继承商朝六艺教育的基础上,变得更为充实。

1. 礼乐教育

礼乐教育是六艺教育的中心。"移风易俗,莫善于乐;安上治民,莫善于礼"。① 礼乐贯穿于整个奴隶社会的一切社会活动当中,体现了奴隶主贵族阶级的宗法等级制度,对年青一代思想政治、道德品行的培养有重大作用。

2. 射御教育

"射"是指射箭,"御"是指驾驭马拉战车。西周是以人数较少的部族统治人数较多的部族及其联盟,依靠的是有组织的军事力量,贵族子弟都要成为武士,因而射御是他们必不可少的军事训练项目。射,在国学和乡学中都是重要的学科,都有一定的教练场所,训练亦十分严格。西周在每年大祭之前要举行射箭比赛,选拔武士。射击水平高低决定了射者在贵族中的地位,故射箭的教练深受重视。西周的战争,以车战为主,武士必须有驾驭战车的技术,青年达到一定年龄就要接受训练。御的训练项目有五项,简称五御。贵族子弟要经过严格的训练,才能达到五项标准要求。

3. 书数教育

"书"是指文字,"数"是指算法。西周的文字应用已经十分广泛,字数也增多了。其字体为大篆,书写的材料为竹木,书写工具为刀笔。小学进行文字教学,其教材为《史籀》(十五篇)。文字教学要求认读、会书写,其方法是由易到难。数学知识到西周时,已有更多的积累,为系统的教学创造了条件。先学数的顺序名称及记数的符号,然后学习甲子记日法,知道朔望的周期。之后是进一步学习计数的方法,掌握十进位和四则运算,培养初步的计算能力。

六艺教育是西周教育的特征和标志,它包含多方面的教育因素,六艺教育既重视道德教育,也重视文化知识;既注意传统文化,也注意实用技能;既重视文事,也重视武备;既重视礼仪规范,也重视情感修养。六艺教育的思想对后世产生了深远的影响。

五、秦代的官学——学室

秦代的郡县普遍设有的官学叫"学室"。学室招收的学生称为"史子"。史子被招进学室后,可以得到政府照顾,免除服役。学室的老师被称为"吏师",由县属令史之类的小吏充任。史子的学习内容以《秦律》为主,兼习童蒙课本,如李斯的《仓颉篇》、赵高的《爰历篇》、胡毋敬的《博学篇》等。史子毕业后,经过一定时期的考察和实习,合格后被任命为官吏。

---

① 《孝经·广要道篇》。

第二节 汉代官学的确立

汉代确立了中国封建社会的官学制度,奠定了以后中国封建官学发展的基本格局。汉代官学分中央官学和地方官学。

一、汉代中央官学

中央官学有作为最高学府的太学、专为皇室贵族子弟举办的宫邸学和从事书法辞赋教学的鸿都学门。

(一)太学

中央官学正式建制始于元朔五年(公元前124年),汉武帝采纳董仲舒"兴太学,置明师,以养天下之士"的建议,在长安设太学,置五经博士,并按公孙弘之奏请,为博士设弟子50人。弟子即太学的学生,东汉时称"诸生"或"太学生"。太学生都是年满18岁、相貌举止端正的青年。此后,太学的规模不断扩大。汉昭帝时太学生增至100人,汉宣帝时达200人,汉元帝时达1 000人,汉成帝时发展到3 000人。东汉质帝时,太学生多达30 000人。由此可见汉朝中央官学的盛况。图2-1为汉代讲经画砖。

图2-1　汉代讲经画砖

博士在秦代为"掌通古今"的朝廷参议人员,汉武帝时成为专职教授于太学的学官。汉代对太学博士要求很高,选拔也很严格。首席博士在西汉时称"仆射",东汉时称"祭酒"。

汉代太学没有修业年限的规定,教学以自学为主,鼓励学生自学和相互论辩。博士有时也在大讲堂授课,称"大都授"。太学注重考试,西汉时是一年一考,通过者委以官职,此谓"学选"。东汉时改为两年一考。考试基本上采用"设科射策"的形式。"策"是指教师所出的试题,"射"是以射箭的过程来形象地描写学生对试题的理解和回答的过程。考试一般由主试官根据经义拟出若干试题,量其难易程度分为甲、乙两科,以备选择。凡由主试者选择题目令考生回答的称为"对策";由考生抽取题目然后回答的称为"射策"。策试合格按甲、乙科授予不同的官职。不合格者继续学习,下次再考。这种考试方法具有选拔贤才和督促学生学习的双重作用。

(二)宫邸学

汉代宫邸学有两种类型:一是为皇室及贵族子弟开设的贵胄学校;二是为皇宫女子开设的宫廷学校。

东汉永平九年(66年),汉明帝专为外戚樊氏、郭氏、阴氏、马氏诸子弟设立学校,谓之"四姓小侯学"。由于四姓外戚不是列侯,故有"小侯"之称。初设时,置五年经师,以《孝经》为主,兼习《尚书》、《论语》等儒家经典。后来又扩大招生,不限于四姓子弟,其他贵族子弟也可以入学修业,当时匈奴也曾遣派子弟来此求学。汉安帝元初六年(119年),邓太后开设宫邸学,令皇室子孙5岁以上40余人及邓氏近亲子孙30余人入学。她亲自督察、考试。汉质帝时,入学的宗室贵族子弟凡成绩优异者可直接得到官职。

邓太后主政后还创设宫廷学校,选儒学大师对皇宫女子与宫中妇女进行经学及仪礼教育,开展宫廷教育。宫廷学校的开设实为汉代官学的一大特色。

(三)鸿都门学

鸿都门学创设于东汉灵帝光和元年(178年),因校址位于洛阳鸿都门而得名。学校专为文学、艺术见长者设立。州、郡三公荐举"能为尺牍、辞赋及工书鸟篆者"经考试合格方可入学。这所学校不同于其他以儒学为主的官学,主要是以尺牍、辞赋、小说、书画为教学内容,极大地丰富了官学的学科内容。其学生的出路较之太学生更为优越——"或出为刺史、太守,入为尚书、侍中,乃有封侯赐爵者。"①鸿都门学以辞赋取士,表现了对人的才华和个性的重视,成为后来文学取士的导源,促进了文学艺术的繁荣与发展。鸿都门学是中国、也是世界上第一所文学艺术专科学校,在教育史上具有开创专科学校先河的意义。

二、汉代地方官学

汉代地方官学主要是四种:郡国(学)、县道邑(校)、乡(庠)和聚(序)。

中国古代早在西周时期就有"乡学"。《周礼》称:"乡有庠,州有序,党有校,闾有塾。"《礼记·学记》称:"家有塾,党有庠,术有序。"但是此种乡学仅有教化的意义,从严格意义来讲,古代地方官学,应是自汉代开始设立。

汉代地方教育实自文翁为始。汉景帝末年(公元前2世纪中期),蜀郡(今四川)郡守文翁,重视教化,在成都建立学宫,招下县子弟为学宫弟子,学成者都给予重用,或者推荐到朝廷做官。蜀郡从此学风大盛。汉武帝对于文翁设学之举甚为赞许,乃

---

① 《后汉书·蔡邕传》。

下诏,令天下郡国皆立学官。自此以后,有些郡开始设置学官,如汉昭帝时有的郡设"文学校官",汉宣帝时有的郡设有"郡文学官"。但在当时所设,不过是一郡儒者集会的场所,而学制尚未建立,亦未曾普及于各县邑,直到汉平帝元始三年(3年),开始建立了地方学校制度。《汉书·平帝纪》记载:"郡国曰学,县、道、邑、侯国曰校,乡曰庠,聚曰序,校、学置经师一人。序、庠置《孝经》师一人。"所习内容为儒家"五经"。只有从学、校出身的学生,才有资格升太学。东汉时期,由于地方官吏多系儒者,对于修缮学宫、提倡兴学比较重视,因而郡国学校得以普遍建立,官学和私学交织发展,形成了"学校如林,庠序盈门"的景象。

第三节 魏晋南北朝时期官学的中落

魏晋南北朝时期是我国历史上由统一转为分裂和长期战乱的时期。国家处于战乱、分裂等种种矛盾之中。长期的动乱影响了学校的正常秩序,官学时兴时废,总体呈现衰落趋势,但也出现了新型的学校形式。

一、魏晋南北朝时期的中央官学

魏晋南北朝时期的中央官学发展最有特色的是在西晋年间设立了国子学和律学。

(一)立国子学与太学并列

魏晋南北朝时期,中央官学曾一度中落,西晋虽设立太学,但学生人数少,学校规模小。晋武帝咸宁二年(276年),西晋统治者在太学之外另立国子学,专为世族子弟而设。咸宁四年(278年)设置国子祭酒、博士各1人,助教15人,以教生徒。晋惠帝时规定五品官以上子弟入国子学,六品以下子弟入太学。国子学所传授内容与太学相同。此后,各朝中央官学都是国子学与太学并立,以体现"贵族士庶皆需教"的原则。

(二)分科设学,创立专科学校

三国时,魏明帝置律博士,教授刑律,招收律学弟子,这是我国古代法律分科设学之始。律学设置打破了经学一统的局面。后秦姚兴、梁朝武帝也设置律学。晋武帝立书博士设弟子员,教习书法。宋文帝元嘉二十年(443年)开设医学,这是我国医学专科教育之始,也是世界上最早的医学专科学校。北魏也曾设医学博士以教弟子。南朝宋文帝元嘉十五年(438年),下令在京师开设四学。据《文献通考·学校考二》载,文帝"雅好艺文,使丹阳尹庐江何尚之立玄学;太子率更令何承天立史学;司徒参军谢元立文学;散骑常侍雷次宗立儒学,为四馆"。"四馆"即玄学、史学、文学、儒学这四学,是我国最早分设专业的综合学校。

二、魏晋南北朝时期的地方官学

魏晋南北朝时期的地方官学较之中央官学更为衰落。汉末曹操掌政后,也曾令郡国各修文学,规定凡县满 500 户置校官。魏、蜀、吴三国都曾设有地方官学,但均设置时间不长。两晋时期,地方官学有所倡导,但由于中央屡经改变,地方学校主要是由镇守各地的长官自动开办。东晋时期的北方各国,也崇儒立学,有的亦设有地方学校。南北朝时期,曾分遣博士、祭酒到州郡去立学。

北朝地方官学较南朝发达,特别是鲜卑族北魏立国后,非常重视开办各级学校。献文帝天安元年(466 年)还普遍设置了州郡学,并建立了郡国学校教育制度。史籍多认为中国郡国学校制度的建立自北魏开始,如唐代杜佑《通典》就说:"郡县学始于此矣。"

第四节 隋唐官学的复兴

隋唐时期是学校教育体系日趋完备与全面运作的定型化阶段,而且由于科举制度的产生和发展,使中国古代教育进入了一个新时代。

一、隋代的官学

隋代虽短,但在学校制度方面却颇有建树。隋文帝初年,在中央设立国子寺,隶属于太常寺,设祭酒 1 人为长官,属下有主簿和录事各 1 人,统领各官学,开我国历史上设置专门教育行政部门和专职教育长官之先河。隋炀帝大业三年(607 年)改国子寺为国子监。国子监的名称一直沿用至清朝。国子监管理国子学、太学、四门学、书学、算学,各置博士、助教、学生等。律学则由大理寺直接管理。书、算、律三学即初创于此。这是继汉代鸿都门学之后,我国封建社会专科学校教育的又一发展。此外,在太常寺下属的太医署和太卜署,也招生纳徒,传授医术,培养医学人才。

隋代在地方上设置州郡县学。隋代的官学体制为唐代官学体制的建立与发展奠定了基础,虽然其尚有不完备之处,并且后来发展衰微,但其影响很大。

二、唐代的官学

在中国学校教育漫长而悠久的形成和发展过程中,唐代官学以其教育体系的完整性,特征的显明性,以及成就的显赫性不失为我国浩瀚博大封建官学宝库中珍贵的历史遗产。唐代的官学体制是在"重振儒术,兼重佛道"的思想指导下,在隋代官学体制的基础上继承、创新,经过不断改进而形成与发展起来的。官学体系主要由中央官学和地方官学两大系统组成。

(一)唐代的中央官学

唐代的中央官学,包括四个子系统。

一是国子监系统。国子监下设六学,即国子学、太学、四门学、律学、书学、算学。各学分设博士、助教负责教学;六学中的前三学属于普通学校,学习儒家经典。学校的教学计划服从于科举考试的要求。当时把儒经分大中小三类:大经为《礼记》、《春秋·左传》;中经为《诗经》、《周礼》、《仪礼》;小经为《易》、《尚书》、《春秋·公羊传》、《春秋·穀梁传》。学生按规定选择相应的儒经来学习,标准有"二经"(学一大经一小经或二中经)、"三经"(学大中小各一经)和"五经"(大经全学,其余各选一经)等层次。《孝经》、《论语》则为公共必修科目。学校对各经还规定了修业年限:《孝经》、《论语》共学 1 年;《春秋·公羊传》、《春秋·穀梁传》各为 1 年半;《易》、《诗》、《周礼》、《仪礼》各为 2 年;《礼记》、《左传》各为 3 年。

国子监设国子祭酒 1 人,为最高教育行政长官,祭酒之下设司业 2 人,助祭酒掌邦国儒学训导之政令。设丞 1 人,管理六学学生的学习成绩。设主簿 1 人,负责文书簿籍,掌管印鉴。

六学招收 14~19 岁子弟(律学为 18~25 岁)。所学课程相同,难度相当。中央和地方学校一般学习年限为 9 年。六学中的书学、律学、算学是专科性质的学校,招生对象同四门学,但学额少,都在 50 人以下。书学研习书法,算学学习历算,律学学习律令。书学、律学学习年限为 6 年。书学除研究书法以外,每日习书法,学《石经三体》(3 年)、《国语》、《说文》(2 年)、《字林》(1 年)。律学习律令。算学学习《孙子》、《五曹》、《九章》、《海岛》等。《论语》、《孝经》是书学、律学和算学的公共必修课。

六学地位的高低是由学生的身份等级决定的。六学中以国子学地位最高,学生是三品以上官员的子孙,学额 300 人;其次是太学,学生限于五品以上官员的子孙,学额 500 人;再次为四门学,学额 1 300 人,其中 500 人招收七品以上官员的子孙,另 800 人选八品以下官吏子弟乃至庶民中的优异之人,凡各州贡举进京省试落第的举人,也可进入四门学学习。

二是东宫系统下属崇文馆和门下省系统下属弘文馆。崇文馆和弘文馆不仅是收藏书籍、校理书籍和研究教授儒家经典三位一体的场所,也是专门为贵族地主子弟设立的高等学府。两馆均设学士教授生徒。二馆限于皇亲贵戚和高官、功臣子弟,等级最高,学额最少(共 50 人),而实际教学程度并不高。

三是尚书省的东都崇玄学和西都崇玄学。崇玄学隶属于礼部之祠部,学习《道德经》、《老子》等。

四是太医署、太卜署、司天台等专门机构附设的专科学校,如医学,以及教授卜筮、天文、历数、漏刻、兽医、校书等专业知识的学校。唐太宗时,中央和地方都办了分科较细的医学,这比西方要早几百年。

中央官学的教师有博士、助教、直讲等。博士分经进行讲授。助教佐博士、直讲佐助教。各学师生皆有定额,如国子学博士 7 人,助教、直讲各 5 人,学生 300 人,师生比例是 1∶25。太学、四门学师生比例则分别为 1∶45 和 1∶72。博士、助教既是学校教师,又为朝廷有品级的官员。如国子学博士是正五品上,助教为从七品上,其他"六学"的教师等级和待遇依次递减。

国子监下设六学及崇、弘二馆,通称"六学二馆",构成了唐代中央官学的主体。太宗贞观年间,唐朝统治者扩充学舍,增加学额,学生由原来的2 200多人增加到3 200人。后来又逐渐发展,学生增加到8 000余人。从贞观到开元年间,是学校最发达的时期。四方儒士,多抱负典籍,云会京师。高丽、百济、新罗、高昌、吐蕃等诸国酋长,亦遗子弟请入于国学之内。

(二)唐代的地方官学

唐代的地方官学也十分发达,分为两部分:一是各级地方政府下属的府学、州学、县学及市学与镇学;二是各府州设立的医学和崇玄学。

唐代在各府、州、县分别设有府学、州学、县学,在县还设有市学和镇学。学生的名额和教师编制都有规定。地方学校主要学习儒家经典。所有府、州、县、市各学校统统属直系,归地方政府之行政长官长史兼管。据《新唐书·选举志》记载,唐代地方经科学校的学生约计83 000余人。

各府、州还有医学和崇玄学,分别由中央太医署和礼部之祠部领导。府、州医学自贞观三年(629年)始设,置医药博士及学生若干人。崇玄学于开元二十九年(741年)设立。府、州、县学的学生,一般系下级官吏及庶民子弟,所习内容为《周易》《尚书》《周礼》《仪礼》《礼记》《毛诗》《左传》《孝经》《论语》等,但要求较低,只要达到通一经或"未通经,精神聪悟,有文辞史学者"即可毕业,升入中央官学之四门学。这是地方官学向中央官学选送学生的开端。地方官学学生在校除习经书正业外,还须兼习吉凶礼,凡地方公私方面,有举行吉凶仪式时,即令学生前往演礼,礼毕返校。也就是说,地方学校的教师除教学外,还有服务地方、推行教化的任务。崇玄学的生徒主要研习《道德经》《庄子》及《列子》等。

地方府、州学的教师品秩多在八品和九品。教师的待遇,最高收入和最低收入可相差近十倍。唐代对教师与国家其他官员一样实行定期考核,主要考核其业务、品德及教学效果,根据考核的结果决定升迁、奖励。

第五节 宋元官学的发展

宋(960—1279年)元(1206—1368年)时期,中国封建社会仍处于上升发展阶段,官学也在隋唐官学的基础上继续发展。

一、宋代官学

宋代官学大体沿用唐制,经过北宋三次兴学,即宋仁宗时范仲淹主持的"庆历兴学"、宋神宗时王安石主持的"熙宁兴学",以及宋徽宗时蔡京主持的"崇宁兴学",宋代官学得以从唐末五代的废墟上重建,形成了以国子监、太学为核心的中央官学和以州、县学校为主体的地方官学两大系统。

(一) 宋代的中央官学

宋代的中央官学,按照性质可以分为四类。

1. 大学性质的学校:国子学和太学

国子学是宋代的最高学府,也是管理学校的主要机构,重建于北宋建隆三年(962年)。北宋前期,国子学设判监事2人,总管监事;直讲8人,讲授经术;此外有丞簿和专管刻书之责的书库官和监门官各1人,后加设祭酒1人,分掌各项事务。国子学的教学内容以儒教经典为主。招收七品官员以上的子弟。最初,对招收名额没有限定,后来以200人为限额。这些国子生多无心向学,据《文献通考》称:"国子学以国子为名,而实未尝教养国子。"

鉴于国子学规模狭小,朝廷决定另建太学。范仲淹于宋仁宗庆历四年(1044年)创建太学。太学招收八品官员以下的子弟和庶民的俊秀者。设博士10人,担负教授经术和训导的责任。教学模式采用当时著名教育家胡瑗创立的"苏湖教法"。考试之法,主要有私试、公试两种。私试一月进行一次,孟月试经义,仲月试论,季月试策,由学官主持;公试一年举行一次,初场考经义,次场考策论。太学的课程内容基本以"五经"为教材,南宋中期逐渐增入程朱语录及"四书"。北宋熙宁四年(1071年),王安石整顿太学,创立三舍法。将太学学生分为内舍、外舍和上舍。学生初入外舍,后由外舍升内舍,内舍升上舍。太学人数时有增减,规模最盛时,上舍生200人,内舍生600人,外舍生3 000人,共计3 800人。宋室南渡后,太学规模缩小,学风衰败。

2. 专科学校:武学、律学、算学、书学、画学、医学

宋代中央官学尚设有若干专科学校,分别由国子学和各职能部门统辖。

(1) 武学。武学是专门培养军事人才的高等专科学校,最早创建于北宋庆历三年(1043年),不久即停废。王安石主张要培养文武兼修之人,故于北宋熙宁五年(1072年)重建。学生以百员为额,学制3年。学习《武经七书》,以及弓矢骑射等术。南宋由于战争频繁,急需军事人才,武学受到重视。南宋政府于绍兴16年(1146年)重设武学。

(2) 律学。律学是专门培养法律人才的高等专科学校。宋初在国子学中置律学博士教授法律。熙宁六年(1073年),单独设置于朝集院,置教授4人。律学分断案及律令两科,学习内容为古今刑书、新颁条令第。具备命官和举人资格的人就可以入学。初入律学者经过一段时间的学习,经补试合格后为正式生。学业期满后,经考试可直入仕途。

(3) 算学。算学建立于徽宗崇宁三年(1104年),隶属于太史局,学生定额210人,入学资格为命官和庶人,主要学习《九章算术》、《周髀算经》、《海岛算经》等,此外须兼习《易经》、《书经》、《春秋》及《公穀二传》这四小经中的一种。算学学生毕业后多入作坊服务,故入学者多为庶民子弟。

(4) 书学。书学创办于徽宗崇宁三年(1104年),归翰林书艺局管辖,入学资格

和学员额数均无明确规定。学习篆、隶、草三体字,明晓《说文》、《字说》、《尔雅》、《方言》等书,兼习《论语》、《孟子》等。

(5) 画学。画学为北宋独创,中国古代最早的美术专业学校创办于徽宗崇宁三年(1104年),由翰林图画局管辖。学生无定额,分士流和杂流两种。学生除学习绘画外,须习《说文》、《尔雅》、《方言》、《释名》四种书。士流须兼选习一大经一小经;杂流则诵小经或读律。

(6) 医学。宋初设立,初属太常寺,宋神宗时隶属于提举判局。后改属国子学,后又改隶太医局。置教授1人,学生300人,分方脉科、针科、疡科进行教学。方脉科的教材以《素问》、《难经》、《脉经》为大经;以《巢氏病源》、《龙树论》、《千金翼》为小经。针、疡二科的教材,除去脉经另增两部针灸经。

3. **贵族学校:宗学、诸王宫学、内小学**

宋代中央官学还设有专为皇族子孙开设的贵族学校:宗学、诸王宫学、内小学。

宗学是专为赵宋宗室子孙开设的贵族学校。宋初,由诸王附设在王宫里面,属私立性质,由王室聘请儒师教8~14岁的皇族儿童。每日诵习20个生字。毕业考试及出身均未规定。宋徽宗崇宁三年,分别在南京、西京设立两敦宗院,置大小学教授2人,专教皇族子孙,称为"宗学",并改私立为公立。北宋大观三年(1109年),在宗学毕业的生徒共有12人。皇帝对这些毕业生甚为优待,特许不经考试,便可赐第授官。

同宗学情形相似的诸王宫学、内小学,也是贵胄子弟学校。

4. **短期学校:辟雍、广文馆、四门学**

在宋代中央官学系统中,有少数学校既不是高等学府,又不属专科学校,更非贵族学校,而是君王或执政大臣暂时开设的,时间短促,无制度系统,故曰短期学校。如蔡京当政时,特把太学外舍生编在一起,为使他们修业一年然后升入太学内舍而开办的外学(又名辟雍)。宋哲宗时专为诸州来京应试落第之学子而设立的、临时补习性的广文馆,宋仁宗年间招收未能入太学的一般青年学子修业一年的四门学,都属于这类短期学校。

(二) 宋代的地方官学

宋代是中国封建社会地方官学的又一次繁荣时期。由于长期战乱割据的影响,北宋政府并没有承袭唐代已经比较成熟的地方学校制度。在宋代成立后相当长的时间里,官办地方学校一直没有出现。到宋仁宗庆历四年(1044年),范仲淹等人提出"设立学舍保荐之法"①,是宋代政府创办地方学校的开始。政府出房出资,相继在诸州、府设立学校,并规定士子必须接受一定时间的学校教育,才可以参加科举考试。到宋徽宗崇宁元年(1102年)要求所有州、县一律置学,并制订了通过考试逐级升学的办法,由县学升府学,由府学升入中央太学。至此官学达到

---

① 《续资治通鉴长编》卷一百四十七。

极盛。宋人文集里常有州县建学的碑记,范仲淹甚至在自家宅基地兴建苏州州学,可见地方兴学之盛。北宋的学校教育在普及程度、建制规模和办学水平方面都超过前代。

宋代地方官学是按地方行政区划而设置,分为两级:一级是由州或府、军、监设立的,称为州学或府学、军学、监学(见图 2-2);二是由县设立的,称为县学。府学由于财力雄厚,规模较大,设施也更完备。县学的发展相对滞后于府学。

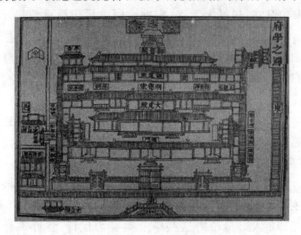

图 2-2 宋代府学

二、元代官学

元代是中国封建社会由分裂重新走向统一的重要转折时期。在这一时期,社会的政治、经济、思想和文化与前一时期相比,具有自己的特点。历代对元代教育多持否定态度,一些学者认为,在中国教育史上元代是一个衰退时期。不过元代所推行的双化教育在中国古代教育历史上独具特色。

(一)元代中央官学

元代中央官学主要有国子学、蒙古国子学和回回国子学。

1. 国子学

元代国子学即汉学,以示与蒙古国子学、回回国子学的区别。国子学创立于元世祖至元六年(1269 年),隶属于国子监。入学资格限宿卫大臣子孙、卫士世家子弟、七品以上朝官子孙。① 生徒招收不分种族,蒙古人、色目人、汉人皆可入学。这类学生初期仅有 80 人,后增至 400 人。平民的俊秀者,经随朝三品以上官员保举,始得充陪堂生,名额限 20 人。学官有博士、助教、正录、司乐、典籍、管勾、典给等,分掌教务和杂务。

国子学的教学内容主要是儒家经典,依据传习的顺序,先授《孝经》、《小学》、《论

---

① 《续文献通考》卷四十七《学校一》。

语》《孟子》《大学》《中庸》；次及《诗》《书》《礼记》《周礼》《春秋》《易》。儒家经典作为统一思想、重塑伦理纲常的工具，得到元朝统治者的认可，并把它作为进行汉化教育的重要教材。

国子学分设六斋，六斋按程度分为上、中、下三等。上等有时习斋、日新斋；中等有据德斋、志道斋；下等有游艺斋、依仁斋。

在教学管理上实行"升斋等第法"和"积分法"。升斋等第法是国子学决定能否升斋的考试，每季举行一次。经考试，中斋生员列优等者准予升入上斋，下斋生员列优等且不犯学规者，准予升入中斋。积分法是指汉学生升至日新、时习两斋，蒙古、色目学生升至志道、据德两斋，就开始实行积分法。"汉人私试，孟月试经义一道，仲月试经义一道，季月试策问、表章、诏诰科一道。蒙古、色目人孟、仲月各试明经一道，季月试策问一道。辞理俱优者为上等，准一分；理优辞平者为中等，准半分。每岁终通计其年积分至八分以上者，升充高等生员，以40名为额。蒙古、色目各10名，汉人20名。"①积分法注重学生平时的考试成绩，这对国子学中蒙古、色目等族的学生学习汉文化具有督促作用，而对于全体学生学习态度的形成也具有不可忽视的重要作用。

从教学内容和办学制度看，元代国子学是以推行汉化教育为主的学校。在这不长的历史年代里，我国的教育非但未曾中断，而且得到了充实和发展。

2. 蒙古国子学

蒙古国子学创立于元世祖至元八年(1271年)，隶属于蒙古国子监。学额初无规定，仁宗延祐二年，规定：蒙古学生70人，色目学生20人，汉学生30人。招生限随朝蒙古、汉人百官及"怯薛歹"(蒙古族近卫军)之俊秀子弟，学生分正额与陪堂两种。学官有博士、助教、教授、学正、学录、典书、典给等。蒙古国子学对生员施行考试升斋和任用制度，重视平时对生员学习成绩的考查，采用"次日抽签，令诸生复说其功课"的办法，也采取出题试问和答卷的办法。元蒙古国子学的教学用语是蒙古文字，教学内容为翻译成蒙古文字的《通鉴节要》。蒙古国子学的学生在学习蒙古新字的同时，仍然要学习中原的各种礼节。

元统治者除在元大都建立蒙古国子学外，至元年间，还在元上都办了分学，即"分教于元上都"。

蒙古国子学是为保持蒙古族本民族特色而设置的学校。不仅担负着对其他民族进行蒙古文化教育的任务，而且，蒙古族统治者并未完全放弃、排斥汉文化在蒙古族中的传播。

3. 回回国子学

回回国子学创立于元世祖至元二十六年(1289年)，隶属于回回国子监。回回国子学旨在培养回族财经和语言文字专业人才。

---

① 《元史》卷八十一，《选举一》。

回回国子学的教学内容包括亦思替非文字[①]、思亚格计算方法和回回语言文字学。按照规定,回回国子学招收的主要对象为随朝百官子弟之俊秀者,而且由政府出资给以学养。庶民子弟愿入学者,则除限定名额外,费用尚自理。学校亦设有博士、助教和正录等教职。元政府初对这所学校十分重视,于仁宗延祐元年(1314年)四月又设教育行政机构回回国子监,以专门管理回回国子学,学校进展非常顺利。元文宗以后,政府日渐腐败,元政府逐渐放松了领导和管理,最后将回回国子学交翰林院,由闲职待制来兼管,学生人数大大减少,学校呈衰败景象。回回国子学以培养诸官衙译史人才为目的,在它存在的一段时间里,也确实培养了一批波斯文字的翻译人才,对当时西亚、中亚各国和中国的经济文化交流,起到了一定的积极作用。

从国子学、蒙古国子学、回回国子学的设立和制度可见,不同民族的人都有进入中央官学学习的机会,但是元代中央政府通过对各类中央官学中不同民族的人数的规定及不同民族学生的出路的设计,表现出其既要学习并推广汉文化的想法,又要维护蒙古族自身特色的倾向,体现了元代中央官学双化教育的特点。

(二) 元代地方官学

元代地方官学制度比较完备。按路、府、州、县的行政区划,在地方上建立起了路学、府学、州学、县学以及诸路小学的儒学系统。除此之外,还开设了诸路蒙古字学、诸路医学、诸路阴阳学等。

1. 路府州县学

路学创设于世祖至元九年(1272年),设有教授、学正、学录等学官各1名,府学及上中州学各设教授1名,下州学设学正1名,县学设教谕1名。教授命于朝廷,其他学官命于礼部、各行省或宣慰司。世祖至元二十八年(1291年),政府命江南诸路学及各县学内设立小学,选老成之士任教。

元政府设立地方学校的管理机构,诸路皆设有提举学官管理教育。世祖至元十三年(1276年)改大都路学署为提举学校所,世祖至元二十四年(1287年)又设江南各路儒学提举司,元仿宋制设置学田,1287年诏江南诸路学由官府改归本学管理,以便给养。

地方学校的教学内容,除"五经"外,须先修《论语》、《孟子》、《大学》、《中庸》,从此"四书"与"五经"并列,同为各级官学的必习教材。

2. 诸路蒙古字学、诸路医学、诸路阴阳学

元代地方官学,除设以上学校外,还设具有民族特点的诸路蒙古字学、诸路医学、诸路阴阳学。

诸路蒙古字学创设于1269年,学生名额如下:诸路府州官子弟,上下路各2人、府州各1人,其余选民间子弟上路30人、下路25人、散府20人、上中州各15人、下

---

① 据陈垣先生在《元西域人华化考》中考证:"亦思替非文字者,波斯文字也。"

州 10 人,入学生徒,得免杂役。教学内容以译成蒙古文的《通鉴节要》为教材,并令好习者兼习算学,教官与郡县学同,仍统于提举。

诸路医学,创始于世祖中统二年(1261 年),直属太医院。学习内容以《素问》、《难经》等医经文字为主,然亦须通"四书",否则,不得行医。考试制度,每月一私试,每年一公试。以此对优劣量加奖惩。

诸路阴阳学创设于至元二十八年(1291 年),隶属司天台,学官有教授,所习为天文、术数等科,学有成就者,录于司天台就职。

第六节 明清时期官学的衰落

明清两朝,统治者高度重视发展文化教育事业,意识到学校教育对于治理国家、维护其统治的重要作用。明在中央和地方广设学校,各种学校的数量发展较快。但至明代中叶,由于科举成为最主要的选士制度,而科举同学校教育之间的关系极为密切,"科举必由学校",①因此重科举而轻学校的局面逐渐形成,官学日渐衰落,沦为科举附庸。

一、明代官学

(一)明代中央官学

明代官学体系在吸收元代学校体系的基础上,对隋唐的学校体系进行了简化,国子监下不再设任何学校,成为单一的教育机构,算学、律学、书学被排除在中央学校系统之外。

明代的国子监有南京国子监(设于 1365 年,本称国子学,1382 年改称国子监)、北京国子监(设于 1403 年)和中都国子监(设于 1375 年,1393 年废)。国子监设祭酒、司业、监丞、博士、助教、学正、学录、典簿、典籍、掌馔等职,负责国子监的管理与教学。国子监的学生统称"监生",分为官生和民生两大类。官生指一品到七品官的子弟和外国留学生。民生基本有三类:一类是由地方学校按规定选送的学生;一类是科举考试落榜但愿意入国子监读书的学生;还有一类是自己出钱出物买到监生资格的学生。监生是一种社会政治身份,成为监生就意味着获得了做官的资格。监生本人,连同家属二人都可免除徭役。监内实行会馔(即会餐制度),伙食标准相当高,不会馔则发给相应的钱物,家属也有一份。另外,还发给冬夏服装、文具纸张及生活用品,有病由官府给予医治,待遇相当优厚。

国子监内设有绳愆厅(检查学纪、校风)、博士厅(供博士讲课)、典籍厅(管理图书等)、典簿厅(掌管各类档案,如账簿、考卷、报表等)、掌馔厅(管膳食),此五厅是国子监的行政管理部门。另设有彝伦堂,相当于大会堂。学生日常学习兼年级区分的

---

① 《明史·选举志一》。

场所是率性、修道、诚心、正义、崇志、广业六堂。此外,国子监还设有学生宿舍、养病房等。

国子监的教学内容是《大诰》、《大明律令》、《为善阴骘》、《孝顺事实》、《五伦书》和"四书"、"五经"、《资治通鉴》等书。此外学生还需要学习汉代刘向所作的《说苑》,以及书法和算术。

在具体的教学管理上,明代国子监沿袭元代,实行升堂积分法。学生入学后入低级班(正义、崇志、广业堂)学习,一年半以后,文理通者升中级班(修道、诚心堂)学习,再过一年半,"经史兼通,文理俱优"者升高级班(率性堂)。监生升入率性堂,则采用积分法,按月考试,一年积满八分为及格,可以待补为官了,不及格仍坐监肄业。后来国子监生做官的出路越来越差,监生多走科举入仕之路,升堂积分制缺乏吸引力,逐渐名存实亡。另外,国子监实行历事法。选派一些学生去巡视全国各地的农田水利或到一些衙门里帮忙,事情结束后再回监读书。积分法重在考查学生的学业水平,历事法重在考查学生把理论运用于实践的能力,理论上讲,它们都是有积极意义的。

除了国子监之外,明代还有专为皇族后裔子弟而设的宗学和学习军事技能的武学。另外,在中央其他机构中,还有一些教育活动,如钦天监中对天文地理的教学、太医院中对医学知识和技能的教学、四夷馆中的外语教学等。

(二) 明代地方官学

明代前期是中国封建社会地方官学兴盛的时代。地方儒学始设于洪武三年(1370年),学校的主要类型是府、州、县学。又在防区卫所设有卫学,乡村设社学,还在各地方行政机构所在地设置都司儒学、宣慰司儒学等有司儒学,最盛时全国合计有学校1700余所。府学设教授1人、训导4人,州学设学正1人、训导3人,县学设教谕1人、训导2人。学生有廪膳生(有伙食津贴,故称;洪武二年令置:京城所在地府学60人,在外府学40人)、增广生(洪武二十年令置,人数不限;宣德三年定与廪膳生数同)、附学生(正统十二年置)三类。学生由地方官挑选,要求外表俊秀、五官端正、年龄满25岁、已经读过"四书"。学校按"礼、乐、射、律、书、数"设科分教,其中礼律书为一科,乐射算为一科,分别由训导负责讲授。教授、学正、教谕掌以经史教学生。学生的出路基本是通过学校推选进入国子监和参加科举这两个。由于科举成了学子谋求高官厚禄的最佳途径,所以一般选择参加科举。但实际上,自科举盛行以来,学校已成为科举附庸,明代尤其强调科举致士,更规定八股取士之法,官学只以教读八股范文,明初所定,也就成为一纸空文。

由于学校成为科举考试的预备场所,明代地方学校订有周密的考试制度。月考每月由教官举行一次;岁考、科考则于掌管一省教育行政大权的提学官主持。其在任三年两试诸生,第一次为岁考,别诸生成绩为六等,凡附学生员考至一等前列可补廪膳生,其次补增广生。一、二等还可授奖,四等以下则分别给予惩责、降级、除名等处分。第二次为科考,提取岁考时一、二等生员,加以复试,考试上者可获应乡试资格。

为了适应封建专制集权统治的需要,明代地方官学,所订学规异常严厉,除平时设有稽考簿以记录学生德行、经艺、治事情况外,还于洪武十五年(1382年)颁禁令十二条,命各学校镌刻在石碑上,作为全国地方儒学办学的指导方针,不遵者以违制论。

二、清代官学

清承明制,官学设置分为中央与地方两级。中央官学主要为国子监,地方官学为府、州、县学。此外,在地方基层还设有未列入学制的机构,明代为社学,清代先是社学,后为义学。清代官学基本上形同虚设。生员在学,并非以读书课业为主,主要任务在于参加考试,以混取科举的资格。

(一) 清代中央官学

1. 国子监

清代中央官学中最重要的是国子监,始设于清朝定都北京之年(1644年)。和明代一样,清代国子监是全国的最高学府,同时还具有教育管理机构的部分功能。

清代国子监较明代有所变化,具体表现在四个方面。其一,在监官设置上,相对于明代作了一些改动,除特设一个管国子监大臣总管国子监的一切事务外,在祭酒、司业、监丞、博士、典簿的设置上,都是满族、汉族各设一人。学生来源也因民族范围的扩大而有所变化。其二,国子监下再设八旗官学、算学,另有琉球学馆和俄罗斯学馆,招收留学生,但不常设。八旗官学设立于1644年,是专为旗人子弟设立的学校。"八旗分为四处,各立官学一所。"[1]八旗官学虽不和国子监设在同处,但须"每十日赴国子监考课一次"。校内教习由礼部会同国子监于监生中考选。乾隆以后,开始从八旗官学中考选优秀青年进入国子监读书,使八旗官学在学制上与国子监相衔接。算学,起始于康熙初年,曾挑选部分八旗官学生员学习算学。乾隆初年,在钦天监附近专门设立算学,翌年,归国子监管辖,称国子监算学。这样,算学也成为附设于国子监的一个学校。其三,废除积分、历事法。清初国子监也实行积分、历事法,其基本原理同明代,但更详细。顺治十七年(1660年)罢积分法,康熙元年(1662年)罢历事法,后俱不再实行。其四,扩大教学内容。乾隆二年(1737年)根据刑部尚书兼管国子监大臣孙嘉淦的建议实施,令国子监生在学习应付科举考试的内容外,仿照宋代胡瑗的分斋教学法,明一经,治一事。其中所谓"事"指历代典礼、赋税、律令、边防、水利、天文、河渠、算法等实用知识。不过,此法虽在制度上有成文,但并没有得到很好的执行。

2. 贵胄学校

清朝的贵胄学校可分宗学和旗学两种。远在入关前,就设立宗学。太宗天聪五

---

[1]《清朝文献通考·学校考二》。

年(1631年),即令8～15岁的皇族子孙入宗学读书。乾隆四年(1739年)规定宗室学生10名配备1名教习。宗学教习初时以满汉官员中学行兼优者各半充任。雍正十一年(1733年)改用翰林官任教习。乾隆时另设总稽官,以满汉京官各1人,稽查学务。生徒须习满文,兼习骑射。宗学月考经义、翻译、骑射;年考翻译经义,试时务策。按考试成绩分等处置。此外,觉罗学、觉罗官学也是属于宗学一类的,专收觉罗子弟入学读书。

旗学是清朝中央政府设置的、专门教育满蒙八旗及汉军八旗子弟的贵胄学校。它名目繁多,大小简繁不一。八旗学校重点是学满文与骑射,是为了维护八旗子弟的固有传统,同时也兼习汉文和经史之学,以增强他们的文化素养。

(二) 清代的地方官学

清代的地方官学基本沿袭明制,同样也是按行政区划设立府、州、县学,并于乡间置社学。各地均设专职学官,如在顺治初年,各省设提学道,直隶、江南各设提学御史。至康熙年间改为提督学政,各管本省学政事务。各学教官、府设教授、州设学正、县设教谕各1人,皆设训导佐之,员额不定。

府、州、县学的教学内容,据《大清会典》载为:《御纂经解》、《性理》、《诗》、《古文辞》及校订《十三经》、《二十二史》、《三通》等书。又据《皇朝文献通考》载为:"四书"、"五经"、《性理大全》、《资治通鉴纲目》、《大学衍义》、《历代名臣奏议》、《文章正宗》等书。

整体上来说,中国古代社会已形成了较为完备的官学制度。历代统治者通过办理官学,以达到培养各种封建统治人才、维护封建统治的目的。总而言之,中国古代官学作为国家教育部署的主要成分,在国家政治体系中的地位显赫。在培育各种优秀人才、承继中国古代文化遗产、繁荣科学、发展学术事业等方面,发挥了十分重要的作用。

教育启示录1

孔子误会颜回

孔子带领他的弟子们周游列国,走到陈国的时候受到当地人的误解,被围困起来,大家7天都没有吃上饭,一个个饿得眼冒金星,孔子有气无力地躺在那里,连头都不想抬了。

孔子有一个得意弟子名叫颜回,他四处奔波,终于弄来了一点粮食。他赶紧搭起火来,为大家做饭。

一阵饭香飘过来,孔子睁开了眼睛,正好看到颜回抓了一把饭送到嘴里。孔子假装什么都没有看到,继续闭上眼睛休息。

过了一会儿,饭熟了。颜回先盛了一碗,恭恭敬敬地给孔子送来。

孔子坐起来说:"我刚才梦见了我的父亲,如果饭干净的话,就先祭奠一下他老人家吧。"

颜回赶紧说:"不行不行,这饭不干净。刚才烧饭的时候,有一些灰尘落在饭里,弃掉了很可惜,我就抓出来把它们吃掉了。"

孔子这才知道了颜回偷吃的真相。他把弟子们召集起来,向大家说了自己误会颜回的事,他说:"我们大家平时最相信自己的眼睛,认为眼见为实,刚才的事实证明,我们眼见的不一定都是对的。我们应该从这件事得到反思,就是说,要了解一个人是不容易的。"

资料来源 http://tieba.baidu.com/f?kz=1171636605,有改动。

▶▶ 复习思考题:

1. 名词解释:"六艺"教育 汉代的太学。

第三章 中国古代私学

私学创建于春秋时期，历经两千余年，与官学相对而存在，共同组成了中国封建社会的学校教育制度。为人才的培养和民族文化的传承起到了很大作用，在中国教育史上占有重要地位。

第一节 私学的创建与发展

春秋至战国中期，是私学的初创阶段。春秋初期，周王朝对官学的控制力逐渐丧失，出现"天子失官，学在四夷"的现象，诸侯各国纷纷各自为教。国君为太子聘请师傅的做法为私学的出现提供了先例。

孔子是这一时期开创私人讲学之风的代表人物，其所创办的私学规模最大，成就最高。他一生中的大部分时间和精力都用于聚徒讲学，"以诗、书、礼、乐教弟子，盖三千焉，身通六艺者七十有二人"①。孔子一生学而不厌，诲人不倦，注重因材施教，提倡温故知新、闻一知十。孔子主张有教无类，面向社会办学。这些思想和实践，使得孔子成为历代尊崇的伟大教育家。与他同时代的私学大家还有墨子。墨子从"利天下，为之"②的崇高原则出发，重视实用的科学知识技能的传授，其门下弟子十分义勇，相传弟子有三百人，个个都能赴汤蹈火，具有高度的自我牺牲精神。

私学的兴起为百家争鸣局面的出现准备了条件。尽管这一时期的私学教育还不是很正规，没有固定的教育场所，没有专门的教育设施，没有成体系的教育管理制度，甚至教育内容也没有统一，以各派学说为主，但私学一经诞生，就表现出强大的生命力，对后代教育事业的发展产生了极大影响。自此，中国古代教育史上便出现了两种互为依存的学校教育制度，即官学教育制度和私学教育制度。私学与官学一道承担起中华民族教育的重任，并一直持续整个中国古代社会。

秦代颁挟书律，以禁私学，但却是禁而未绝。秦代民间仍有少量私学存在，规模较小，在数量上远远少于官学，其影响也仅仅是在某些特定的范围内。

汉代私学发展较为繁荣。秦汉之际至汉武帝元朔五年（公元前127年），近百年间，汉代教育全赖私学以维持。汉武帝兴办太学以后，私学不仅没有被削弱，反而与官学相互补充。到东汉末年，在一些经师大儒的倡导下，私学获得蓬勃发展，取得了压倒官学的地位。如马融、郑玄等古文经学大师的私学学生多达千人以上。汉代私

---

① 《史记·孔子世家》。
② 《孟子·尽心上》。

学也形成了以书馆—乡塾—精舍上下相互衔接的教育体系。

汉代还创立了"著录弟子"与"及门弟子"制度。"著录弟子",即在名儒学者门下著其名,不一定临门受业;"及门弟子"是直接从师受教的,经常采用高业弟子以次传授的教学方法。

魏晋南北朝时期,官学衰颓,私学却呈现繁荣局面,名儒聚徒讲学占重要地位,学生人数上百人或计千人屡见不鲜。这个时期的私学教学内容突破了传统的儒学,涉及玄学、佛学、道教,以及科学技术等。

隋唐时代,唐代私学遍布城乡,制度不一,程度悬殊。一些巨儒大师纷纷开馆讲学。在开元天宝时期,唐代私人讲学风靡全国,在办学的质量和数量上压倒官学。此外,乡村里面还有私立蒙学。

宋初,朝廷提倡文治,文风日起。宋朝统治者对独立自主授徒讲学的经馆、经舍等给予鼓励和帮助,并注意吸收和推广私学教育的经验,运用于官学教育之中,还常常聘请私学教育有成就的学者到各级官学机构任教。私人建学由于得到官方支持,规模巨大,大有与春秋战国时期私学相媲美之势。

元代私学也十分活跃,并且出现了社学这一介于官学和私学之间的一种教育形式。元代私学对中国的教育发展贡献甚巨。

明清时期识字读书成为相当普遍的社会风尚,中举做官被认为是最荣耀的人生道路,因而私塾遍布城市乡村乃至穷乡僻壤。

第二节 私学的类型

自汉以后,私学主要有三种形式:具有蒙学性质的私学、具有深造性质的私学和私人设立的书院。关于书院的发展将有专章论述。

一、具有蒙学性质的私学

在汉代,具有蒙学性质的学校称之为"书馆"、"学馆"、"书舍"等,教学内容以识字、习字为主。汉代初级程度的蒙学还有乡塾,主要教学《孝经》、《论语》。这一阶段的教育,一方面是巩固书馆的识字成果,另一方面为专经研习做准备,同时让学童学会做人。这一阶段学完后,可到社会谋职,也可入太学或私学专攻儒经。

宋代蒙养教育日益完备,出现有私塾、义学、家塾、村塾、冬学等名称。据称,"每一里巷,须一、二所。弦诵之声往往相闻"。① 私塾规模较小,学生一般为十几人到几十人不等,多为塾师在自己家中开设,塾师依靠学生所教学费维持生计。义塾或义学是地方上出钱聘请教师或官员、地主招聘名士,在家乡开办学校,教育本族及乡里子弟。它最初由北宋著名的教育改革家范仲淹创办。范仲淹曾以原籍土地千亩作

---

① 耐德翁:《三教外地》,扬州诗局重刊楝亭藏书,第14页。

义田,用以赡养、救济同族人,并设义学免费让同族子弟入学。此后,乡里凡由人们捐资或由庙田田租兴办的不收学费的学校统称义学。义学为家境贫寒的学子提供了就学的机会,对于普及民间教育和从社会下层培养人才具有一定的作用。此外,宋代不少官宦人家为教育其家族的子弟,聘师设塾于家内,为家塾。宋代农村还普遍设置有季节性的村塾、冬学。冬学所具有的因时制宜的特点,对后代村校学制颇有影响。

元代则在蒙学之外,另设有社学。社学是由朝廷下诏令各地兴办,由乡民士绅自办的学校,因此是一种介于官学和私学之间的教育形式,但更多地体现出私学的特点。社学招生对象是农家子弟,教师由民间选派,以在农闲的时候让老百姓的孩子入学读书。元代统治者在乡村广泛设立社学,是元代统治者为了化民俗而采取的一项重要措施,对于中国的教育发展贡献甚巨。

明代蒙学有三类:家塾、义塾(又称义学)和社学。明朝继承了元代的社学教育。明代社学的设置始于洪武八年(1375年),规定:各府州县设立社学,每50家设1所,并把师生的名单上报礼部。但数年以后,即令停办。洪武十六年(1383年),又命民间自行设立社学,地方官不得干预。正统、天顺年间设立提学官,再令地方官创修社学。此后至崇祯时期,各朝都有关于兴建社学的命令颁布。明朝社学时兴时废,这为义学和私塾的大量出现提供了条件。

清代蒙学大致分为三种类型。一类称"专馆"、"坐馆"或"教馆"。为富豪殷商自设的家塾,或一家独设,或数家联设,延请塾师以教其子弟,岁修有定数,学生有定额。二类称"门馆"、"家塾"或"散馆"。有文化的人在家庭或庙宇祠堂里招收生徒就学,学额、岁修多寡无定数。三类称"村塾"、"族塾"、"义塾"或"义学"。为富户或公私团体出资延师设塾,以课贫家子弟,学生免费入学。[①]

二、具有深造性质的私学

私人讲学之风始于春秋战国之际,盛于汉代。汉代的经师大儒设经馆、精舍和精庐,为年龄较长、程度较高的青年学子提供学习儒家经典著作的场所。这类私学,有的设在经师家里,也有经师带领弟子在外传授。马融、李膺、郑玄等最为著名。

在唐代,这类学校获得长足的进步。有许多名流学者,涉猎经史,无意仕途,开设学馆,专事著述和讲学活动。如《旧唐书·窦群传》载窦常:"大历十四年登进士第,居广陵之杨柳。结庐种树,不求苟进,以讲学著书为事,凡二十年不出。"张士衡、刘焯、孔颖达、韩愈、柳宗元、颜师古等都是当时经师讲学的名家。虽然唐代的私学亦很发达,但与汉相比则显得略逊一等。以后历代名师巨儒多开馆讲学,传授经业。

另外,历朝历代都存在着家传私学。一些家庭向子弟传授家传的学术和代代相传的技艺或其他科学技术。如元代天文学家、数学家王恂,潜心伊洛之学,天文、律

[①] 毛礼锐、沈灌群主编:《中国教育通史》第三卷,山东教育出版社1987年版,第488页。

第三章 中国古代私学

历无不精究,他的两个儿子王宽、王宾即得星历之传。

第三节 私学的教学内容

一、蒙学主要开设的教学内容

汉代蒙学所使用的教材(见图3-1)有《仓颉篇》、《凡将篇》、《急就篇》、《元尚篇》、《训纂篇》等。现仅存《急就篇》,且广为流传,童子皆读。《急就篇》以识字为主,介绍各方面常识。乡塾使用《孝经》、《论语》。魏晋南北朝时期,蒙学教材主要是《急就篇》,以及王义编的《小学篇》、杨方编的《少学》、束皙编的《发蒙记》等。应当指出的是,魏晋南北朝梁朝的周兴嗣编辑了影响深远的蒙学读物《千字文》。他摹写王羲之书1 000个不同的字,编为四言韵语,共250句。此书主要供儿童识字使用,内容包括天文、自然、历史、地理、建筑、社会、文化、伦理道德、人身修养及语言等各方面知识。唐宋以后,一直沿用。并被译成满蒙文字,曾传到日本。唐朝人编的《开蒙要训》、《太公家教》、《蒙求》、《兔园册府》等,都是流行广泛的蒙学课本。宋代蒙学编撰或修订了很多蒙学教材,如《三字经》、《百家姓》、《千字文》、《千家诗》等。元代蒙学与宋代蒙学基本相似,所不同的是,制订有较为详细的私塾教学程序和计划,具有代表性的是元初程端礼所制订的《程氏家塾读书分年日程》。学生入学先读朱熹的《小学》,然后再教读"四书"及《孝经》,之后,再教学生读《易经》、《书经》、《诗经》、《礼记》、《周礼》、《春秋·左传》、《春秋·公羊传》、《春秋·穀梁传》等。此外,为配合读背经书,还要练习习字、考字、演文。程端礼认为按以上程序教读经书,基础才扎实,才能使学生对经书的理解一步步深化,逐渐掌握儒家经典著作的精髓。这个读书日程可以说是元明清三朝学校教育最典型的教学计划,影响及于三代。①

图3-1 中国古代蒙学课本

明清两代沿用宋元做法,将儒学作为教化的重要内容,因而私学蒙学阶段的教学内容主要是经书和一些蒙童读物。初入学的蒙童要先读《三字经》、《四言杂字》、《百家姓》,后读《千字文》或《千家诗》、《幼学琼林》、《颜氏家训》、《女诫》等启蒙读物,年龄稍长,则读供科考用的"四书"、"五经"及古文选读等,还有增学《孝经》、《女儿经》、《增广贤文》、《龙文鞭影》的,此外还要学习本朝律令。据明史记载,明洪武年间,曾令各地方学校,除经史文化学习外,还兼学《御制大诰》及本朝律令。清代沿用明代做法,不同的是除经史文化学习外,要背诵《圣谕广训》。另外除学习本朝律令

---

① 熊明安:《中国教学思想史》,西南师范大学出版社1989年版,第276页。

外，还要习婚丧、祭祀等礼节。

二、具有深造性质的私学所开设的主要教学内容

孔子整理修订的古代文化典籍《诗》、《书》、《礼》、《乐》、《易》、《春秋》，被后世称之为"六经"。"六经"是我国第一套比较完备的教科书，除《乐》失传外，其余"五经"在我国两千多年的封建社会里一直是学校的基本教材。汉代，在经馆学习的学生大多专研一经，但也有一人通数经的。如东汉时蔡玄就曾学通"五经"。魏晋南北朝时，经馆多以儒家经典为主要教学内容，如刘兆著的《春秋调人》、《周易训注》等。隋唐时期，儒家经典仍为主要的教学内容。宋代经馆的学习内容为儒家经典以及理学，如"四书"、"五经"、《四书章句集注》、《近思录》、《朱子语录》、周敦颐的《太极图说》，以及记录"二程"（即程颢与程颐）讲学言论的《明道学案语录》、《伊川语录》等。元代与宋代基本相似，所不同的是朱注四书（即《大学》、《中庸》、《论语》和《孟子》）比南宋时期更受重视，几乎成了唯一法定的教材和必读书。明清时期，私学仍为"四书"、"五经"之类的儒家经典。与明清以前所不同的是，明清私学更偏重于理学。

复习思考题：

1. 简述中国古代私学的兴起与发展。
2. 简述中国古代私学的教学内容。

第四章 中国古代书院

书院是中国古代特有的教育组织形式。它以私人创办和组织为主，将图书的收藏、校对与教学、研究合为一体，是相对独立于官学之外的民间性学术研究和教育机构，其丰富的教学经验和灵活多变的办学方式，为历代教育家所取鉴。

第一节 书院制度的历史演变

一、唐代书院制度的产生

书院之名，始于唐代。"唐开元十一年（723年）置丽正书院，十三年（725年）改丽正修书院为集贤殿书院"①，这是我国最早有关书院记载的史料。唐代书院的功能只是官方修书、藏书的机构，"掌刊辑古今之经籍，以辨明邦国之大典，而备顾问应对，凡天下图书之遗逸，贤才之隐滞，则承旨而征求焉"②。唐代的书院，除了官方创办之外，还有不少是私人设置的，作为读书人私人隐居读书之地，多设于山林、寺观、村野，其中著名的有张九宗书院、李宽中书院、张建封书院等。后来隐居读书人开始聚徒讲经授业，便出现了以讲学活动为主的书院。这些书院多起于唐后期，地方志上可以查到的著名书院有：皇寮书院（江西吉水县）、松州书院（今福建漳州市）、义门书院（江西德安县）、梧桐书院（江西奉新县）等。这些书院都是由个人读书之所发展为讲学之地，不过规模很小，收徒不多，影响极其有限，并且仍以读书为主、讲学为辅。可以说，唐代书院只是书院的雏形，官方创办的以收藏、校勘经籍为主，私人设置的以个人读书为主。它们都不是真正的教育机关，不具备教育功能。至于真正具有聚徒讲学性质的书院到唐末五代才基本形成。唐末五代数十年间，"干戈兴，学校废，而礼义衰"，战乱频繁，仕途险恶，一些学者不愿做官，隐居山林或乡间闾巷读书讲学，吸引了一些士子前来求学，书院开始具有讲学授徒的功能，如白鹿洞书院和应天府书院，但此时的书院数量少，规模不大，故其影响有限。

二、宋朝书院制度的发展

宋朝建立后，结束了战乱、割据的状态，文风日起，士子纷纷要求就学读书，但当时政府尚无暇顾及教育，没有充足的实力兴办。朱熹在《衡州石鼓书院记》一文中谈

---

① 《新唐书·百官志》。
② 《唐六典》卷九。

到宋代书院兴盛的原因,指出由于唐末五代官学衰落,学校不修,学者求学而又没有适当的求学之所,因而选择了创建书院精舍这种教学形式,来满足世人读书求学的需要。"余惟前代庠序之教不修,士病无所于学,往往择胜地而立精舍,以为群居讲习之所,而为政者或就而褒表之,若此山,若白鹿洞之类是也。"从上可见,造成北宋书院兴盛的原因是多方面的。但其中最主要的原因有以下几点。

第一,北宋科举取士规模日益扩大,而宋初官学却长期处于低迷的状态。士人求学需求很大,却苦无其所。在这种情况下,书院应运而生,起到了填补官学空白的作用,为广大士子提供了读书求学的场所。

第二,朝廷崇尚儒术,鼓励民间办学。宋初提倡文治,但国家一时又无力大量创办官学,故朝廷对书院给予多方面的表彰和赞助。像著名的白鹿洞书院、岳麓书院、应天府书院、嵩阳书院都得到朝廷赐书、赐匾额、赐学田和奖励办学者等不同形式的支持,这些支持无疑是促进宋初书院兴盛的直接动因之一。

第三,佛教禅林制度的影响。自汉末佛教传入中国后,至魏隋唐而大盛。佛教出于僻世遁俗、潜心修行的宗旨,多选择环境僻静优美的山林建立寺庙,作为修道讲学之所,并订有详密的学习与讲授佛经的规程。佛教禅林集藏经、讲经、研经于一体,也对书院教学产生了明显的影响。唐末五代及宋初的书院也大多建于山林名胜之中。书院的讲会制度就是借鉴了佛教僧讲和俗讲的讲经方式,书院教学的讲义和语录等形式,也是来源于佛教禅林制度。

第四,印刷术的应用,使书籍的制作与手写本相比,变得极为便利,这是促成宋代书院兴旺发展的重要基础。书籍不再是珍藏品而是公众都可以拥有的,这使书院拥有丰富的藏书成为可能,并真正成为面向社会的教学研究场所。

书院在这种形势下兴起,不仅满足了求学的要求,而且为统治者解决了一个社会问题,其规模和数量大幅度扩展,成为宋初教育的重要组成部分。

在宋初书院的发展过程中,有一部分书院以其丰富的教学内容和卓有成效的教学模式,赢得了世人瞩目,成为对当时影响较大的著名书院。这些书院代表了宋初书院教育的最高水平,在中国书院教育史上也独树一帜,占有重要的地位。最为著名的有六所书院,如下文所述。

图4-1 白鹿洞书院

白鹿洞书院(见图4-1),位于今江西省庐山五老峰下。唐代贞元年间(785—804年),李勃与其兄李涉在庐山读书,曾养白鹿以自娱,因以得名。后国子监教授李善道在此收徒授业,时称庐山国学。宋太平兴国二年(977年),朝廷赐监本《九经》,并重加修缮,书院生徒达数百人。由于得到朝廷的大力赞助,白鹿洞书院进入了鼎盛时期。北宋中期以后,白鹿洞书院渐趋衰微。南宋朱熹重修,并亲自拟定《白鹿洞书院揭示》之后,书院名声大噪。自此,《白鹿洞书院揭示》成为理学派书院所共同遵循的院规。①

岳麓书院(见图 4-2),位于今湖南省长沙岳麓山,唐末五代,僧人智睿在此建寺办学。北宋开宝九年(976 年)由潭州太守朱洞在此基础上"因袭增拓",建置讲堂 5 间,斋舍 52 间,创建岳麓书院。书院山长在真宗朝正式由朝廷委官任职,书院山长周式兼任国子学主簿,并得到朝廷赐额、赐书,书院也得到扩建,学生达 60 余人,"于是书院之称闻天下"。随后便开始衰落,两宋之际毁于兵火。由于岳麓书院是由官府创建,书院山长又兼任官职,故岳麓书院具有一定的官学性质。

图 4-2 岳麓书院

应天府书院,又名睢阳书院,位于今河南商丘市睢阳区国家 4A 级风景区商丘古城南湖畔。北宋大中祥符二年(1009 年),府民曹诚捐款在宋初名儒戚同文故居扩建而成,朝廷赐额"应天府书院"。在这里任职的地方长官如晏殊、蔡襄等人,对书院都是大力扶持。著名的学者韦不伐、范仲淹、石曼卿、王洙等先后主持书院教席,四方学者辐辏其门,为国家培养了大批人才,在当时产生了很大的影响。故范仲淹称"天下庠序由兹始"。天圣五年(1027 年),晏殊知应天府,聘请范仲淹主讲应天府书院,范仲淹"常宿学中,训督学者,皆有法度",书院名声由此大振。景祐二年(1035 年),以应天府书院为府学,给田 10 顷,由此被纳入官学系列。

嵩阳书院,位于河南登封市。北魏时始建嵩阳寺。唐末五代时,进士庞式在此聚徒讲学。后周改设"太乙书院"。宋太宗于至道二年(996 年)赐额"太室书院",并赐监本"九经"。仁宗景祐二年奉敕修葺扩建,更名嵩阳书院,并给田一顷。书院最盛时,生徒数百人。宋代理学大师程颢、程颐曾在此讲学。

石鼓书院,位于湖南衡阳市。书院之名最早见于唐代,初为唐代士人李宽私人读书之处。宋至道三年(997 年),郡人李士真请求郡守"即故址设书院,居衡之学者"。石鼓书院创建不久便改为州学,遂废而不修。

茅山书院,位于江苏句容市。约在北宋大中祥符年间,处士侯遗在此聚徒讲学。

---

① 张慧芬,金忠明编著:《中国教育简史》,华东师范大学出版社 2001 年版,第 354 页。

天圣二年(1024年),江宁知府王随上奏朝廷,请赐学田。书院在王随死后不久就衰落下去,生徒散落,其地也为寺院侵占。

宋初书院发展的盛况,曾一度在教育上发挥着地方学校的作用。在北宋三次兴学期间,中央和地方官学都得到了发展,逐步取代了书院的地位。同时,科举的强化,使学子的功名之心复炽,于是纷纷将官学作为首选,对书院自然也就不再热心了,遂使生源大幅萎缩。此外,书院经费难以为继,在地方兴学时,多数书院已由官府出资改为地方官学。

南宋偏安江南,战事不断,国力衰微,虽然中央和地方勉强设学,却是有名无实。于是,书院又应运而生,日益发达,几乎取代官学成为当时的主要教育机构。同时,理学的兴起及理学家讲学活动的广泛开展,也促进了书院的复兴。南宋书院在各方面都比北宋书院有长足的进步。书院的数量和分布的区域大幅度扩大,在史料中反映出的两宋书院总数大体在200到400所之间。其中,北宋和南宋的书院数量比例大致为2∶8。以个别省区为例:江苏省在宋代创办的书院总共有19所,其中北宋只有茅山书院一所,创办于南宋的书院则有18所;安徽省在宋代创办的书院总共约12所,其中北宋只有1所,南宋11所。从分布看:北宋书院仅在今河南、湖南、江西几个省区办过,而南宋书院分布在今湖南、江苏、安徽、浙江、江西、湖北、福建、四川等地区,遍布南宋统治的大部分疆土。在上述书院分布的地区中,以江西和福建两地的书院最多。这显然与理学家的活动密切相关。福建是南宋闽学的发源地,江西在两宋则先后有周敦颐和朱熹在那里开展教育活动,因而带动了书院教育的发展。

北宋的大部分著名书院,在南宋得到恢复和重建,且书院内部的设施和功能更加完善,书院的规章制度也更加完备。北宋的著名书院如白鹿洞书院、岳麓书院、嵩阳书院、石鼓书院、茅山书院等,在南宋陆续得到修复。

三、书院官学化的发轫

为了缓和民族矛盾,笼络汉族知识分子,以加强封建统治,元代对书院采取提倡、扶植的政策,使得书院发展迅猛。太宗八年(1236年),行中书省杨惟中创立太极书院,这是元代第一所官办书院。世祖至元二十八年(1291年)规定:"先儒过化之地,名贤经行之所,与好事之家出钱粟赡学者,并立为书院"①。各地纷纷设立书院,不仅文化荟萃的江南普遍兴建或复兴了书院,而且北方各地(如河北、山东、山西、陕西、河南等地)也相继建立了书院。据考证,元代新建书院143所,复兴书院65所,改建书院19所,共227所,主要分布在江南地区,北方也从无到有,出现了40多所。

元代统治者在鼓励创办书院的同时,逐渐施加控制,使得书院官学化成为当时书院发展的一个重要特征。其手段有四种。第一,控制书院主持人的委任权。元代书院的中后期,其山长或洞主由朝廷或地方政府委任,或者派遣人员出任。他们是

---

① 《元史·选举志》。

朝廷命官，列为各地儒学提举司下属官员的编制。第二，控制书院师资延聘权。元政府逐渐插手书院的师资任用，"散府设教授二员，书院山长二员"。书院的直学、教授等，须经礼部、行省或宣慰司延聘、审批或在朝廷备案。第三，控制书院的考察稽查权。元代政府对书院的山长及教职员定期进行考察与稽查。如发现其中有人犯有较大的过失，政府有权免其教职，情节严重的还要交司法部门治罪。第四，控制书院经费的使用权。元政府通过给书院调拨钱物，派员到书院掌管监督使用，还设立直学之职，掌管书院钱粮。

元代书院官学化的政策，在数量及普及范围方面大大促进了书院教育事业的发展，但另一方面，也使书院丧失了自身原有的自由讲学、注重学术、开放办学等传统优势，与官学的教学大体差不多。书院山长不再像宋代书院那样聘请著名的学者担任，而成为封建官场官员磨炼根脚、混取资序的一个台阶，学术水平大幅度下降，书院教学质量的下降也是必然的事情。

明清书院的发展可以说是几度兴衰。明初，因为汉族统治恢复，提倡科举，重视官学，士人也都热衷于正统学业，书院受到冷落。明太祖洪武元年(1368年)，全国只有洙泗、尼山两个书院，后又增设几所，近百余年书院不兴。到成化、弘治年间，因为科举僵化，官学空虚，一些理学家为救治时弊，多立书院，授徒讲学，于是书院兴盛起来。嘉靖以后，发展到极盛。当时书院讲学最为著名的是理学大师湛若水和王阳明。为了宣传各自的学术观点，他们在所到之处，建立书院进行讲学，使书院数量大增。他们的弟子继续建立书院，聚徒讲学。于是书院讲学之风盛行一时。

书院的自由讲学与统治者的文化专制不相容，明中叶后日趋腐败的政治必然遭到儒家士大夫的批评，双方的矛盾越来越加强。所以，嘉靖、万历以后，朝廷先后四次下令禁毁书院。明代最著名的书院是位于江苏无锡的东林书院，原为宋代学者杨时讲学的场所。明正德年间，乡人邵宝继承杨时讲学之志，重建书院，谓之"东林"，王阳明为之作序。万历三十二年(1604年)，被明政府革职的顾宪成和高攀龙等复建东林书院，扩大规模，聚徒讲学，并订立《东林会约》。东林书院的讲学，远承杨时，近宗朱子，旨在重倡程朱理学，以力挽陆王心学的流弊，追求"为圣为贤"的"实学"为务，常议论朝政得失，抨击权贵，揭露腐朽。因此，每逢会讲，远近赴会者常数百人，就连"草野齐民"、"总角童子"，也可以到书院听讲。于是，在江南形成一个著名的学派——东林学派。他们既重人心，更重世事，明显具有经世致用的特征，在明末学术中别为一系。顾宪成著有著名对联"风声雨声读书声，声声入耳；家事国事天下事，事事关心"，即为东林书院讲学特征的写照。东林学派立志救世，务求实用，尤其注重培养不畏权贵、刚正不阿的浩然正气。东林学派与以魏忠贤为首的宦官集团尖锐对立，于是再一次招致"尽毁天下书院"的迫害行动。东林书院被毁废，东林学派300多人被逮捕、杀害。这次封闭书院打击面过大，严重地戕害了学术思想的发展。

清代初年，统治者推崇科举和官学，对书院采取抑制的态度。显然，清统治者惧怕书院广聚生徒，讪议朝政，妨害统治，招惹麻烦。但是一些思想家和教育家仍坚持书院的讲学活动。南有黄宗羲讲学于海昌、姚江等书院,北有颜元主讲于直隶漳南书院,西有李颙主讲于陕西关中书院。在这种禁而不止的形势下,清政府感到抑制书院的政策不行,还不如加以提倡,使它为我所用。雍正十一年(1733年)诏谕各省:"近见各省大吏渐知崇尚实政,不事沽名邀誉之为;而读书应举者亦颇能摈去浮嚣奔竞之习,则建立书院,择一省文行兼优之士读书其中,使之朝夕讲诵,整躬励行,有所成就,俾远近士子观感奋发,亦兴贤育才之一道也。"① 同时,清政府还采取了一系列措施,加强对书院的管理和控制。书院的生徒,由各州县选拔。对山长、教师的考核、惩罚、提调,也由地方当局办理。政府为书院拨给经费或置学田,使其经费有所保证。由于官学和科举已完全合流,而官学的教学容量又很有限,所以也需要兴办书院作为官学教育的补充,特别是向生员提供学习场所。这类书院占清代书院总数的90%以上,在教学内容上,以科举文字的训练为主,实际上可以看做是官学的分校或官学的读书场所。如北京的金台书院,就是由顺天府主办,供国子监贡监生、京师生员在此修业,也招收部分童生,官方给予生活津贴(称为"膏火")。一些大书院的建筑,已与官学相通,也有孔庙之设,同时又体现书院读书学习的典雅特色。

清代中后期,书院高度发达,遍布各地,连少数民族聚居地方也办有书院。尽管大多数书院已官学化,但毕竟还是读书学习的场所。也有部分书院仍保持研究型的本色,如嘉庆、道光年间著名学者阮元创办的杭州诂经精舍和广东学海堂,就是当时训诂考据学研究与教学的重点场所。

清代书院按其讲学倾向可以分为四类。第一类是以讲求理学为主的书院,在清代前期颇有影响,较著名的有关中书院、鳌峰书院、姚江书院等;第二类是以讲求科举制艺为主的书院,以省城书院为代表,在清代占有相当数量;第三类以讲求"经世之学"为主,与上述两类书院相对立,这类书院以颜元主持的漳南书院为代表;第四类以博习经史词章为主,它形成于清初,兴盛于清代中叶,影响于清末,最典型的是阮元所创设的诂经精舍和学海堂。

四、书院的改革

清中叶后,全国各州县都有书院办理,少则一二所,多则十余所,到同治、光绪年间仍在不断出现新办的书院。书院基本上都染上了官学的沉疴,沦为科举附庸。但是,书院毕竟不属官学体系,仍带有民间色彩,可以自行决定教学内容和形式,而且有较好的教学和研究传统,不像官学那样完全科举化、衙门化,加上书院遍布全国,数量多、影响广,因此,清末着手改革旧教育时,首当其冲的就是书院。

清代书院的改革大体上可分为三个阶段。

(一)整顿、改良旧书院

19世纪80年代已有个别地方试行书院改良。1896年7月,山西巡抚胡聘之上

---

① 《皇朝文献通考·学校》。

书朝廷,奏请变通书院,主张裁减旧的诗文辞章之学,在保证传统的经史之学的基础上,"兼习算学,凡天文、地舆、农务、兵事,与夫一切有用之学,统归格致之中,分门探索,务臻其奥"①。首先实施改良的是山西令德书院。同年10月,江西巡抚德寿也在友教书院增设算学科,并于省城各书院颁发京师同文馆译各国史略、西艺新法等书,聘请专人主讲。随后,礼部奏报整顿各省书院,提议仿效山西、江西的做法,增设实学课程,尤其是数学和外语,同时改善书院管理和经费收支制度。

(二)另建新型书院

最早是1876年开学的上海格致书院,它是由江南著名的"新学"士绅徐寿和英国传教士傅兰雅(John Fryer)发动中西人士集资筹建,聘请西方学者教授格致之学(即自然科学技术),后分为矿务、电务、测绘、工程、汽机、制造六学,学生可任取某学,逐次讲习。书院建有藏书楼,还有博物院,陈列有工业、交通、军事、地理等方面的模型和样品。书院管理采用董事制度。1878年张焕纶创办上海正蒙书院(后改名梅溪书院),分大小两班,教授国文、舆地、经史、时务、格致、数学、诗歌等课。较著名的还有1896年在陕西创办的崇实书院,1897年在杭州创办的求是书院等。这类书院实际上已是近代新式学校,只是在藏书及管理上还因袭书院的传统。

(三)将旧书院改造为新式学堂

旧书院改造成新式学堂始于1896年刑部侍郎李端棻在《请推广学校折》中建议:"令每省每县各改其一院,推广功课,变通章程,以为学堂。"之后逐渐推广。戊戌变法期间,维新派要求普遍建立新式学堂,守旧派则反对,张之洞采取折中态度,他说天下要办的学堂成千上万,国家一时不可能有如此大的财力来办学。解决的办法是先将现有的书院改成学堂。他率先将自己经营的两湖、经心书院改为学堂。百日维新期间,清政府曾下令将各省书院一律改为学校。由于维新失败,慈禧太后又下谕不必更改。《辛丑条约》签订后,清政府内外交困,不得不议决恢复新政。张之洞、刘坤一联名上奏指出:"今日书院积习过深,假借姓名,希图膏火,不守规矩,动滋事端,必须正其名曰学,乃可鼓舞人心,荡涤习气。"清廷采纳了这一主张,于1901年8月下令将各地所有书院一律改为学堂。至此,延续千年之久的中国古代书院即告结束,以后虽仍有以书院命名的,但已是属于新教育范畴了。

第二节 书院制度的教育特点

书院作为一种新的教育组织形式,既不同于正规的官学,也不同于纯粹的私学。同官学及其他私学相比,书院的教学与教育管理皆有其独具的特点。

---

① 《皇朝经世文新编》卷五。

一、书院的教学特点

(一)自学

书院以学生个人读书钻研为主,十分注重培养学生的自学能力。书院教学非常重视对学生进行指导和启发。许多名师都把指导学生自己学会读书作为教学的重要任务,他们往往根据自己的治学经验概括出不少读书的原则,帮助学生提高自学的能力和读书的效果。同时,书院十分强调学生读书要善于置疑问难。朱熹在白鹿洞书院讲学时,常常亲自同学生置疑问难。学生提出疑难问题,他则反复释难。吕祖谦在丽泽书院讲学时,提出求学贵在创造,要自我独立钻研,各辟门径,超出习俗见解而有新的发明。自学不仅表现于进修学业,在陶冶情操上也是如此,书院大师不强调道德训示,而注重人格感化,以自身作为榜样起到潜移默化的作用,使学生自觉加强道德修养。

(二)书院盛行"讲会"制度

书院允许不同学派进行会讲,开展争辩,书院中的学术讨论、辩论空气很浓。这是书院区别于一般学校的一个重要标志。讲会是赋有学院教学特色的方法之一,目的在于通过不同学派的相互争辩探讨,辨析各种学术主张的异同,或发挥某种学说的精义。南宋时,朱熹与陆九渊属于两个不同的学派。淳熙八年(1181年)朱熹请陆九渊赴白鹿洞书院讲学,这为不同学派在一个书院讲学开了先例。明代的东林书院,定期召开学术辩论会,每年一大会,每月一小会,每会会期三天,每会公推一人主讲,讲时大家"虚怀以听"。讲完之后,意见不同者便"诘难",有不清楚的则"学问",有不一致的则"商量";有问有辩,这种讲会,比之当时的官学,在学术思想上要活跃得多,既论学,又论政,突破了当时束缚知识分子思想的八股学风。

(三)教学实行"门户开放",不受地域限制

书院有名学者讲学,其他书院和外地书院的师生均可前来听讲,来者不拒,慕名师不远千里前来听讲求教者,书院热情欢迎,并给予周到安排和照顾。明代正德十三年(1518年)王守仁在巡抚南赣、汀、漳任内,修建濂溪书院讲学,四方学者前来听讲,讲堂都容纳不下。书院的这些治学传统和经验,今天仍然值得借鉴。

(四)学术研究与教学相结合

学术研究与教学相结合是书院一个最突出的特点。学术研究是书院教学的基础,书院的教学又是学术成果得以传授和进一步发展的必要条件。书院的产生就是由学术研究机关发展为教育机关的,它是由官方藏书、校书或私人读书治学、研究学术的场所逐渐发展为讲学的地方。历史上有名的书院,差不多都是当时的教育活动中心。书院创建者或主持人多是当时著名的学者,他们往往既要负责书院的组织管理工作,又要进行学术讲授。学术研究同教学相结合,互相促进,学术带头人担任学校的主讲,这是一条值得今人借鉴的好经验。

（五）书院的教学内容以儒家知识为主

宋代书院的主持者多数是理学家，以理学思想为指导来制订教学计划，安排教学内容。《诗》《书》《礼》《易》《春秋》和以《大学》《中庸》《论语》《孟子》为代表的"四书"、"五经"等儒家经典是书院基本的、必修的教材。各书院不同流派的理学家对"四书"、"五经"的研究有所侧重，他们研究的心得以注疏、讲义或谈话语录的形式出现，这些著作也成为书院的重要读物。除了重视儒家的知识之外，书院还十分重视对学生的品德教育，重视学生的身心修养。南宋著名的理学家朱熹在主持白鹿洞书院时，明确提出他的教育方针和培养目标。他认为实施五教（即"父子有亲，君臣有义，夫妇有别，长幼有序，朋友有信"）是书院教育的根本方针，也是道德教育的重要内容。

二、书院的教育管理特点

书院初创时，组织机构比较简单，主持人既是组织管理的负责者，又是日常教学工作的承担者。随着书院的发展，规模的扩大和生徒的增多，开始有了协助主持人管理和教学的辅助人员，组织机构也随着扩大，分工更细，责任更明确。书院的主持者有多种名称，如山长、洞主、院长、教授等，不同的地区、不同的历史阶段，使用不同的名称。"山长"，因书院多设在风景优美的名山，在书院讲学的多是德高望重的年长学者，尊山中长老，故曰"山长"。"洞主"（又称主洞），此名称源于白鹿洞书院，与地名存在着特殊联系，后世书院较少用此名。"院长"即书院之长。"教授"本为地方官学学官名称，有的主持人由地方官学教授兼任，仍用此称。随着书院的发展，增设副山长、副讲、助教等职，协助山长处理书院有关事务。据《白鹿洞志》记载，书院管理人员除洞主（主持人）之外，有副讲、堂长、管干、典谒、经长、学者、引赞、火夫、采樵、门斗十类，分工负责书院日常的教学、管理、生活服务各项事务。书院对管理人员采用专兼职结合，学生中的优秀者可以兼职管理工作。某些职务规定"按季节更易"或"不称职者更易"，保证其流动性和有效性。这是书院管理中的一个特色。

书院的教育经费来源多样化。书院的经费，依靠官府的资助，也依靠民间自己筹集，主要靠学田供给。以白鹿洞书院为例，在南宋先后三次由官府增置学田。第一次在淳熙七年（1180年），始置学田870亩（1亩＝667平方米）；第二次在淳熙十年（1183年），置办700亩；第三次在嘉定十四年（1221年），置办学田300亩。书院总共拥有学田1 870亩。岳麓书院在绍熙五年（1194年），官府一次就拨给学田50顷（1顷＝66 666.67平方米），书院学生日给米1升4合（1升＝1立方分米，1合＝0.1立方分米），钱60文。像浙东一代的富庶地区，则常有巨商赞助书院。东阳（今浙江金华）郭氏累代出资创办书院，家拨良田数百亩用于养士，其子孙后代先后设立了石洞书院、西园书院和南湖书院。浙东的杜州六先生书院，也是私人出资办学，设有先圣碑亭、礼殿、讲堂、生员六宅、慈湖祠、书库、门廊、庖湢，书院内部设施十分完善，办学条件也很优越。

书院制订规章制度进行管理。规章制度的确立,是书院内部管理体制进一步完善健全的标志之一,也是书院确立自身的办学宗旨和特色的一个重要手段。在这方面,南宋书院较北宋书院有更长足的进步。南宋书院主要通过制订学规,来确定内部的规章制度。这种学规主要有两种类型。一种以朱熹制订的《白鹿洞书院揭示》为代表,这种学规,主要规定书院的教育宗旨、教学方法和道德行为规范。另一种以建康明道书院学规为代表,这种学规主要规定书院内部的管理条款和细则。朱熹为白鹿洞书院制订的条规,反映了南宋大多数书院的教育宗旨和办学目标,同时也为南宋后期和元明清历朝书院的发展提供了范本,因而成为研究中国古代书院制度的一个经典性的文献章程。

书院内的师生关系比较融洽,师生之间的感情相当深厚。书院的名师不仅以渊博的学识教育学生,而且以自己的品德气节感染学生。中国教育史上素有尊师爱生的优良传统,这在私人教学中表现得尤为突出。书院制度是由私人教学发展而来的,尊师爱生的优良传统在书院教学中也就得到了充分的体现。朱熹平日教人,循循善诱,孜孜不倦,对学生有相当深厚的感情。他对学生要求是严格的,但其方法不是冷酷的压制和消极的防范,而是耐心的启发和积极的引导,使学生心悦诚服、自觉遵守。从事书院教学的有不少是学识渊博、品德过人的名师巨儒,这是他们赢得学生尊重的主要条件。他们能献身教学、热心育人,因而受到学生们的敬佩。

从书院产生到清末书院改为学堂,书院经历了将近 1 000 年的历史,各种民办的、官办的、民办官助的,共约 2 000 余所,对我国古代学术发展和人才培养做出了重大贡献。书院扩大了中国古代学校教育的类型,起到了弥补官学不足的作用。书院提倡自由讲学,注重讨论,学术风气浓厚,开辟了新的学风,成为推动教育和学术发展的重要动力。书院在办学和管理领域也创造了许多行之有效的经验措施,成为中国封建社会中后期一种重要的教育组织形式。书院制度产生、发展于封建社会,随着封建社会政治、经济和文化的没落,书院制度被废除。但书院制度的宝贵经验承传下来,成为我国古代教育史上的一份遗产,丰富了我国教育遗产的宝库,并将在新的历史条件下得到发扬光大。

教育启示录 2

孟母三迁

孟子的祖辈以农耕为主,家境非常贫寒。孟子家住在一个村庄的边缘,附近是一片坟地。孟子出于好奇,小时候常去墓间玩耍,看见人家埋葬死人,他就和一些小朋友学着样子玩抬棺材、挖坑、哭嚎的游戏。孟母见此情景很担心,认为这个地方对孩子成长不利,就搬了家。

孟家搬到城里的一条街上,附近是集市和商店,商人云集,一天到晚吆喝声不断。孟子住到那里后,又和小朋友学起商人做买卖的游戏来。孟母感到这个地方对孩子的成长也不利,于是又搬家了。

孟家第三次住的地方是一所学校的旁边。到这里来的除一些学生外,还有一些著名的学者。他们出出进进很有礼貌,早晚还会听到朗朗的读书声。孟母高兴地说:"这个地方很好,有利于教育孩子。"孟家便定居在此。

孟子住在这里,常到学校旁看学生游戏,听老师上课和学生朗读,学习来往行人的礼貌动作,孟母看了十分高兴。直到他上学,孟母仍不放松对他进行教育。后来,他终于成为儒学代表人物。

资料来源 但武刚主编:《教育学案例教程》,武汉:华中师范大学出版社2007年版,第2-3页。

▶▶ 复习思考题:

1. 名词解释:白鹿洞书院　岳麓书院　书院"讲会"制度。
2. 简述书院的教学特点。
3. 简述书院的教育管理特点。

第五章 中国古代科举制

科举制,即分科举士,是中国传统社会采取分科考试的方式选拔政府官员的一项重要社会制度。在其创立后的一千多年中,始终是古代中国读书人,特别是寒门庶族子弟的一条主要晋身之阶。在科举制的作用和影响下,中国传统社会各阶层相对地处于一种流动状态,有效促进了民族文化心理的整合,也给中国古文明的稳定和发展提供了一种内在的动力机制。

第一节 科举制度的起源与演变

科举制从隋朝大业元年(605年)开始实行,到清朝光绪三十一年(1905年)举行最后一科进士考试为止,经历了1 400多年。

一、科举制度的起源

在中国历史上,选拔官吏成为一种有章可循的定制是在汉代,即察举制与征辟制。所谓"察举",是指中央和地方高级官员将经过考察的优秀人士推荐给朝廷,以备录用。所谓"征辟",是指朝廷或三公以下召举布衣之士授以官职。汉代通过制度化的人才选拔方式,为中央和地方行政提供了干练的官吏,使汉朝的强盛有了人事上的保证。这种制度以察举为主,科目的多样化有利于专门人才的发现,又辅之以考试,尤其是策问的考试形式,被后世的科举考试所沿用。因此,汉代的策问考试可视为古代科举的起源,它对隋唐科举制的产生有着直接影响。

魏晋南北朝以九品中正制为选官制度。东汉末年,曹操当权,力倡唯才是举,凡有治国用兵之术及高才异质者,予以拔用。因此奇才贤士争相归附,一时猛将如云,谋臣如雨。曹丕即位为魏文帝后,采纳吏部尚书陈群的建议,建立九品官人法,将唯才是举的选官原则制度化。由朝廷选择"贤有识鉴"的官员,兼任本郡"中正官",负责考察各地士人,按其品德才识的高下,分别评定为上上、上中、上下、中上、中中、中下、下上、下中、下下9等,每10万人推举1人,作为吏部录用的依据。九品中正制初行时,尚能按人才优劣以定品第,而不是专重家世阀阅。及至司马懿执政,各州所设大中正多由豪门士族担任,他们出于根深蒂固的门阀观念,评定士人等级不重真才实学,只看出身门第,这就严重阻遏了中下层士人的晋身之阶,从而出现了"上品无寒门,下品无士族"的不正常局面。

二、科举制度的确立

为加强中央集权和发展社会经济,隋朝统治者进行了一系列政治改革,地主经济得到很大发展,庶族地主的势力更为加强。庶族地主尤其是中小地主为了维护和扩大其经济利益,迫切需要废除九品中正制,打破门阀士族在政治上的垄断,代之以一种新的选官制度,以便通过较为公平的竞争,进入仕途,跻身统治者的行列。科举制度就是适应这一社会变动而产生的。隋炀帝大业二年(606年)设进士科,实行以试策(时务策)取士,这是科举制的真正开端。唐代继承并发展了隋代创设的科举制度,使科举制度正式确立。

隋文帝登位之后,力图建立统一的中央集权的国家政权,对妨碍中央集权的旧制度进行改革,建立三省六部制度,规定全国选官任官的权力统归中央吏部。选官采用察举制,由中央高级官员和地方行政首长负责考察和推荐,规定时间集中到京都,由吏部进行考试,选优录用,量其才能,任以官职。隋代在开皇年间举行五次察举,可以设一个科目或两个科目,甚至多种科目,需要什么类型的人才就定什么科目,科目随时变化。察举已发展为多种科目,可网罗各类人才。察举有推荐的程序,但不取决于推荐,而取决于文化考试,这种因素的进一步发展,就为科举制的产生铺设了道路。

开皇七年(587年)正月"制诸州岁贡三人"①,此令是科举考试制度起步的重要标志,它明确地定区域、定年度、定贡举、定名额,在打破豪门士族垄断选举之后,实行每年自下而上经过考试选拔人才,为地方庶族人士开辟一条参政的通道,为年年设科考试选拔人才铺平了道路。在诸州每岁贡举获得社会赞成的基础上,科举的因素日益发展,使不定期举行的察举走向科举化。开皇十八年(598年),命"京官五品以上、总管、刺史,以志行修谨、清平干济二科举人"②,表明察举转向设科举人,具有科举考试制度的重要特征。

隋炀帝当政的大业年间,科举考试制度的因素有了重大的发展。大业二年(606年),"始建进士科",说明以文才为选士已经确立,使科举考试科目有了多种类型,更加适应当时选官制度的政治需要,终于形成新型科举考试制度。大业三年(607年),诏文武有职事者,以孝悌有闻、德行敦厚、节仪可称、操履清洁、强毅正直、执宪不挠、学业优敏、文才秀美、才堪将略、膂力骁壮等十科举人。据《通典》考证,十科中的"文才秀美"科就是进士科。进士科的创立标志着科举考试制度的正式产生。

隋朝的统治只维持了短短的30余年,科举考试也只举行过四、五次,选举的人才更寥寥无几。然而这一制度毕竟保存下来,并经过了唐、宋、元、明、清,得到不断的完善和发展。隋代开科取士,放宽了录取标准,把录取和作用权完全集中在中央朝廷。开科考试的特点是录取标准专凭试卷,重才专资,而不是由地方察举、层层推荐。科举制度的建立,在一定程度上限制了门阀士族把持选士的局面,为庶族地主参与政权开辟了道路,扩大了统治阶级的统治基础。科举制度为以后的历代王朝所沿用,维持了1 400年之久。

---

① 《隋书·高祖纪(上)》。
② 《隋书·高祖纪(下)》。

唐朝为了适应封建经济与官僚政治的高度发展，改进了科举选官制度，以便于中小地主广泛参加政权，科举制度进一步走向成熟。唐代选官，沿用隋代科举考试制度。"唐制，取士之科，多因隋旧。"①可见唐代选官制度基本上是承续隋代的科举制度，但又不是全部照旧，而是有发展有创新，逐步调整，使科举考试制度趋于健全。

唐代恢复科举考试，开始于唐高祖武德四年（621年），以后基本上依照此先例实行。

（1）科目标准与贡举名额。州县地方官以考试选拔贡士，不同科目订有不同标准。"凡贡举人，有博识高才强学待问无失俊选者为秀才；通二经以上者为明经；明闲时务精熟一经者为进士；通达律令者为明法；其人正直清修名行教义旌表门闾堪理事务，亦随宾贡为孝弟力田。"②这是唐代对科目的标准以法令条文明确加以规定，并且对于贡举的名额也按州的大小规定了分配名额：凡贡人，上州岁贡三人，中州二人，下州一人。若有茂才异等，亦不抑为常数。州作为行政区，所管辖的人户有多有少，贡举名额应该有差别，这是总结既往经验后所做的较为合理的调整。

（2）科目设置与考试方法。唐代科举考试有常科与制科两种。常科每年举行一次，科目大多是承续前朝，但也有不少发展变化。武德四年敕令所列四科：明经、秀才、俊士、进士。后来，科举考试科目增多。"凡诸州每岁贡人，其类有六：一曰秀才、二曰明经、三曰进士、四曰明法、五曰明书、六曰明算"③，规定按六类考试与录取。但事实上，由于秀才科标准高而应举试者极少，在唐高宗永徽二年（651年）此科已停。而明法、明书、明算三科较为专门，应举的人也不多，所以每岁贡举绝大多数集中于明经、进士两科。后来为了更多方吸收人才，考试科目也有新的变化。"其科之目，有秀才、有明经、有俊士、有进士、有明法、有明字、有明算、有一史、有三史、有开元礼、有道举、有童子。而明经之别，有五经、有三经、有二经、有学究一经、有三礼、有三传、有史料。此岁举之常选也。"可见，科举考试科目繁多，但各科的情况也很不相同，如道举仅唐玄宗一朝实行；俊士和进士，名虽异而实同，其他各科也曾实行一段时间，但长短不一，只有明经、进士两科常科中最为盛行，且始终保持着。

各科考试经常采用的考试方法，主要有帖经（见图5-1）、墨义、策问等。所谓帖经，即将经书上某列贴上三个字，要求将所贴的三个字填写出来。它是唐代科举考试中重要方法之一，以明经科尤甚。这种考试适合考查记诵性的知识，对于

图5-1 帖经

---

① 《新唐书·选举志》。
② 《唐六典·三府督护州县官吏》。
③ 《唐六典·吏部尚书》。

测试认知能力、思辨能力及应变能力等，都难以起到作用。所谓墨义，是一种简单地对经义的问答，只要熟读经文和注疏就能回答，被试者以笔答叫"墨义"，以口答称"口义"。所谓策问，是沿袭汉朝以来的射策、对策的考试方法。它是设题指事，由被试者做文章，题目的范围是当世要事和计谋策略，要求对现实中诸如政治、吏治、人事、教化、生产等问题提出建议，或写出政论性的文章，它比帖经、墨义要求高一些，这是一种较好的考试方法。

(3) 考试程序。唐代参加科举考试的考生来源主要有两类：一是生徒，即中央官学和地方官学的在校学生，只要他们在学校内考试合格，便可以直接参加朝廷尚书省主持的考试，即省试。二是乡贡，即不在学校上学的社会知识青年欲参加科举考试的，可向所在州县官府报考。唐朝规定，触犯过大唐律令的人、工商之子及州县衙门小吏不得参加科举考试。

具体报考办法是：每年仲科（农历十一月），中央官学和地方官学把通过校内考试合格的生徒名单报送至尚书省。乡贡则由各人带自己的身份材料、履历证书向所在州县报名。州县将对他们进行考试，合格者由地方官长史送至京城参加尚书省的考试。无论哪类考生，送至尚书省报到后，均需填写姓名履历及具保结（有担保人），由户部审查后，由考试功员外郎主持考试。后因该官是从六品，地位较低，所以自开元二十四年（736年）起移试于礼部，由正四品的礼部侍郎主持。礼部命题考试的时间，大约是每年暮春（农历三月），所以当时有"槐花黄、举子忙"的谚语。考试合格者再参加吏部复试。吏部复试包括"书、判、身、言"四个方面。"书"即书法，试其"楷法遒美"。"判"即写另一类文体的文章，试其"文理优长"。"身"即考查其相貌是否端正，试其"体貌丰伟"。"言"即考查其口齿是否清楚，试其"言辞辨正"。如果以上四项考试都能全部通过，便可以授予官职。

三、科举制度的完善与发展

宋朝的建立，结束了自唐"安史之乱"以后至"五代十国"长期的分裂割据局面，重建了统一的中央集权的封建国家。相对稳定的社会环境，为经济文化教育的恢复和发展创造了有利的条件。为了解决文官紧缺的问题，北宋统治者在其统治的前80余年一方面采用扩大科举取士名额的方法大量选拔人才，另一方面通过学校教育培养人才。但唐末以来，藩镇间征战频繁，从中央到地方，都无暇顾及官学的发展。宋初后，统治者也无力恢复官学。因此，科举制度成为各级官员选拔的主要途径。朝廷对科举考试寄予厚望，录取规模大大超过前代。

（一）提高科举地位及扩大科举考试规模

唐代科举还只是为寒门子弟打开取得做官资格的一条门缝而已，取士名额少，取中的还要通过吏部考核才能做官。到宋代，科举及第的进士不仅享有显耀，而且立即就可以做官，且升官较快，尤其是取中高第者。据统计，宋仁宗一朝共举行13届科举，取中一甲（状元、榜眼、探花）者共39人，后来官职没有达到公卿的，只有5人。

在宋朝133名宰相中,由科举出身者为123名,占总数的92.5%;而在唐朝368名宰相中,由进士出身者为143人,只占总数的38.9%。这样,科举就成为做官的正途,乃至原来对科举不屑一顾的官僚权贵子弟,也热衷于应举了。

宋初每届取士人数与唐代大体相同,不过二三十人。宋太宗即位后,开始大幅度增加录取名额,太平兴国二年(977年)殿试,进士及第109人,诸科(和进士科相比,诸科的地位较低,考中后所授官职远低于进士科,考试的内容也多为死记硬背的东西)及第207人,此后,每届大体维持在三四百名的录取规模上。取士规模终究是有限的,对那些多次应试不中者,朝廷又开辟了特奏名的科目,即允许多次参加省试落榜的年迈举人另行奏名考试,考中后授予科举出身名分。如果还考不上,等达到足够的年头,一般是经历15届以上的应试后,朝廷就干脆赏给一个相当于科举某种出身的称号。自宋仁宗以后,科举已确定三年一届,能熬过这么多年,不死也是年老力衰了。所以这种做法可以将读书人毕生束缚在书本中和考场上,不使他们绝望而萌生异志,确实有效地维护了封建王朝的稳定。

(二) 改革考试类型及内容

宋朝科举考试有常科和制科之分。常科主要有进士、"九经"、"五经"、明经、明法等诸科。其中进士科录取的人数最多。制科为非常设科目,是由皇帝根据需要临时设置并亲自主持的特种考试,选拔特殊人才,以应特殊需要。除文科之外,还有武科和童子科。武科始于宋仁宗,考试内容为先骑射后策问。宋神宗规定考试内容为步射、马射、马上武艺、孙吴兵法、时务防策、律令等。童子科是指凡15岁以下,能做诗赋的少年儿童,由州官推荐,经皇帝亲自考试,中试者赐进士出身或同学究出身。

宋代科举基本上沿袭唐制,进士科考帖经、墨义和诗赋,弊病很大。进士以声韵为务,多昧古今;明经只强记博诵、忽视义理,学而无用。王安石任参知政事后,对科举考试的内容着手进行改革,取消诗赋、帖经、墨义,专以经义、论、策取士。所谓经义,与论相似,是篇短文,只限于用经书中的语句作题目,并用经书中的意思去发挥。王安石对考试内容的改革,在于通经致用,既考查考生对儒家经典的掌握理解,又考查考生的文笔水平。

(三) 健全科举管理制度

科举考试、科举取士的比较周密的规章制度也是在宋代建立的。通过维护科举的公正性、客观性,防止权贵操纵取士,来保证中央集权。主要改进措施如下所述。

1. 确立三年一贡举

宋朝科举考试的时间,最初没有明确的规定。宋太祖时沿袭唐制,也是一年开考一次。自宋太宗以后,开考时间没有规律,间隔2、3、4、5年长短不一,对士人备考应举很不方便。宋英宗确定科举考试时间为三年一贡举。这一改革,不仅在当时效果很好,而且在历史上也产生了深远的影响,从此,三年一贡举成为定制,一直延续到清末科举考试制度被废除。

第五章 中国古代科举制

2. 三级考试制度的形成

殿试是由皇帝亲自主持的最终决定性的考试。在唐武则天时曾一度实行过,到宋代开宝六年(973年)正式实行殿试(见图5-2),并作为一项制度确定下来。从此,形成三级科举考试制度:乡试、会试、殿试。乡试(州试)由地方官主持。每三年一次,一般在子、卯、午、酉年,考期在秋八月,故称"秋闱"。乡试分为三场:经义、本朝诏诰和律令、史事及时务策。第一名称"解元"。会试是由礼部主持,在乡试的第二年,亦即于丑、辰、未、戌年春季二月在京师举行,谓之"春闱"或"春试"。礼部下设贡院,考试、阅卷、放榜等均在贡院举行。会试也

图5-2 宋代科举殿试图

分作三场,其考试内容和程序基本上与乡试相仿。会试取中者称"贡士",第一名称"会元"。凡会试中选者即取得参加殿试资格。殿试由皇帝主持,考试时间为三月。出榜分为三甲:一甲赐进士及第,只有三名,依次为状元(亦称"殿元")、榜眼、探花;二甲赐进士出身若干人,第一名称"传胪";三甲赐同进士出身。南宋以后,还要举行皇帝宣布登科进士名次的典礼,并赐宴于琼苑,故称"琼林宴",以后各代仿效,遂成定制。

3. 强化科举法规

从隋唐开科取士之后,徇私舞弊现象越来越严重。对此,宋代统治者采取了一些措施。①实行锁院回避制。唐代科举考试主考官基本上固定由礼部侍郎担任,这不仅造成了礼部权力的专擅,也使有利于营私舞弊得到了便利。宋代主考官不再由固定的官员担任,而是临时委派,考官在受命之后,要立即进驻贡院,隔绝与外间的联系,称为锁院,这样防止了串通作弊。除主考官之外,还要另行委派若干副考官,称为同知,以加强对考官的监督和相互制约。②实行别头试。对与考官有亲属或其他亲近关系的考生实行别头试,即另行开场考试,考官与考题也另行安排,目的在于制约人情影响。③对试卷实行糊名(弥封)、誊录制度。糊名,就是把考生考卷上的姓名、籍贯等密封起来,又称"弥封"或"封弥"。宋太宗时,对殿试实行糊名制。后来,宋仁宗下诏省试、州试均实行糊名制。但是,糊名之后,还可以认识字体。后又将考生的试卷另行誊录。考官评阅试卷时,不仅仅不知道考生的姓名,连考生的字迹也无从辨认。这种制度,对于防止主考官徇情取舍的确发挥了很大的作用。

通过上述的调整改革,扩大了科举考试的影响和覆盖面,科举考试制度更加成熟健全,进一步加强了统治者对于科举考试的绝对控制和国家权力部门的整体监控,限制了权贵子弟徇私舞弊、朝中权臣把持科场的特权,庶族与平民子弟通过科举跨入仕途的数量日益增多,在统治阶层中逐步形成了一个庶族官僚集团,从而为宋代政治和文化教育的运行注入了强大的生机。但是滥取的现象也不可避免,并导致教育更多地受到科举的操纵。

蒙古窝阔台汗时(1237年)曾开过一次科举,此后科举长期停开,选官主要从蒙古人、色目人中挑选,或从吏员中提升,少量的选士则来自学校。直到元仁宗皇庆二年(1313年),才重开科举。规定三年考试一次,分为两榜。蒙古人、色目人为一榜,考两场,即第一场考经问,第二场考时务策。汉人、南人为一榜,考三场,第一场考"四书"、"五经"义,以规定的理学家著作为考试用书,第二场从赋、诏、诰、表、章等文体选一考,第三场考经史时务策。相比之下,蒙古人、色目人的考试就容易多了,他们中如果有愿意考汉人、南人榜而且考中者,则授官时加一等。汉人做官则多受限制和排斥。元代科举不仅开得晚,而且时开时停,总共只举行过15次考试,全部录取的人数只有1 061人。和其他仕途相比,科举所占比重微不足道。

四、八股取士及科举考试逐步僵化

明朝科举制度是中国科举制度史上的鼎盛时期。它在继承宋、元科举制度的基础上,建立了称为"永制"的科举定制,将八股文作为一种固定的考试文体,并将学校教育纳入科举体系中。

在正式开科取士之前,明太祖主要采取荐举选拔人才。洪武三年(1370年)五月,诏令"特设科举",并颁行了科举考试条例,规定了乡试、殿试的考试内容、日期及举额的分配等具体事宜。这标志着明朝科举考试正式启动。连续3年开科取士后,明太祖发现"所取多后生少年",他们长于文辞而少有实际才干。于是,洪武六年(1373年)二月,他下诏"遂罢科举",恢复荐举。洪武十五年(1382年),朱元璋又宣布恢复科举考试。此时,科举考试与荐举制并存,后因"荐举渐轻,久且废不用",科举制度逐渐取代荐举,成为明朝主要的取士制度。洪武十七年(1384年),明朝科举制度正式由礼部向全国各省颁布实行"后遂以为永制"[①]。这个制度的主要内容为:一是确定每逢三年开科考试;二是规定科举考试分为乡试、会试和殿试,再加上具有预备性质的童试,明朝科举考试实际上分为依次递进的四级考试,即童试—乡试—会试—殿试。

明朝科举制度不仅规定了考试程式,而且还将八股文固定为考试文体。八股文"其文略仿宋经义,然代古人语气为之,体用排偶,谓之八股,通谓之制义"。八股文还称制艺、时文、八比文、四书文,它是在宋朝经义的基础上演变而成的,是一种命题式作文,有固定的结构。一般而言,每篇八股文的结构由破题、承题、起讲、入手、起股、中股、后股、束股这八个部分组成。其中起股、中股、后股和束股四个部分,是文章的主体。这四个部分中各有两股,两股的文字繁简、声调缓急都要对仗,合称八股。作为一种考试文体,八股文形成于明成化年间。在产生之初,它对于考试文体的标准化,促进人才选拔的客观公正,应该说是有其积极意义的,这是八股文能够占据科举考场600多年主导地位的原因所在。然而,八股文的负面影响也非常明显。

---

① 《明史·选举志二》。

它禁锢了士人的思想,严重败坏了士风、学风和社会风气。它对于学校教育的危害尤甚,学校变成了八股文的训练基地。不要说其他各种学术、技能很少有人问津,即便是儒家经典本身,都可以不必用功去学了。最便捷的手段是学历届科举考试的范文,时人称为"程墨"、"房稿"。因此,八股文遭到许多有识之士的猛烈抨击。明清之际,著名思想家顾炎武指出:"八股之害等于焚书,而败坏人才,有甚于咸阳之郊所坑者但四百六十余人也。"①

　　清朝建立后,在沿袭明制的基础上,根据自身利益和实际需要,对科举制度进行了调整,建立起更为严密的制度体系。清朝统治者以科举制度为"国家抡才大典",制定各种科场条例,为士人提供相对的竞争环境,以此来维护和巩固其统治。"慎重科名,严防弊窦,立法之周,得人之盛,远轶前代。"②

　　清朝科举考试仍分常科和制科两大类。常科是主要形式,包括文科、武科和翻译科等。文科为清朝科举考试的主体,始于顺治二年(1645年)。它沿袭明制,三年一大比,考试形式也与明朝一样,士子依次通过童试、乡试、会试和殿试四级考试,可以分别获得秀才、举人、贡士和进士的称号。武科考试与文科一样,每三年举行一次,实行武童试、武乡试、武会试、武殿试四级考试。武科的目的在于选拔文武兼备的军事人才,因此考试内容与文科大不相同。武科乡、会试各分内外三场,其中外场两场,主要试武艺,首场马射,二场步射、技勇;内场一场,主要试文化知识,策二问,论一篇。翻译科是清朝创立的一个科目,意在选拔满蒙语言文字翻译人才。它始设于顺治八年(1651年),分为满洲翻译和蒙古翻译。前者是将汉文翻译成满文,后者是将满文翻译成蒙古文。其操作程序同文科考试基本相同。翻译科考试中试者,授清朝处理民族事务的理藩院和各部、院满蒙中书、笔帖式等职务。制科是清朝科举考试的特殊科目,为"天子亲诏以待异等之人才",设有博学鸿词科、经济特科和孝廉方正科。

　　随着封建制度的不断没落,明末科举的颓风在清代越刮越盛,科举制度也开始走下坡路。科举考试的内容与社会实际的需要日益不相适应,为此,清朝进行了一些改革,增加了复试程序。为了达到公正取士的目的,清政府于顺治十五年(1658年)首开乡试复试的先例。康熙五十一年(1712年),由于怀疑新进士中有代考中试者,实行会试复试制。道光二十三年(1843年)以后,各省的举人一律要到京师进行复试,规定没有经过复试的举人不准参加会试。这些改革措施都只注重如何防止作弊及维护考试的公正,而对科举如何才能选拔真才实学之士重视不够。

五、科举制度的废除

　　1840年鸦片战争以后,中国政治经济形式发生巨大变化,科举制考试的内容越

---

① 顾炎武:《日知录·拟题》。
② 《清史稿·选举志三》。

来越不适应时势的需要,废除科举制考试被提到议事日程。然而,科举既是国家选拔官员的主要来源,又是知识分子获取功名富贵的基本途径,关系到切身利益之所在,要作变革难度极大。清末科举从改良到废除大体经历了以下三个阶段。

（一）增新阶段

增新阶段主要是在不触动原来的考试制度及科目的情况下增添一些"实学"考试科目。1875年,礼部奏请增加算学的考试科目。但直到1887年,才将明习算学人员归入"正途"考试,给予科举出身。1884年,潘衍桐、左宗棠奏请开艺学科,仍遭守旧派反对。1898年1月,贵州学政严修奏请设立经济特科,专门考取通晓天下利弊、中外交涉、擅长制造测绘等拥有一技之长之士,此奏请百日维新期间被朝廷采纳。

（二）革旧阶段

革旧阶段主要是针对传统科举考试的主项——八股文而言。甲午中日战争后,民族危机空前严重,变法浪潮日益高涨,八股文的地位开始动摇。康有为奏请废八股,改试策论；梁启超联合百余名举人上书请废八股取士之制,将国家屡遭割地赔款之辱归咎于八股文败坏人才上。1898年百日维新期间,朝廷下令废除八股,改试时务策论,题目涉及天文、地理、制造、声、光、化、电等学科,以及西方学校、财政、兵制、商务、法律等制度。这是对旧科举的重大改革,使近代科学文化知识正式成为科举考试的内容。但这只不过是旧瓶装上一些新酒而已,并不能根本解决问题。

（三）废除阶段

新学制的制定和旧科举的废除是同时提上议事日程的。最初,当局想通过递减科举取士的中额、递增学堂取士的名额来逐步取消科举。1901年和1903年,张之洞会同他人,两次上疏提出这一主张。建议从下届丙午(1906年)科起,每届减少中额三分之一,也就是通过三科(即9年)的时间取消科举,此后各省高等学堂毕业考试相当于乡试,京师大学堂毕业考试相当于会试。在过渡期间,对旧生员则尽可能安排进修出路,或赐予虚衔以示安抚。这一计划可谓用心良苦,然而形势的发展已不容许清政府作这种蜗牛式的爬行改革了。1905年,张之洞、袁世凯等六名地方督抚联名上奏,指出:"臣等默观大局,熟察时趋,觉现在危迫情形,更甚曩日,竭力振作,实同一刻千金。而科举一日不停,士人皆有侥幸得第之心,学堂决无大兴之望。"同年8月4日,光绪帝同意停罢科举。"著自丙午科开始,所有乡会试一律停止,各省岁科考试亦即停止。"①此上谕的发布,标志着中国历史上绵延1 400年之久的科举考试制度的终结。

---

① 《光绪政要》卷三十一。

第二节　科举制度对社会的影响

科举制度是一种重要的文教制度，它通过选士的途径对社会生活的各个方面产生了重要的影响。这些影响是十分深刻的，其中既有积极的影响，也有消极的影响。科举制度把考试与教育结合在一起，因此也带动了学校教育的发展。由国家命题的考试，对学校、社会、家庭乃至儿童教育具有引导和规范的作用，从而将儒家思想全面推进到社会的各个层面。

一、科举制度的积极影响

（一）科举制度是中国古代较为科学的选拔人才的制度

秦朝以前，统治者用人沿袭世袭制，汉代始用察举制，后又有九品中正制。但察举制缺乏较为严密的考核方法和科学的评价标准，人为因素居主导地位，所以，很难达到选贤的目的。科举制是通过考试方式择优取士，考试的内容一致，试卷批阅的标准统一，最后公示成绩。所以，科举具有公开、公平、公正性。科举考试为避免舞弊，不断改进考试方法，采取了许多有效的防范措施，如糊名、誊抄等，其中糊名制一直沿用到今天。由此，科举显示了它的严谨性和科学性。正是由于科举制的先进与科学，该制度才被许多国家效仿和采用。今天，各类考试在一定程度上仍是科举的延续。

（二）科举制度体现了公平性，这一制度扩大了选贤的范围

古之选贤都在贵族圈内挑选，重出身门第渐成风俗。随着科举制的不断完善，选贤范围不断扩大。宋朝初年规定，考生不论财富、年龄、声望，只要通过科举考试，就可以被国家录用。这就打破了过去名门望族垄断选贤的局面，凡读书人均有为官的可能。在选拔人才方面不仅突出地显示了公平性，还扩大了统治者选拔人才的范围。选才范围扩大了，选拔出来的人才的质量自然就提高了。此外，天下人为求功名而发奋读书，在为统治者提供大量储备人才的同时，统治者利用科举还有效地控制了天下的读书人。从而打破了魏晋南北朝以来门阀士族垄断选举的特权，使更多的下层士人可以通过科举途径流入社会上层。科举制度的推行大大调动了各阶层读书做官的积极性，使更多人有机会通过学习提高自己的人文素质，这都有利于民智的开发。

（三）科举制度推动了中国古代文化的传承与发展

首先，科举制度使得中国的文化精华得到传承，这一点不难理解。作为考试内容，读书人最重要的就是学习知识，而在当时最重要的就是学习古代文化知识。一个书生没有饱读文化思想的精华何谈治国之道。由此，中国文化就可以延绵不绝地传承下去。其次，科举不断发展和丰富着中国文化，如果没有科举制度也就没有中国古代的灿烂文化，如令人赞叹不已的唐诗、宋词等。科举制度对中国古代文化的

发展起到了一定的推动作用。

二、科举制度的消极作用

（一）使学校教育逐步沦为科举考试的附庸

在唐代实行科举制度以前，教育主要也是为培养官吏服务，也是为了使学习优秀之人可以进入官场。但是，教育和选官是两个制度体系，二者不存在必然的衔接关系，读书可以入仕做官，也可以单纯为了修身养性，选拔官吏亦不以是否受过学校教育为先决条件。科举制度实施以后，选拔官吏的对象必须具有"生徒"资格或相当于"生徒"。隋唐时的科举，凡没有生徒资格者，必须先经过州县考试，实际上就是通过州县考试承认其相当于生徒水平。宋代以后，参加科举考试者必须具有官办学校的生员身份。这样，学校教育成为法定的选官前提，教育制度和选官制度都不能脱离对方而独立存在。随着历代统治者重视通过科举考试来选拔人才，学校教育"储才以应科目"①，学校教育的直接目的变为了参加科举考试。"科举必由学校"，只有接受学校教育取得出身的学子，才有资格参加科举考试。学校教育被纳入科举体系，成为科举制度的附属物。学校教育的目的、内容、方法等，都围绕着科学考试进行。科举考什么，学校学什么；科举怎么考，学校也就怎么考。学校丧失了作为教育机构的独立性，日益走向衰败。由于八股文是明清科举考试的主要文体，而八股文有固定的格式，可能通过模仿别人的文章，掌握其写作的基本技巧。因此，学作八股文，便成为明清学校教育的主要内容和重点。"考其学业，科举之法之外，无他业也；窥其志虑，求取科名之外，无他志也。"②如此，学校教育内容空疏无用。

（二）科举考试内容单一、僵化，严重地束缚了人们的思想

科举制产生时，所考内容与社会所需基本适合，并侧重考生的个人观点。自明始，统治者为巩固其统治，采取了禁锢人们思想的政策，规定科举考试只能以"四书"、"五经"内容命题，考生答卷不能有自己的观点，必须用朱熹注的经书的相关内容说明问题，"代圣人立言"，甚至对文章的形式也做了严格的统一。八股文的盛行，严重束缚了应试者的思想。这一现象发展到清代更为明显，随着政风日腐，士风日坏，学风日薄，应试者读书唯习八股，考试唯求名利，加之考生的竞相钻营，考官的舞弊不公，使科举成为社会痼疾。人们为求功名，只能按统治者的要求死背经书，完全丧失了自己的思想，十年甚至几十年的苦读、应考，导致了一代代读书人思想的僵死，科举从此成了为统治者量身打造思想单一人才的工具。

（三）科举考试重伦理轻技艺，严重桎梏了中国近代科技的发展

科举考试以儒家经典为主要内容。儒家历来重纲常伦理而轻贱技艺，以此为核心的封建教育极度缺乏自然知识的内容。13至14世纪，随着工商业发展的需

---

① 《明史·选举一》。
② （清）盛康编：《经世文续编》卷六十五。

要,西欧一些大学相继问世,教学内容十分丰富,有文法、修辞、算术、几何、天文等。这些学校培养了大量的有知识的工商业者、医生、技师等,正是他们成了近代科学技术兴起的主角。而中国的科举只重伦理和文学,在它的影响和引导下的封建教育培养出来的是一批批封建社会的"卫道士"和满腹诗词文章的"学者",无论如何也培养不出懂自然科学知识的人才。因此,科举制度阻碍了中国近代科技文化的发展。

科举制度是我国古代一项重要的选官、选才制度,它的作用对中国古代总的来说应该是积极性大于消极性。从制度的角度来说,科举制度确实是中国古代的伟大发明。

▶▶ 复习思考题:

1. 名词解释:科举制　九品中正制。
2. 简述科举制度对社会产生的影响。

第二部分

ZHONGGUO
GUDAI JIAOYU SIXIANG

中国古代教育思想

教育名言

知之者不如好之者,好之者不如乐之者。　　　　　　　　　　　　　　（孔子）

尽信书,则不如无书。　　　　　　　　　　　　　　　　　　　　　　（孟子）

不积跬步,无以至千里;不积小流,无以成江海。　　　　　　　　　　（荀子）

记问之学,不足以为人师。　　　　　　　　　　　　　　　　　（《礼记·学记》）

不目见口问,不能尽知也。不学自知,不问自晓,古今行事,未有之也。（王充）

人若志趣不远,心不在焉,虽学无成。　　　　　　　　　　　　　　（张载）

读书有三到,谓心到,眼到,口到。　　　　　　　　　　　　　　　（朱熹）

善学者如闹市求前,摩间叠足,得一步便紧一步。　　　　　　　　　（吕坤）

学须反己。若徒责人,只见得人不是,不见自己非;若能反己,方见自己有许多未尽处,奚暇责人?　　　　　　　　　　　　　　　　　　　　　　　（王守仁）

教人者,成人之长,去人之短也。唯尽知己之所短而后能去人之短,唯不恃己之所长而后能收人之长。　　　　　　　　　　　　　　　　　　　　（魏源）

第六章 中国先秦时期的教育思想

春秋战国时期是中国社会变革最急剧的时期之一。随着社会政治经济的变革，思想文化也发生了巨大的变革，学术官守的局面被打破，出现了学术下移。不同阶级和社会团体纷纷著书立说，产生了一批著名的学者和学派。各家各派之间既相互批判、辩驳，又相互影响、融合。私学的产生又直接推动了各家各派思想的发展，学术因之空前繁荣、诸子蜂起、百家争鸣，并由此形成了中国历史上第一个思想文化高峰。

第一节 孔丘的教育思想

孔丘（公元前551—前479年，见图6-1），字仲尼，世称孔子，春秋鲁国陬邑（今山东曲阜）人。他是中国古代伟大的思想家和教育家，儒家学派创始人。孔子出生于有贵族血统的没落家庭，15岁志于学，30岁左右正式招生办私学。40岁左右通过讲学活动，形成了自己的学说并创立了儒家学派。大约50岁时，离鲁周游列国，进行政治游说和教育活动。68岁那年受聘返鲁，之后的精力主要用于教育和整理古代文献上，完成了《诗》、《书》、《礼》、《乐》、《易》、《春秋》的编纂和校订工作。孔子毕生从事教育活动，并且在实践的基础上提出了一些首创的教育学说，为中国古代教育奠定了理论基础。他的事迹和思想学说等由其弟子们汇编成著名的《论语》，是研究其教育思想的重要材料。

图 6-1 孔子

一、孔子论教育的作用

孔子认为教育是立国治国的三要素之一，对社会的发展有重要的作用。《论语》记载："子适卫，冉有仆。子曰：'庶矣哉！'冉有曰：'既庶矣，又何加焉？'曰：'富之。'曰：'既富矣，又何加焉？'曰：'教之。'"这里论述了立国治国的三个重要条件，即"庶"、"富"、"教"。同时，指出了三者的关系是先"庶"与"富"，后"教"，即良好的物质基础和经济建设是实施教育的先决条件。孔子是中国历史上首次论述教育与经济发展关系的教育家，认为教育是受经济制约的，只有经济发展了，教育才有可能发展。

孔子在政治上主张德政，并指出要以教育作为施政的基本手段来达到德政的目的。他说："道之以政，齐之以刑，民免而无耻；道之以德，齐之以礼，有耻且格。"如果对人们进行道德伦理的教育，人们就会忠君孝亲、奉公守礼，这样才能整顿和治理国家，实现德政的政治目的。

教育不仅对国家的治理和社会的发展有重要的作用，对于人的发展也有重要的作用。孔子是中国历史上首次提出"性相近也，习相远也"思想的教育家。这里的"性"指的是人的先天素质，"习"指的是后天的教育和社会环境。也就是说，人之所以有所不同，跟先天素质没有多大关系，主要是靠后天教育的作用和环境的影响。所以为了培养高品德的人才，要特别重视教育在人的发展中所起的作用。

二、孔子论教育的目的

孔子在政治上主张德政，认为德政的实施关键在于人，故改良政治就应当"举贤才"，即要培养使百姓信服的君子。在品质方面，君子要达到"修己以敬"、"修己以安人"、"修己以安百姓"。在道德方面，要达到"知者不惑，仁者不忧，勇者不惧"①。要从平民中培养出这样德才兼备的从政君子，就要采取"学而优则仕"的培养路线。因为教育最主要的政治目的就是培养官员，而学习成绩的优良是做官的重要条件。"学而优则仕"的提出确定了培养统治人才这一教育目的，反映了封建制度兴起时的社会需要，成为当时知识分子的学习动力，在教育史上有重要的意义。

三、孔子论教育的对象

孔子明确提出了"有教无类"的主张，作为创办私学的办学方针。"有教无类"就是指人民不分贵贱、贫富和种族，都有入学受教育的权利。孔子通过这一办学方针，广收门徒，其弟子成分极其复杂，他们来自不同的国家，出生于不同的阶级，从事不同的职业，贵贱贫富差别也很大。"有教无类"把受教育的范围扩大到平民中去，打破了贵族对于学校教育的垄断，满足了平民入学受教育的愿望，适应了社会发展的需求，同时也有利于中华民族文化的发展，是中国教育史上历史性的进步。

四、孔子论教学方法

在教育实践的基础上，孔子遵循"学而知之"的认识路线，总结了一套行之有效的教学方法。

（一）学、思、行结合

"学而知之"是孔子进行教学的主导思想。首先强调学，注重文字上的间接经验和通过见闻获得的直接经验的双重学习。孔子还强调在学习的基础上还要善于思考，他说："学而不思则罔，思而不学则殆。"②即在学习一定的知识背景下，需要进一步思考，才能使认识深入和提高，才能抓住事物的本质。孔子还要求做躬行君子，即

---

① 《论语》。
② 《论语·为政》。

在学习和思考的基础上还要积极地行动,"君子耻其言而过其行",①"君子欲讷于言而敏于行",②通过行动强调"学以致用"。孔子的由学而思而行,与人的一般认识过程基本相符,不仅是学习的过程,也是教育的过程,这一思想对教学理论和实践产生了深远影响。

(二)启发诱导

孔子是世界上最早提出启发式教学的教育家。他主张:"不愤不启,不悱不发。举一隅不以三隅反,则不复也。"③这句话是指要培养学生独立思考的能力,教师要在学生思考了但是仍然想不通的时候,或是思考后有所领会却无法用言语表达的时候,对其加以引导和启发,从而激发学生的求知欲。同时还要指导学生学会举一反三,自行扩大知识的范围。总之,启发式教学就是要求教师充分调动学生学习的积极性和主动性,闻一知十,培养学生的思考能力。

(三)因材施教

孔子采取"有教无类"的办学方针,其学生不仅仅是在年龄、社会成分、国籍、地区文化水平上有很大差别,而且在个性、性格、智力、能力等方面也存在差异。在这种情况下进行统一教学是不可行的,只有从各人的实际出发,根据个性和具体要求来进行教育,才是行之有效的教学方法。孔子采取通过谈话和个别观察的方法,在承认学生个体差异的基础上,逐个了解学生的个性特点,进行有针对性的教育。例如,根据学生学习程度和能力高低,采取"听其言而观其行","中人以上,可以语上也;中人以下,不可以语上也"。④

五、孔子论道德教育

孔子认为教育的目的是培养从政君子,而成为君子的主要条件是要有道德品质修养,所以道德教育居于其学校教育的首要地位。孔子主张以"礼"为道德规范,以"仁"为最高道德准则,凡是符合"礼"的道德行为,都要以"仁"的精神为指导,因此,"礼"和"仁"成为道德教育的主要内容。

在长期的教学实践中,孔子探索道德教育规律,提出了宝贵的德育原则和方法。他教育学生要"立志乐道"。他说,"三军可夺帅,匹夫不可夺志也",⑤强调君子要有更高的人生理想。他还主张内省和外察相结合,通过外察进行自省,"见贤思齐焉,见不贤而内自省也"。君子要随时检查自家的言行是否符合道德规范,严于律己,宽以待人,以此来提高修养。孔子还指出在处理过错问题时要改过迁善。他说:"君子

---

① 《论语·宪问》。
② 《论语·里仁》。
③ 《论语·述而》。
④ 《论语·雍也》。
⑤ 《论语·子罕》。

之过也,如日月之食焉。过也,人皆见之;更也,人皆仰之。"①他还要求学生要表里如一,身体力行,"言必信,行必果"。②

孔子被后世尊称为"万世师表"、"至圣先师",他在育人方面还提出了许多主张。孔子在教育史上的贡献是多方面的。他不仅是中国古代教育思想的奠基人,其庞大的教育思想体系对中国乃至世界教育史都有深刻的影响。

第二节 墨翟的教育思想

墨翟(约公元前468—前376年),世称墨子,鲁国人(一说宋国人)。他生活、活动在春秋与战国交替之际。墨子出生于小手工生产者家庭,从思想倾向上看,他代表"农与工肆之人"的利益。墨子先是"学儒者之业,受孔子之术",后因特别反对儒家重礼厚葬的繁文缛节,一直未"糜材而贫民","伤生而害事",所以"背周道而用夏政",转而批判儒家,自创墨家学派,并将其发展成为当时可以与儒家对立的一门显学。墨子有著作传世,较能代表其学说和思想的有《尚贤》、《兼爱》、《非攻》等。学说思想主要包括:兼爱非攻,天志明鬼,尚同尚贤,节用,生活上奉行"以自苦为极"等。

一、墨子论教育的作用

墨子十分重视教育的作用,主张通过"有力者疾以助人,有财者勉以分人,有道者劝以教人",建设一个民众平等、互助的"兼爱"社会。在此,墨子将对人的教育看成是爱人、利人的重要内容和表现。墨子也十分重视环境和教育对人品形成的影响,其贡献在于提出了素丝说。他把人的本性比作素丝,"染于苍则苍,染于黄则黄。所入者变,其色亦变。五入必而已,则为五色矣。故染不可不慎也"。③ 由此来看,墨子认为,人的自然本性不是先天形成的,人之所以有所不同是由于"染"的不同而造成的,人先天如同待染的素丝,纯净而洁白,下什么色的染缸,就形成什么样颜色的丝,也就是有什么样的环境与教育就造就什么样的人。因此,对于环境与教育的选择必须加以谨慎的重视。墨子的这一观点是对孔子"性相近也,习相远也"思想的进一步发挥。

二、墨子论教育的目的

为了实现"兼相爱,交相利"的社会理想,墨子提出了教育应该培养"兼士"或"贤士",并通过他们去实现贤人政治或仁政德治,批判用人"亲亲"而不问贤能与否。关于"兼士"或"贤士",墨子提出的标准有三个:博乎道术、辩乎言谈、厚乎德行。这三个标准分别是对知识技能、思维论辩和道德的要求。"博乎道术"就是指兼士要有多

---

① 《论语·子张》。
② 《论语·子路》。
③ 《墨子·所染》。

方面的才能,能够投身实践,有兴利除害的能力;"辩乎言谈"就是指兼士要有很强的语言表达能力,可以"上说下教",向社会推行"兼爱"的主张;"厚乎德行"就是指兼士要以兴天下之利、除天下之害为己任,不分彼此、亲疏、贵贱、贫富,都做到"饥即食之,寒即衣之,疾病侍养之,死丧葬埋之",①甚至当需要的时候,还能毫不犹豫地损己利人,"为身之所恶以成人之所急"。②

三、墨子论教育的内容

出于培养兼士的需要,墨子及其弟子确定了一套有特色的教育内容。

1. 重视科学和技术教育

墨子重视包括生产和军事科学技术知识的教育及自然科学知识的教育,其目的在于帮助兼士获得"各从事其所能"的实际本领。如《墨子》一书中记载有几何学、光学、力学等方面的知识。同样,墨子的实用科学技术知识教育也有很高的价值,比如云梯、车、木鸢等器械的制造技术。

2. 培养学生的思维能力

墨子重视培养学生的思维能力,包括人事和思想方法的教育、形式逻辑教育。其目的在于训练和形成逻辑思维能力,以雄辩的逻辑力量去说服他人,推行自己的政治主张。墨子认为"言必立仪",即人的认识和言论正确与否需要有衡量的标准,于是他提出了三条标准——"三表":第一表是"有本之者",立论要"上本之于古者圣王之事",即历史的经验和知识;第二表是"有原之者",立论还要"下原察百姓耳目之实",即依据民众的经历,以广见闻;第三表是"有用之者",立论要"发以为刑政,观其中国家人们百姓之利",即在实践中检验思想言论的正确与否,是否符合国家和百姓的利益。同时,墨子还强调思维和言论要遵循形式逻辑,故提出了用"察类明故"的方法,由已知推及未知,从现象推及本质。

3. 重视政治和道德教育

墨子主张通过"兼爱"实现人与人之间的平等与和睦;通过"非攻"去除"强凌弱,众暴寡"的非正义征战;通过"尚同"统一人们的视听言行;通过"非乐"制止费民、耗财和意志的消磨;通过"非命"鼓励人们在社会实践中自强不息;等等,以此来培养兼士高尚的思想品质和坚定的政治信念。

四、墨子论教育的方法

在实施教育的过程中,墨家主张的教学方法具有显著的学派特征。

第一,积极主动。墨家不同意儒家"叩则鸣,不扣不鸣"的消极教学态度,提出"虽不扣必鸣",即认为即使人们不来请教,你也应该主动地去"上说下教",向人们宣传、推行自己的主张。他认为"行说人者,其功善亦多,何故不行说人也"。

---

① 《墨子·兼爱(下)》。
② 《墨子·兼爱(上)》。

第二,重视创造。墨家反对儒家的"述而不作,信而好古",认为应该"古之善者则述之,今之善者则作之,欲善之益多也",且"作"是"述"的前提。这反映了墨子对于学习与教育的态度——重创造。

第三,言行一致。墨子认为"士虽有学,而行为本焉",必须做到"得一善言,附于其身",随时随地加以实行。对人则应"合其志功而观焉",以动机和实践的统一去评价人的行为。

第四,量力而行。墨子是中国教育史上首位提出"量力"这一教学法的,他十分注意在施教时要从学生的精力和知识水平两方面考虑,"夫知者必量其力所能至而从事焉",对学生要"深其深,浅其浅,益其益,尊其尊"。[①]

墨子所创造的墨家学派包含了很多合力的主张,在当时产生了广泛的影响,尤其是科学技术知识和技能的专门教育,是中国教育史上首次提出与实行的。同时,其务实和积极的精神及先进的教学方法对于现今社会来说,仍有十分重要的借鉴意义。

第三节 孟轲的教育思想

图6-2 孟子

孟轲(公元前372—前289年,见图6-2),字子舆(待考,一说字子车或子居),世称孟子,战国中期邹国人。中国古代著名思想家、教育家,战国时期儒家代表人物。孟子继承并发扬了孔子的思想,成为仅次于孔子的一代儒家宗师,有"亚圣"之称,与孔子合称为"孔孟"。

一、孟子论教育的作用

从社会发展的方面出发,孟子认为教育是国家巩固自身统治的基础。他从"仁政"的思想出发,强调教育是"行仁政"、"得民心"的重要手段。他认为"善政不如善教之得民也。善政,民畏之;善教,民爱之;善政得民财,善教得民心。"从人的发展方面来看,孟子认为教育思想的基础是"性善论",他指出:"恻隐之心,人皆有之;羞恶之心,人皆有之;恭敬之心,人皆有之;是非之心,人皆有之。恻隐之心,仁也;羞恶之心,义也;恭敬之心,礼也;是非之心,智也。仁义礼智,非由外铄我也,我固有之也,弗思耳矣。"[②]故他认为,仁义礼智是人固有的四种善端,但是它们不一定会转化成现实,要实现这四种善端,需要靠学习与教育,"学问之道无他,求其放心而已",所以,教育的作用在于引导人发展和扩充其固有的善端,点明了"性善论"对于教育的依赖性。

---

① 《墨子·大取》。
② 《孟子·告子(上)》。

二、孟子论教育的目的

孟子指出,中国古代学校教育的目的是"明人伦"。他说:"设为庠、序、学、校以教之。庠者,养也;校者,教也;序者,射也。夏曰校,殷曰序,周曰庠,学则三代共之,皆所以明人伦也。人伦明于上,小民亲于下。"①在孟子看来,人伦是人类的本质表现,也表现了人类生活的特点。人伦就是五种关系,即"父子有亲,君臣有义,夫妇有别,长幼有序,朋友有信",②后世称为"五伦"。教育通过使人明了这五伦才能实现社会的长治久安。

三、孟子论理想人格

孟子认为,世界上最宝贵的东西是人的道德品质和精神境界,这些精神财富的价值远远高于物质财富。由此他提出了大丈夫的理想人格。所谓大丈夫就是"富贵不能淫,贫贱不能移,威武不能屈"。③而要实现大丈夫这一理想人格,主要依靠内在的修养方法。

(一)持志养气

孟子认为:"夫志,气之帅也;气,体之充也。"④即大丈夫就应该要有崇高的志向及伟大、刚强、正义的精神状态。在立志的基础上,还应该明确当做和不当做之事,"人有为也,而后有不为也",要坚定意志,不做没有廉耻的事情。孟子还认为,志和气是紧密联系的两个部分,"志一则动气,气一则动志",⑤持志和养气相互作用、相互促进。

(二)清心寡欲

孟子主张"清心寡欲",他认为:"养心莫善于寡欲。其为人也寡欲,虽有不存焉者,寡矣;其为人也多欲,虽有存焉者,寡矣。"⑥只有尽量摆脱外界的诱惑减少各种欲望,才能使内心的善端得到保存和发扬,欲多则善少,欲少则善多。而克服自身的欲望,就需要加强对意志的锻炼。

(三)反求诸己

孟子主张"反求诸己","厚于责己",即自我反省,自我检查。他说:"爱人不亲,反其仁;治人不治,反其智;礼人不答,反其敬。行有不得者,皆反求诸己。"⑦也就是

---

① 《孟子·滕文公(上)》。
② 《孟子·滕文公(上)》。
③ 《孟子·滕文公(下)》。
④ 《孟子·公孙丑(上)》。
⑤ 《孟子·告子(下)》。
⑥ 《孟子·尽心(下)》。
⑦ 《孟子·离娄(上)》。

说,当自己的行为得不到别人相应的反应时,我们应从自身寻找原因,并且"乐取于人以为善"。① 总之,道德修养贵在自觉,这样才能达到理想境界。

(四)改过迁善

孟子和孔子一样,认为任何人都会有过错,一旦有了过错,只要及时改正就好。"古之君子,其过也,如日月之食,民皆见之,及其更也,民皆仰之。"② 并且他鼓励人"见善而迁",不要固执于自己的看法,而是要积极主动学习别人的善行,改过自新。

(五)动心忍性

动心忍性就是要在逆境中磨炼和培养坚定的意志。孟子说:"天将降大任于斯人也,必先苦其心志,劳其筋骨,饿其体肤,空乏其身,行拂乱其所为,所以动心忍性,增益其所不能。"③ 他认为,一个人只有在实践中不断磨炼自己的意志,才能拥有智慧,成就事业,且环境越恶劣,越能造就人极大的才能。

四、孟子论教学方法

在教学方法上,孟子认为教学活动要遵循和发展人的内在能力。

(一)深入思考

孟子主张学习中的独立思考和独立见解,并且认为"尽信书,则不如无书"。④ 其基本要求就是要指导学生深造自得,因为只有有了自己的收获和见解,才能透过表面现象体会深层意蕴,形成自己的智慧。所以,孟子特别强调学习中感性认识到理性思维的转化。

(二)循序渐进

孟子继承了孔子"循循然善诱人"的思想,认为学习和教学都是自然发生的,要遵循自然有序的次第过程。他把学习和教学的过程比作是源源不断的流水,"流水之为物也,不盈科不行",⑤ 只有注满一个坑洼,再注下一个坑洼,才不至于水满而溢。

(三)教亦多术

孟子认为教学方法是多种多样的,他遵循了孔子因材施教的教学方法,强调对不同的学生采取不同的教法。他说:"君子之所以教者五:有时如时雨化之者,有成德者,有达财者,有答问者,有私淑艾者。"⑥ 他还说:"教亦多述也,予不屑之教诲也

---

① 《孟子·公孙丑(上)》。
② 《孟子·公孙丑(下)》。
③ 《孟子·告子(下)》。
④ 《孟子·尽心(下)》。
⑤ 《孟子·尽心(上)》。
⑥ 《孟子·公孙丑(上)》。

者,是亦教诲之而已矣。"①即拒绝教诲也是一种教导。

(四)专心致志

孟子重视学习时专心致志,反对三心二意。他以下围棋为例,指出人们在学习上的差异不是因为天资的高低,而是取决于在学习的过程中是否专心致志。他还认为"有为者辟若掘井,掘井九轫而不及泉,犹为弃井也",②只有持之以恒,达到最后的成功才能罢手。

孟子的学说被称为思孟学派,是儒家的唯心主义学派。由于孟子处于兼并战争频发的战国中期,其教育思想也是为政治主张而服务的。他的"性善论"开创了中国教育史上强调个体理性自觉的"内发说",体现了对于人的价值的关注。孟子的言行主要收录于《孟子》一书,这本书后来作为"四书"之一,也成为封建主义教育的重要教材。

第四节 荀况的教育思想

荀况(约公元前313—前238年),字卿,世称荀子,周朝战国末期赵国猗氏(今山西安泽)人。著名思想家、文学家、政治家,儒家代表人物之一。荀子对儒家思想有所发展,他提倡的性恶论,常被世人与孟子提倡的性善论相比较。他批判继承了孔子以来的儒家传统,并吸收墨、道、法各学派的观点,是我国先秦时期集大成的唯物主义思想家、教育家。

一、荀子论教育的作用

荀子生活于战国末期,社会发展极为动乱,他认为孟子的"性善论"软弱无力,无法指导完成统一大业,于是提出了"人性恶"的主张,"不可学、不可事之在天者谓之性;可学而能、可事而成之在人者谓之伪;是性伪之分也"。③荀子的"性恶论"并非认为人性绝对就是恶的,而是认为要对人性中不好的倾向加以节制。性和伪并不是彼此分离的,由于"伪"的存在,可以通过教育对人性进行约束,使其接受礼仪法度,理解道德规范,"化性起伪",达到"性伪合"的境界。而这种"化"是教育、环境和个人努力共同作用的结果,不是人性自身可以完成的。荀子对教育的作用做出了充分的肯定:"我欲贱而贵,愚而智,贫而富,可乎? 其唯学乎! ……上为圣人,下为士、君子,孰禁我哉! "④教育不仅可以改变人的社会地位、经济状况,而且可以使人获得知识和智慧。

---

① 《孟子·告子(下)》。
② 《孟子·尽心(上)》。
③ 《荀子·性恶》。
④ 《荀子·儒效》。

二、荀子论教育的目的

荀子认为,教育的目的是培养贤能之士,使得"始乎为士,终乎为圣人"。① 荀子把当时的儒者分为三个层次,即俗儒、雅儒和大儒。他认为教育的目的就是要培养雅儒和大儒,并以大儒作为理想目标。荀子还提出了培养各类人才的标准是德才兼备、言行并重。他要求人才是精于道,而不是精于物的,即主要培养长于人事、人伦的从政人才。荀子的思想代表了儒家学者与现实政治的进一步结合。

三、荀子论教育的内容

荀子从性恶论出发,主张"化性起伪",认为教育是"起伪"的过程,是不断积累知识和提高道德修养的过程,是人性改变的一个"外铄"过程。由于人需要不断的"起伪"和"成积",因此他特别重视文化知识和古代典籍的学习,尤其是孔子《诗》、《书》、《礼》、《乐》、《易》、《春秋》这六本书的学习和传播,将其称为"六经"。他说:"学恶乎始?恶乎终?曰:其数则始乎诵经,终乎读礼。"② 可见他很注重读经,以儒经为学习与教育的内容。同时荀子还认为,儒家各经都有不同的教育作用。且在诸经中,他尤其重视《礼》,以此为自然与社会的最高准则。

四、荀子论学习过程及教学方法

(一) 荀子论学习过程

荀子对于学习过程的分析十分完整和系统,这在先秦教育家中是少见的。荀子认为学习的过程分为闻、见、知、行几个阶段,强调学习是由感性认识到理性认识的过程。他说:"不闻不若闻之,闻之不若见之,见之不若知之,知之不若行之。学至于行之而止矣。行之,明也。明之为圣人。圣人也者,本仁义,当是非,齐言行,不失毫厘,无他道焉,已乎行之矣。故闻之而不见,虽博必谬;见之而不知,虽识必妄;知之而不行,虽敦必困。不闻不见,则虽当,非仁也。其道百举而百陷也。"③ 即见闻是学习的起点,是基础知识的来源。通过学、思相结合而得到的知识,最终是否可靠,还要靠实践来验证,只有通过实践的检验才算真正明了知识。

(二) 荀子论学习方法

1. 积少成多,锲而不舍

在学习方法方面,荀子主张积少成多,锲而不舍的精神。他在《劝学》中说:"不积跬步,无以至千里;不积小流,无以成江海。骐骥一跃,不能十步;驽马十驾,功在不舍。锲而舍之,朽木不折;锲而不舍,金石可镂。"同时学习还要诚实,"知之为知

---

① 《荀子·劝学》。
② 《荀子·劝学》。
③ 《荀子·儒效》。

之,不知为不知;内不以自诬,外不以自欺"。

2."虚壹而静"

荀子指出,学习还要有"虚壹而静"的治学态度。"虚"是指不要让已有的知识和自满的态度妨碍对新知识和新观点的学习。"壹"是指要在一段时间内把注意力放在一件事情上,目标专一。而"静"就是说,不能因为没有根据的想象而影响到理性思维的学习。

3."兼陈中衡"

荀子继承和发展了孔子的中庸思想,即"兼陈中衡"。他认为人们在认识事物的过程中,往往会偏执于某一事物或事物的某一方面,从而形成片面的认识,所以要把事物各方面展示出来,作全面、广泛的比较、分析、综合,择其所是而弃其所非,以求如实地把握事物本质及其关系。

4. 学以致用

荀子认为,行是学习必不可少的也是最高的阶段,必须学以致用。他说:"君子之学也,入乎耳,著乎心,布乎四体,形乎动静。"① 又说:"学至于行之而止矣,行之,明也。"② 在他看来,由学和思而得来的知识都具有假设的性质,最终是否切实可靠,必须依赖于行动来检验。因此,"行"也成为荀子学习过程的最终归宿,这也是荀子的贡献。

五、荀子论教师的地位与作用

在先秦儒家诸子中,荀子是最注重提倡尊师重教的。他认为,教师不仅决定着学生的品质,同时也关系到国家的兴衰、法制的存废和人心的善恶。他说:"天地者,生之本也;先祖者,类之本也;君师者,治之本也。无天地,恶生?无先祖,恶出?无君师,恶治?"③ 他把教师提到与天地、先祖、君王并重的地位,将其作为治国之本。

在师生关系上,荀子特别强调学生对老师的尊敬和绝对服从,主张"师云亦云"。④ 他还认为:"言而不称师谓之畔(叛),教而不称师谓之倍(背)。倍畔之人,明君不内(纳),朝士大夫遇诸涂不与言。"⑤ 凡是背叛老师、不遵循老师教导的人,都应受人唾弃。由于荀子把老师放在了很高的地位上,所以对老师也提出较高的要求:"尊严而惮,可以为师;耆艾而信,可以为师;诵说而不陵不犯,可以为师;知微而论,可以为师。"⑥ 即为师之道在于:有尊严而令人起敬,德高望重,讲课有条理而不违师法,见解精深而表述合理。

---

① 《荀子·劝学》。
② 《荀子·儒效》。
③ 《荀子·礼论》。
④ 《荀子·修身》。
⑤ 《荀子·大略》。
⑥ 《荀子·致士》。

荀子所处的战国末期,是中国社会的大变革时期,他的思想体现了当时的社会背景,为中国统一准备了理论基础。他提出了"性恶论",在中国教育史上开创了与教育"内发说"相对的教育"外铄说",促进了教育理论的发展。经荀子传授的儒经也对封建社会教育产生了巨大的影响。

第五节 《学记》的教育思想

《学记》是《礼记》中的一篇,是我国古代乃至世界教育史上第一部专门论述教育、教学问题的论著。它是对先秦儒家教育理论和教学活动的概括和总结。虽然全文只有1 200余字,但是内容却十分丰富,主要阐述了教育的作用与目的,论及了教育制度与学校管理,并系统地论述了教学的原则和方法等。

一、《学记》论教育的作用与目的

《学记》秉承了先秦儒家的思想,把教育视为实现良好政治的最佳途径,即"化民成俗"、"建国君民,教学为先",通过兴办学校来推行教育,对人实行有计划、有目的的培养,使每个人都形成良好的道德和智慧,从而懂得去维护国家的利益和社会的安宁。这种将教育与政治高度结合,使教育成为政治的手段的观点成为以后历代学者看待教育的基本出发点。除了把教育当作政治手段之外,《学记》还认为教育对个人的发展具有重要的作用,"玉不琢,不成器;人不学,不知道"。

二、《学记》论教育制度与学校管理

《学记》以托古改制的方式,设想了从中央到地方完整的建学系统。"古之教者,家有塾、党有庠、术(遂)有序,国有学。"以大学为例,提出了一个完整的学年制度和考查标准。如把大学的年限规定为两段、五级、九年。前七年是第一段,分为四级,考试合格,称之为"小成";后两年为第二段,共一级,考试合格,称之为"大成"。在学习的过程中,规定每隔一年考查一次,以示这一学习阶段的完成。考查的内容包括学业能力和道德品行两方面,不同年级有不同的要求,整个考试体现了循序渐进、德智并重的特点。

在学校管理方面,《学记》提出了古代学校的一些措施,并且十分重视大学的开学和入学教育。如在开学这天举行隆重的开学典礼,祭祀"先圣先师"以示对师道的尊重;定期视察学宫;新生入学时,"官其始也",使学生明确从政而学的目的;低年级学生只能听讲,不许发问;等等。

三、教育教学的原则和方法

《学记》的最大贡献在于综合了各家学派教育、教学经验教训,总结了一套教育教学的原则和方法。

(一)《学记》论教育教学原则

1. 教学相长

《学记》写道,"是故学然后知不足,教然后知困。知不足,然后能自反也;知困,然后能自强也。故曰:教学相长也",即教师本身要主动学习,同时在教学的过程中碰到困难也会促进学习。教与学两者之间是相互依存、相互促进的辩证关系。后《学记》中的教学相长又被引申为师生之间相互促进、共同提高。

2. 预时孙摩

《学记》说:"大学之法,禁于未发之谓豫,当其可之谓时,不陵节而施之谓孙,相观而善之谓摩。""预"指的是在教学过程中要对可能出现的不良问题采取措施,进行预防,做到未雨绸缪。"时"是指在教学过程中要抓住适当的时机,及时施教。"孙"即教学要按照学生的年龄、学习内容的难易和教学的逻辑性安排课程进度,做到循序渐进地传授知识。"摩"则是指在学习的过程中,师生之间或学生之间相互观摩、取长补短。

3. 长善救失

《学记》认为,"学者有四失,教者必知之。人之学也,或失则多,或失则寡,或失则易,或失则止。此四者,心之莫同也。知其心,然后能救其失也"。这指出了学生在学习中存在的四种缺点:有人贪多,因而知识庞杂无序;有人学习片面专精;有人觉得容易便骄傲自满;有人害怕困难便止步不前。所以教师的职责就在于"长善而救其失者也",帮助学生发扬优点、克服缺点。

4. 藏息相辅

《学记》指出,"大学之教也,时教必有正业,退息必有居学……藏焉修焉,息焉游焉。"这是说,学生的学习安排要能够有张有弛,劳逸结合。既要有有计划的正课学习,又要有丰富的课外活动,如此使学生感到学习充满乐趣。

5. 启发诱导

《学记》发展了孔子"不愤不启,不悱不发"的思想,提出"君子之教,喻也。道而弗牵,强而弗抑,开而弗达"。教师要注重启发诱导,发挥教师的主导作用,充分调动学生学习和思考的积极性、主动性,不勉强和牵制学生,也不能提供现成的答案。

(二)教学方法

1. 问答法

《学记》从问和答两方面加以论述。所谓"善问"是指教师提问要从易到难,由浅入深,遵循问题的内在逻辑。"善答"则是指教师应对学生提出的问题进行有针对性的回答,详略得当,恰如其分,无过与不及。

2. 讲解法

《学记》提出,教师的讲解应做到"约而达,微而臧,罕譬而喻",即言语简约而意思通达,义理微妙而说得精善,举例量少而道理清晰易懂。

3. 练习法

《学记》说:"良冶之子,必学为裘;良弓之子,必学为箕;始驾马者反之,车在马前。"这是说练习要从最简单、最基本的开始,而且要根据学习的内容来安排练习,由浅入深,使练习规范并逐步有序的进行。

4. 类比法

《学记》认为:"古之学者,比物丑类。"这是说要通过对事物进行类比,发现其内在的逻辑,从而掌握规律,这样才能够达到举一反三、触类旁通的效果。

《学记》作为中国古代教育教学理论的典范,具有重要的历史意义和理论价值,尤其是对儒家的教育教学思想进行了全面系统的总结。它的出现意味着中国古代教育思想专门化的形成,是中国教育理论发展的良好开端。

教育启示录3

给父母的信

美国《读者文摘》曾经发表过一封以孩子的名义写给父母的信。这封信对于我们许多父母来说,是非常有借鉴和启发意义的。这封信的内容节选如下。

一、我的手很小,无论做什么事,请不要要求我十全十美;我的腿很短,请慢些走,以便我能跟得上您。

二、我的眼睛不像您那样见过世面,请让我自己慢慢地观察一切事物,并希望您不要过多地对我加以限制。

三、家务事是繁多的,而我的童年是短暂的,请多一些时间给我讲一点世界上的奇闻,不要只是把我当成取乐的玩具。

四、我的感情是脆弱的,请对我的反应敏感一些,不要整天责骂不休,对待我应像对待您自己一样。

五、请爱护我,经常训练我对人要有礼貌,指导我做事情,教育我靠什么生活。

六、我需要您不断鼓励。不要经常严厉地批评我和威吓我,您可以批评我做错的事情,但不要责骂我本人。

七、请给我一些自由,让我自己决定一些事情,允许我不成功,以便我从不成功中吸取教训。总有一天,我会自己决定自己的生活道路。

八、请让我和您一起娱乐。小孩需要从父母那里得到愉快,正像父母要从孩子那里得到欢乐一样。

资料来源 节选自朱永新的《享受与幸福:教育随笔》(北京:人民教育出版社2004年版,第64页),有改动。

复习思考题:

1. 名词解释:孔子　有教无类　《学记》。
2. 简述孔丘的教学方法思想。

第七章 中国秦汉、魏晋南北朝时期的教育思想

儒家思想自汉武帝时期，经董仲舒的神学化解释，逐渐成为官方正统思想。对这种经典化的"儒家神学"，采取批判态度的唯物主义思想家（如王充等）则一直被视为"异端"。魏晋南北朝时期，"玄学"和佛教先后取得重要地位，儒家既要反对玄学，又要反对佛教。本章以嵇康为玄学的代表，颜之推为一般儒家的代表，分别论述他们的教育思想。

第一节 董仲舒的教育思想

董仲舒（公元前179—前104年，见图7-1），广川郡人（今河北省枣强县境内），西汉著名的儒家思想家和教育家，有"汉代孔子"之称。自幼勤读儒学，达到如痴若愚的程度。汉景帝时，因专精《春秋》而被选为博士，但因景帝崇尚黄老之术，故其主要活动是收徒讲学，"下帷讲诵"。汉武帝举贤良对策，他应征获赞许。董仲舒连对的三策，内容是关于天人关系的，故称《天人三策》（或称《举贤良对策》）。他先后做过宗室贵族易王和胶西王的相。晚年去职家居，专门著书讲学。但朝廷有大事，仍常派人向他请教。

图7-1 董仲舒

现存的董仲舒的著作有《春秋繁露》和《汉书·董仲舒传》中的《举贤良对策》等。

一、三大文教政策的思想

汉武帝元光元年（公元前134年），董仲舒上《天人三策》，系统地提出了他的政治思想和教育主张，一般被称为"三大文教政策"。

（一）独尊儒术，罢黜百家

这是三大文教政策的总纲，是文化教育改革的总体指导思想。董仲舒根据当时的政治需要，将先秦儒家学说中的"大一统"思想加以发挥，改变了汉初黄老"无为"之计而行"有为"之术，适合加强中央集权和巩固封建制度一统天下的趋势，因此被汉武帝所采纳。作为汉王朝统一的政治指导思想和文教政策的主旨，它规定了教育

的目的是培养通经致用的儒学治术人才,用三纲五常维系人心,以确保汉王朝的长久安宁。董仲舒将汉初儒者以儒学为守天下法宝的思想发挥到极致,不仅要立儒家学说为正统,而且要将它作为判别是非、统一思想的唯一准绳,其他学说都在扫荡禁灭之列。

(二) 开创太学,改革选士制度

这是独尊儒术的具体化措施。行教化必须兴办学校,通过培养高级统治人才去推动教化。他明确提出要在京师置太学,将举贤养士之遗风,吸纳到王权的控制下,变成自觉的养士行动。

(三) 重选举,广取士

董仲舒认为,养士和选士是分不开的。应通过选举、贡贤的方法,把那些真正有德有才的人推荐上来,"量才而授官,录德而定位",使人才充分发挥作用。董仲舒把培养人才与选拔人才结合起来考虑,认为这样才可遍得天下贤才,而且注意到在实践中考察人才的贤德与才能,这是远见卓识。

董仲舒的三大文教政策,在当时的历史条件下,对于巩固统一的局面,发展文化教育事业,培养与选拔国家所需要的人才,是有一定进步意义的。它对以后各封建王朝的文教政策也有较大的影响。

二、关于教育作用的思想

(一) 德治学说与教育作用论

董仲舒在谈论教育问题时,提出"任德教而不任刑",[①]"教,政之本也,狱,政之末也",[②]把教育视为治国的根本。董仲舒认为封建道德——"三纲五常"及其相应的忠孝仁义等都出于"天意",是道德教育的基本内容。"仁、义、礼、智、信"为五常,是调整和补充"君为臣纲,父为子纲,夫为妻纲"的道德规范。其中,董仲舒特别强调"仁"与"义",并把它们作为善恶的标准,他认为道德教育的总原则是"正其谊不谋其利,明其道不计其功",实质上是要求臣民重义轻利,以牺牲个人利益来服从统治者的利益。董仲舒认为教育不但可以防止恶性,培养善性,而且还可以把人培养成任何类型的人,同时提出教化"为善"的工作应该由帝王来进行,这是上天给予帝王的责任,由此,他强调培养统治人才和社会教化的重要性。

(二) 人性学说与教育作用论

董仲舒将人性界定为"性者,生之质也"。[③] 他依据阴阳五行学说,将人的天生之质一分为二:属于阳的仁义之性(善端)和属于阴的贪利之情(人欲)。他还提出了

---

① 《汉书·董仲舒传》。
② 《春秋繁露·精华》。
③ 《汉书·董仲舒传》。

第七章 中国秦汉、魏晋南北朝时期的教育思想

"性三品"说,从广义的人性概念中,将人性分为三个级差:

上品之性——圣人之性——至善之性——不教而成;

中品之性——中民之性——有善有恶——教而善,不教而恶;

下品之性——斗筲之性——至恶之性——教而难善。

圣人之性,是天生的"过善"之性,是其他人先天不可能,后天不可及,指的是统治阶级最上层的比较少数的人,如帝王、周公、孔子一类人物。

斗筲之性无善品,近乎禽兽,教化是无用的,只能采用刑法管制他们。

中民之性代表万民之性。对于中品之性的个体,教育的作用表现为:可以浇灭人们内心中天生情欲的火焰,"损其欲而辍其情"便是其功用之所在。他强调万民之性是有善的可能,但并非善的现实。在可能和现实之间,必须经由教育的桥梁,他们是最主要的教育对象。

三、关于知识教育的思想

(一)知识来源——"内视反听"

董仲舒认为,真正的知识不是"众物"的知识,而是要知道事物的"本心";要体察事物的本心,那就只有依靠"内视反听"的内省方法。

(二)教学内容

董仲舒承袭了先秦儒家的传统,以"六经"作为基本教材,并对诸经的功用作了解释,"《诗》、《书》序其志,《礼》、《乐》纯其美,《易》、《春秋》明其知(智)"。[①] 即他认为"六经"各有其自己的特殊作用。他不提倡学习关于鸟兽草木等的自然知识。

(三)教学原则和方法

1."圣化"

董仲舒要求教师敬重育才之道,对学生进行教育要适时、适量、适度,监督而不使其紧张,了解学生的水平以便引导他完成更高一层的进步。

2."强勉努力"

董仲舒说:"事在强勉而已矣。强勉学问,则闻见博而知益明。"[②]他认为教学贵在强勉努力,才能前进,达到"博"与"明"的境地。

3."博贯多连"

董仲舒说:"得一端而多连之,见一空而博贯之"。只要"连而贯之",就可推知天下古今的知识。

4."专一虚静"

学习必须专一,始终好善求义,才能知"天道"。要真正深入悟解,体会精微,必须虚静。

---

① 《春秋繁露·玉杯》。

② 《举贤良对策》。

董仲舒的教育思想对汉武帝的事业作出了一定贡献,为奠定中国两千多年大一统的封建大业制造了理论体系,提供了教育改革方案,特别是三大文教政策对中国封建社会的文化教育产生了极为深远的影响。自此,儒家思想成为中国封建社会的统治思想;儒家经典成为国家规定的教科书;儒家的道德观成为道德教育的依据。但是这种独尊的地位对儒学的学术思想起到了抑制作用,阻碍了文化的整体发展。

第二节　王充的教育思想

王充(27—约97年),字仲任,会稽上虞(今浙江省上虞市)人,是东汉杰出的思想家,唯物主义哲学家和教育家。他出生于农人兼小商贩家庭,6岁开始识字,8岁入书馆学习,后进入中央太学学习。王充曾两次出任过小官,都因不愿趋炎附势辞职教书。他的一生绝大部分时间在教书、思考及写作中度过。

王充著有《讥俗》、《政务》、《论衡》、《养性》等书,但流传至今的只有《论衡》一书。他的思想的明显特征是具有唯物主义的批判精神。他提出了与董仲舒所创立的儒家神学明显对立的论点:天道自然;万物自生、万物一元;人死神灭;今胜于古。

一、对迷信烦琐的经学教育的批判

王充所处的年代,是汉代"独尊儒术"后的数百年,儒家思想已经逐渐僵化,偶像化。由董仲舒所创立的儒家神学发展出一种叫做谶纬的迷信学说,腐蚀了学校教育,僵化了学术思想,王充对这种迷信的经学教育进行了严厉的批判。

首先,王充批判了学校里盲目迷信的恶劣学风,认为当代儒者总喜欢迷信老师并崇拜古人,而不知道去辩驳和问难。他反对"信师是古",主张"极问"。他说:"世儒学者,好信师而是古,以为圣贤所言皆无非,专精讲习,不知难问。"[①]他认为:"信师是古"是一种盲目迷信的恶习。其次,王充尖锐指出学校严重脱离实际,学用相违,只能培养一些无用之徒。他反对记诵章句,主张贯通。他对当时教育上但拘一经或只记诵章句的风气作了深刻批判,提出教育培养出来的人才要贯通、要博览古今、要能精思著文联结篇章地兴论立说。[②]

二、论教育的作用

王充认为人性有善有恶,可以变化,善可变恶,恶亦可变善,重要的是教育。只要有适当的教育,天下无不可教之性,无不可教育之人。重要的是"教导"、"锻炼"和"渐渍"。

他认为环境对人的影响极大。他打比喻说:"蓬生麻间,不扶自直;白纱入缁,不染自黑。"[③]人的本性和麻蒿、白纱一样,由于渍染的不同,质性就会有差异,就有了善

---

① 《论衡·问孔》。
② 《超奇》。
③ 《率性》。

恶的区别。

他肯定教育对人的发展的决定作用。一方面论证了人性可以改变,说明了教育的可能性;另一方面他又以许多具体的事实说明了教育的功效,从而说明了教育的必要性。

三、论教育的培养目标

王充认为教育的培养目标,第一是鸿儒,能独立思考、著书立说;第二是文人,能掌握知识、从事政治工作;第三是通人,能博览古今;第四是儒生,仅有一部分知识,只比俗人稍高明一点。理想的培养目标是鸿儒,他把培养杰出的学术人才作为教育的最高目的。在中国教育史上,王充首次明确地提出教育应培养创造性的学术理论人才。

四、"见闻为"与"开心意"的教学过程

王充认为,教学过程应包括"见闻为"的感性阶段和"开心意"的理性阶段。"见闻为"是说,教学中首先要依靠耳闻、目见、口问、手做,去直接接触客观事物。"开心意"是说,教学中不能停留在感性认识阶段,必须把感性知识加以深化提高。他说:"故是非者,不徒耳目,必开心意。"①要开动脑筋,进行理性思考,这样才能"知一通二,达左见右。"②

王充的思想以鲜明的批判和战斗精神为特征。他继承荀子以来的唯物主义思想传统,在奉孔子为教主的思想背景下,敢于解放思想,破除传统,提出新的见解,给人以耳目一新之感。

第三节 嵇康的教育思想

嵇康(223—262年,一说224—263年),字叔夜,谯郡铚县(今安徽省淮北市濉溪县临涣镇)人,魏晋之际著名思想家和文学家。幼年丧父,由其母、兄抚养成人,幼不涉经学,好读老庄,倾向玄学。

嵇康的教育思想主要反映在《与山巨源绝交书》、《声无哀乐论》、《养生论》、《难自然好学论》、《家诫》等篇章中。

一、"越名教"的教育思想

"越名教"即超越"名教",也即反对"名教"。所谓"名教",并非单指儒学所倡建的政治伦理秩序。从根本上讲,它是指以儒家思想为主体的、在长期的封建统治中所形成的,一整套小至个人道德修养,大至社会伦理、国家控制的宗法道德和秩序实

---

① 《薄葬》。
② 《实知》。

体,体现儒家政治、经济、教育、伦理特点的封建社会生产关系。具体反映在教育上,便是以儒学为主的传统教育和世俗教育。"越名教",意味着对儒家"名教"教育思想的批判和否定。嵇康从自然人性论出发,认为自然人性的破坏和社会上存在的一切虚伪和狡诈的道德沦丧现象,根源都是人类文化的发展和文化教育,儒家提倡礼乐,"名教"更是破坏自然人性和制造一切社会罪恶的根源。

二、"任自然"的教育主张

嵇康批判了儒家"名教"教育思想的根本危害是压抑和破坏人性的自然发展,提出了与之相对立的"任自然"的教育主张。其根本原则是:脱离"名教"的束缚,让受教育者个性自然地发展。这条根本原则贯彻在他的"任自然"教育主张的各个方面。

在教育原则方法方面,他主张"无措"。"心无措乎是非,而行不违乎道者也。"①对学生进行教育时,不要人为地分辨是非,应因势利导,顺乎自然,让学生个性按自身固有的规律自由地发展。

在教育内容方面,他提出了自然养生教育的思想。自然养生教育就是教人顺人性情,循自然之法则去认识和获得"生生之理"和"自然之理",去智巧之心,明哲保身,以实现自身生命和生活的意义。他分析了自然养生教育中的"五难",把封建统治阶级孜孜以求的"名利"、"声色"、"滋味"及喜怒无常、情绪不定的性格,看作自然养生教育中的五大障碍。要去除这"五难",根本在于"知足"。一个"知足"的人,不论"耦耕甽亩"或"被褐啜菽"的时候,都会感到自然而"自得",一切感到满足。

在教育目的方面,他提出了培养"至人"的要求。"至人",就是通过"任自然"的教育培养起来的理想人物,完全超脱了现实生活中的"名利"、"声色"等桎梏,身心自然地发展,"内不愧心,外不负俗",做到内心绝对和谐和自由。

三、对经学教育的批判

魏晋时期经学教育的特点是由汉代的注重章句训诂变为注重义理研讨,嵇康批判了这种经学教育理论与实践。《难自然好学论》比较集中地表达了他对经学教育的态度和思想。

嵇康指出经学教育不仅束缚人性,而且束缚思想,阻碍人们求"自然之理"。在是非标准上,经学教育"立六经以为准","以周孔为关键"②,把孔子说成"前知千岁,后知万世"的神,使人们在这种偶像的阴影下窒息了自己的思想。同时经学教育烦琐的考据和以多求同的证明方法,影响了人们对客观事物之理的探求。

总之,嵇康的教育思想是儒家内部的自我反省与批判的反映,他采取以庄排儒态度企图重建适合时代需要的人生观、世界观、教育观和价值观,事实上他是在探

---

① 《嵇康集·释私论》。
② 《难自然好学论》。

第七章 中国秦汉、魏晋南北朝时期的教育思想

索、寻找儒道两家的结合点,融合两家学说。他的教育价值观反映了魏晋时期教育新思潮的兴起与特点,在中国古代教育发展史上起了重大的推动作用。但是,嵇康批判六经和经学教育,否定礼法名教的同时,并没有提出生产劳动和科学技术方面的教育理论观点,而是一味地以庄排儒,鼓吹"绝智弃学,游心于玄默",引导人们羡慕原始文明时期的自然古朴风尚和无"劝学讲文"的教育状态。

第四节 颜之推的教育思想

颜之推(531—约595年),字介,梁朝金陵人,祖籍琅琊临沂(今山东临沂市)。他出生于士族家庭,父亲官至咨议参军,家有儒学世承传统。自小受儒学传统熏陶,博览群书,擅长为文。20岁步入宦途,历官四朝。晚年为了用儒家思想教训子孙,写了《颜氏家训》,共20篇,这是研究他的思想的主要依据,后人以《颜氏家训》为家教规范。

一、关于家庭教育的思想

(一)教育要及早进行

家庭教育应从胎教开始,即使做不到胎教,也要及早从幼儿教起。因为"人生小幼,精神专利,长成已后,思虑散逸,固须早教,勿失机也"。[①] 幼年时期性情纯洁,未染恶习,接受塑造的可能性大,教育的效果最好。切不可等到长大成人,思虑懒散的时期,才去教育,那就丧失了教育的最佳时机。

(二)把爱子和教子结合起来

他认为父母对子女自然要爱护,但不能没有教育,只有教育好子女,才是最大的爱护。"父母威严而有慈,则子女畏慎而生孝矣。"[②]把慈爱与严格要求相结合,子女才能成器。

(三)注意环境习染对子女的影响

他很注意环境对子女的影响,告诫子弟要"慎交游",发挥教育的积极影响,潜移暗化,是家庭教育的重要一环。

(四)重视家庭的语言教育

他说:"吾家儿女,虽在孩稚,便渐督正之,一言讹替,以为己罪矣。"[③]他认为教育子女学习正确的语言,是做父母的重要责任。

(五)重视儿童心理观察

他强调观察儿童心理的可能性,认为儿童的心理可以通过外部言行来观察,如

---

① 《颜氏家训·勉学》。
② 《颜氏家训·教子》。
③ 《颜氏家训·音辞》。

果把这些观察结果作为儿童教育的心理依据,那么便可以提高儿童教育的科学性。

二、关于士大夫教育的思想

(一) 揭露士大夫教育的腐朽空泛

颜之推生活于士族之间,熟识士族腐朽没落的内幕。他指出士族教育程度和精神面貌都是极差的。他们的体质十分脆弱,知识非常浅陋,既不参加劳动,又不努力学习。

(二) 教育的目标是培养治国人才

他从士族地主的利益出发,认为原来的玄学教育必须抛弃,传统的儒学教育也应改革,要培养的既不是清谈家,也不是章句博士,而是对国家有实际效用的各方面的统治人才。

(三) 德与艺是教育的主要内容

在道德教育方面,他承袭儒家的传统思想,强调孝悌仁义,树立仁义的信念是德育的重要任务,而实践仁义则是德育的最终目的。"艺"的教育,以文艺为主,还包括经史百家等书本知识,以及具有士大夫生活所需要的杂艺。德与艺两方面的教育,是互相联系的,知识教育是道德教育的基础,并为道德教育服务。

三、关于学习态度和方法

(一) 虚心

学习的目的是"多智明达","所以求益",补自己的不足。他提倡虚心务实,反对骄傲自大,目中无人。

(二) 惜时

学习是做人的需要,人的一生都要学习,少年时代应当抓紧光阴,不可错过学习的好时机。

(三) 眼学

他说:"谈说制文,援引古昔,必须眼学,勿信耳受。"[①]他认为耳闻未实,眼见为真,在学习上重视亲身直接观察获得的知识。

(四) 勤勉

要取得成就应依靠自己勤勉努力,即使迟钝的人,只要勤学不倦,也可以达到熟练和精通的程度。

(五) 切磋

"学为文章,先谋亲友,得其评裁,知可施行,然后出手,慎勿师心自任,取笑旁人

---

① 《颜氏家训·勉学》。

第七章 中国秦汉、魏晋南北朝时期的教育思想

也。"① 在学习上好问求教,与良师益友共同研究切磋,能较快地增进知识而避免错误。

总之,颜之推的教育思想是当时社会现实的反映。他的主张虽然都是围绕如何加强士大夫子弟的教育展开的,但许多是他自己治学治家经验的结晶,所揭露的士大夫教育的腐朽也是他耳闻目见的产物,他的教育思想有着相当的价值。其著作《颜氏家训》在封建家庭教育发展史上,有重要的影响。但是《颜氏家训》不放弃棍棒教育的主张,使其家教理论具有明显的封建专制主义的色彩,体现了其历史局限性。

▶▶ 复习思考题:

1. 名词解释:《颜氏家训》。
2. 简述董仲舒的三大文教政策思想。
3. 简述颜之推的家庭教育思想。

---

① 《颜氏家训·文章》。

第八章　中国唐宋时期的教育思想

魏晋南北朝时期,儒家教育思想的正统地位受到了严重的挑战,迫使儒家进行反思,儒家教育如何适应时代的发展,成为唐宋时期学术思想发展的一个重要课题。唐代教育家韩愈致力于恢复儒家道统,强烈排斥佛教。尽管韩愈不遗余力,但儒家思想始终无法简单的再现过去的独尊局面,也无法固守儒家的纯粹,取而代之的是儒、佛、道三教的不断融合,这为儒学的改造指明了新的方向。北宋周敦颐首先提出将佛、道思想吸收到儒学理论中去。张载、程颐、程颢等人对这一思想作了进一步的发展和充实,后经朱熹从理论上加以总结,集其大成,最终完成了我国封建社会后期特定的官方哲学——理学的体系。嘉定五年(1212年)令学校以朱注《论语集注》、《孟子集注》为法定教材。至此,朱熹在中国教育思想史上的地位被确定下来,理学成为巩固封建王朝统治的思想文化工具的性质和作用也被确认。

第一节　韩愈的教育思想

一、生平和主要活动

韩愈(768—824年,见图8-1),字退之,唐河南河阳(今河南孟州)人,因祖籍昌黎,人称昌黎先生。韩愈出生于充满着儒家正统思想的官僚家庭,他的祖父、父亲、叔父及长兄韩会都曾做过官。韩愈19岁参加科举考试,四次失败,直到25岁中进士。

图8-1　韩愈

韩愈自礼部取得进士后,只是取得做官的候选资格,还要通过吏部的考试,才能实际派任官职。韩愈从26岁起,又三次参加吏部的"博学宏词"考试,但均未获选。后来他被汴州刺史董晋选为幕僚,进入官僚阶层,参与政治生活。此后曾任监察御史,官至吏部侍郎,故人称韩吏部。

韩愈一生活动中引人注目的主要有以下三个方面:

(一) 维护儒家的道统与独尊地位

他认为儒学的传递过程是:尧、舜、禹、商汤、周文王、周武王、孔子、孟子,到孟子这里,儒学便失去了传人。他自己是以儒家道统的传人自居的。

(二) 反对佛、老

韩愈是反对佛教的积极分子。汉代以来,佛教的传入,道教的兴盛,更使儒道日益衰落。为了重振儒家传统,他极力抨击佛道,尤其反对外来的佛教。唐代佛教盛行,韩愈尤为反感。他在元和十四年(819年)因给宪宗皇帝上《谏迎佛骨表》,激烈反对宪宗"迎佛骨",为此险遭处死,后由刑部侍郎贬为潮州刺史。

(三)提倡古文运动

韩愈是古文运动的主将。所谓古文运动就是提倡学习先秦两汉的散文,这种文体接近口语,容易理解,便于说理。韩愈主张打破齐梁以来的四六排比的骈体文,提倡采用先秦接近口语化的散文体,自由地表达思想。主张"文以载道",以儒学作为新古文的思想内容。这种思想对于扭转当时的文风、学风都起到了积极的作用。

在仕宦生活中,韩愈多次出任教官,即使是担任地方行政官吏,亦甚重视教育。他为唐代教育的发展做了很多有益的工作。他34、35岁时任过两年的四门博士,39到42岁又任过三年的国子博士,45岁时又任国子博士。穆宗即位后,韩愈54岁时(821年)又奉召征为国子祭酒,开始对国学进行整顿。安史之乱以后,国子监各学处于半停顿状态,韩愈任国子祭酒后,对国学进行整顿,取得了一定效果。韩愈还积极倡导恢复地方官学。唐初地方官学相当繁荣,后转向衰落,韩愈在潮州任刺史时,曾经带头捐出自己的俸钱充当兴学经费,恢复了潮州州学。韩愈的著作被编为《韩昌黎集》。

在教育实践方面,韩愈有着丰富的经验。他的教学方法生动活泼,能打动学生的心弦。在此基础上,他在教育教学方面提出了许多独到的见解,丰富了我国传统教育理论。

二、"性三品"与教育的作用

在"攘斥佛老"斗争中,韩愈为倡"仁义道德"和"先王之教",提出了"性三品"说。其基本观点如下文所述。

(一)人性是天生的

"性也者,与生俱生也。"他继承董仲舒的观点,将人性分成上、中、下三个等级,"性之品有上、中、下三"。人性中包含有仁、义、礼、智、信等道德因素,"其所以为性者五:曰仁,曰礼,曰信,曰义,曰智",这和孟子的观点很接近。

(二)情是后天生成

"情也者,接于物而生也。"人性是天生的,与生俱来的还有一种潜在的情感质素,这种潜在的情感质素接触到外界事物,受刺激而产生现实的情感表现,表现为喜、怒、哀、惧、爱、恶、欲七种情感。情的品级也分三品,且与性的品级相对应。上品的人"动而处其中",情感表现自然适度;中品的人"求合于中",情感表现虽然有时候过分,但力求自然适度;下品的人"直情而行",情感表现没有控制。"性"对"情"起着一种调节作用。

(三)关于教育的作用

韩愈认为由于人性的差别,教育对不同的人所起的作用不同。"上之性就学而愈明","中焉者可导而上下也","下之性畏威而寡罪"。所以韩愈认为"上者可教,而下者可制也",从天生不平等性来论证教育的可能性和效果,具有明显的宿命论色彩。

韩愈的人性论有一定的历史影响。他的学生李翱后来在此基础上明确提出"性"、"情"二元的"复性说",宋明理学家也常常把人性划分为"天地之性(天命之性)"、"气质之性",教育的作用就在于变化气质。

三、"学以明道"的教育目的

面对佛、道昌炽和儒学正统地位的丧失,韩愈欲纠偏补失,打出了维护儒家道统的旗号,标榜"愈之志在古道",故将教育目的诠释为"学所以为道"。从封建国家对人才的要求出发,韩愈强调教育的目的是"明先王之教育","学所以为道"。他的"道"是指儒家之道:"博爱之谓仁,行而宜之之谓义,由是而之焉之谓道,足乎己无待于外之谓德。其文《诗》、《书》、《易》、《春秋》;其法礼、乐、刑、政;……"①韩愈认为只有成为儒家仁义道德的人才能成为国家的德治人才,才能对付佛教和道教的挑战,成为儒学道统的维护者。

对于个人,韩愈则提倡走"学而优则仕"——读书、科举、做官的道路。他在《进学解》中告诫国子学生说:"占小善者率以录,名一艺者无不庸",口口声声以读书做官来引导学生。在家庭教育中,韩愈也灌输读书做官的思想。他用自己的现身说法教育儿子:自己在三十年前是一介穷书生,除了一束书之外,空无所有,经过不懈努力奋斗,现在功成名就;居住的是堂皇的府第,交往的是在朝的卿大夫;如果当初不立志和勤学,和一般人就没有差别。他在《符读书城南》这首诗中,用对比的手法,对读书不读书两种不同的前途进行比较,用以鼓励儿子读书成才。

四、着重于"勤"的学习论

在学习论上,韩愈的观点突出一个"勤"字,他的著名格言是"业精于勤荒于嬉,行成于思毁于随",②认为学生学业的进步在于勤奋,荒废在于嬉闹;品格的完善在于深刻的思考,道德的败坏在于放荡随便。勤奋应该达到何种程度,韩愈借学生之口表达了他自己一生对学业的追求:"口不绝吟于六艺之文,手不停披于百家之编","焚膏油以继晷,恒兀兀以穷年"。韩愈提倡博学,"贪多务得,细大不捐"。简而言之,就是要长年累月、夜以继日的学习。韩愈一生依靠自己的勤奋刻苦,获得功名成就,成为著名文学家,所以他有切身体会。

韩愈也强调在勤奋的基础上讲究一定的学习方法,在博学的前提下也要抓住重点。他说,"记事者必提其要,纂言者必钩其玄";学习和思考结合,如读书时要"手披目视,口咏其言,心惟其义"。③

---

① 《原道》。
② 《进学解》。
③ 《韩昌黎集·上襄阳于相公书》。

五、尊师重道的师道观

针对儒学不振,求师请益则"群聚而笑之",或以为教师仅"习其句读"等"耻学于师"的怪现象,韩愈不无感慨地说:"师道之不传也久矣!"乃作《师说》一文,以提倡尊师重道,捍卫儒学,恢复和维护儒家的道统地位。《师说》是中国历史上第一次集中论述师道的专论,表面上看是写给他的弟子李蟠的赠文,但不是一般的应酬随意之作,是有针对性的,且有感而发的。《师说》在理论上亦具有新意。

(一)《师说》从"人非生而知之者"出发,肯定了"学者必有师"

韩愈这一思想可以从两方面来认识它的意义:第一,肯定了教师工作是人类社会的一种必不可少的工作。第二,对当时知识分子中存在的"耻学于师"、羞于承认老师的恶劣风气进行了批判。

(二)《师说》提出"传道,授业,解惑"是教师的基本任务

自古以来,关于教师工作任务的论说不少。如荀子说:"师者,所以正礼也。"①汉代扬雄说:"师者,人之模范也。"②这些观点都只是对教师任务某些侧面的说明,没有作比较全面的概括。韩愈提出教师的基本任务是:传道,即思想和伦理道德教育;授业,即传授知识;解惑,即解答学生在上述方面存在的疑惑。在历史上首次较全面地反映了封建社会教师工作的基本职责。由于文字表述精炼,后世传为教书人所共知的名言,影响一直延续到今天。

(三)《师说》重新强调了"学无常师"的思想

"学无常师"的思想在中国古代有悠久的历史。如《尚书·咸有一德》:"德无常师,主善为师。"孔子说,"就有道而正焉","三人行必有我师",也是主张学无常师。韩愈主张不管年龄大小、地位高低,都可以为师,"道"才是做师的唯一标准。"学无常师"的思想表述得更为彻底:"无贵无贱,无长无少,道之所存,师之所存。"

(四)《师说》提出了师生之间可以"相师"的主张,确立了比较合理的师生关系

韩愈指出师生之间也可以相互学习,"弟子不必不如师,师不必贤于弟子。闻道有先后,术业有专攻"。他把师生的关系,不再看成是绝对的,而是相对的,是可以转化的。这是对封建社会的"师道尊严"传统的一个突破。在专业日益细化、知识量迅猛增加的今天,韩愈关于师生关系的观点更具有现实意义。

韩愈自己堪称教师的楷模。他与弟子间情深意笃。他的教学水平很高:"讲评孜孜,以磨诸生,恐不完美,游以恢笑啸歌,使皆醉义忘归。"(《韩文公墓志》)他诲人不倦,深得学生的信赖。凡经他指教过的学生,皆以自称为韩门弟子为荣。

---

① 《荀子·修身》。
② 《法言·学行》。

第二节　柳宗元的教育思想

一、生平和主要活动

柳宗元（773—819年），字子厚，河东人（今山西省永济县）。21岁中进士，26岁又考中博学鸿词科，授集贤殿书院正字，即校书郎，官至礼部员外郎。其在京师任官期间诚恳地指导过许多后学者。后来参加过王叔文等人发起的永贞革新运动，革新运动失败，被贬为永州司马，后被贬到更远的柳州。柳宗元与韩愈是同时代的著名文学家、思想家，他的以"文以明道"与韩愈的"文以载道"相呼应，共同推动古文运动的开展。二人在政治立场、思想观点上则有许多差异甚至对立，但并没有影响他们的友情，并誉为君子之交的典范。柳宗元的著作收集在《柳河东集》中。

二、"明道益世"的教育目的

柳宗元的政治理想和教育目的是"明道"、"行道"和"益世"。他说："圣人之言，期以明道。"这一教育目的的实现，必须注重道德教育，故必须读圣人之书，习圣人之言。在他看来，教育的目的必须符合"生人之意"，着眼点应放在研究解决现实中的人事方面，不能言天、言神而不言人。他指出："圣人之道，不益于世用。"他要求培养济世安民的君子。

三、"顺天致性"的发展观

柳宗元认为天下万物的生长，都有自身的发展规律，必须顺应自然规律，否则不仅徒劳无益，还会造成损害。他在《种树郭橐驼传》中谈到一位种树能手郭橐驼，其经验诀窍却非常简单，就是："顺木之天，以致其性。"也就是要顺应树木生长的天性，而"不害其长"。只要营造了良好的生长环境，就可以"勿动勿虑，去不复顾"。一般人种不好树，往往是因为"爱之过殷，忧之过勤，且视而暮抚"，"甚者爪其肤以验其生枯，摇其本以观其疏密"。这样，"虽曰爱之，其实害之"。

柳宗元认为，育人和种树的道理是一样的，育人同样要顺应人的发展规律，而不能凭着主观愿望和情感恣意干预和灌输。但又不是放任自流，提供发展的良好环境和动力是必要的。他说："善言天爵者，不必在道德忠信，明与志而已矣。""明"就是明确方向，"志"就是坚定不移，有了这两点，人就可以"尽力于所及"，而使自己"备四德"，又何必要别人喋喋不休地向他灌输那些教条呢？这种自然主义的教育观是有强烈的启迪性的。

四、"交以为师"的师道观

柳宗元赞赏韩愈的《师说》之论，也钦佩韩愈不顾流俗、勇于为师的精神，对当时社会上层士大夫"耻于相师"的风气感到痛心。他说："举世不师，故道益离。"但他在师道观上又有自己的见解和实施方式。他写下了《师友箴》、《答韦中立论师道书》、《答严厚舆秀才论为师道书》等文章,阐述了自己的师道观。其核心观点就是"交以为师"。

柳宗元充分肯定教师的作用。他认为无师便无以"明道",要"明道"必从师。他在《师友箴》中说:"不师如之何,吾何以成? 不友如之何,吾何以增?"但是,对韩愈不顾世俗嘲骂而"抗颜为师"的做法,他表示自己没有勇气这样做,但他又不是完全放弃为师,而是"去为师之名,行为师之实"。他在《答严厚与秀才论为师道书》中说:"仆之所拒,拒为师弟子之名,而不敢当其礼者也。若言道讲古穷文辞,有来问我者,吾岂尝瞋目闭口耶? 苟去其名全其实,以其余易其不足,亦可交以为师矣。"柳宗元谢绝的是结成正式师生关系的名分,不敢受拜师之礼。但对来向他请教问道者,他无不尽其所知给予解答,诚恳地指导后学者,确有为师之实。他提出"交以为师"的主张,即师生之间应和朋友之间一样,相互交流、切磋、帮助,在学术研讨上是平等的,而不是单纯的教导与被教导的关系。柳宗元的"师友"说是传统师道观中有很大影响的一种学说,尤其是在高层次的教学活动中更有借鉴意义。

第三节 王安石的教育思想

一、生平和主要活动

王安石,字介甫,号半山,江西省临川人,人称临川先生。晚年受封荆国公,故亦称王荆公。庆历二年中进士,嘉佑二年(1057年)知常州,次年曾向仁宗上"万言书",主张培养人才,革新变法;神宗即位,起用知江宁府,召为翰林学士兼侍讲,上《本朝百年无事札子》,阐述改革的必要性。熙宁二年(1069年)拜参知政事,主持变法,史称"熙宁变法"。熙宁七年(1074年)罢相,次年复职,三年再罢,退居江宁半山园。著作主要有《王文公文集》、《临川集》等。

二、系统的人才理论

(一) 教之之道

王安石在《上仁宗皇帝言事书》中指出:"古者天子诸侯,自国至于乡党皆有学。博置教导之官而严其选。朝廷礼乐刑政之事皆在于学。士所观而习者,皆先王之法言德行治天下之意,其材亦可为天下国家之用。"这是针对当时教育"不可以为天下国家之用"而发出的。当时的教育所培养出来的人才不知唐宗宋祖为何许人也,这是不重"教之之道"所致。

所谓教之之道,即人才的教育培养问题。第一,从中央到地方遍设学校,并严格挑选学官。第二,教学内容要实用,礼、乐、刑、政、武事均列教学科目之中。为此,王安石在朝廷设经义局,亲行挂帅主事,颁行《三经新义》为官定统一教材。第三,以造就有实际才能的治国人才为培养目标。

（二）养之之道

在首要环节学校教育这个基本问题着手解决的同时，第二个环节"养之之道"必须配套进行。在论述"养之之道"这个问题上，王安石说："所谓养之之道何也？饶之以财，约之以礼，裁之以法也。"他所言"养之之道"，主要指教育行政官员及生徒的待遇、教育管理制度等。即是人才管理问题，具体是"饶之以财"，给予足以养廉耻的俸禄。"约之以礼"就是明确规定各级官吏有关衣食住行、婚丧等标准。"裁之以法"，就是以法律制裁。

（三）取之之道

"取之之道"是与前两个环节配套的措施。无论是通过学校培养出来的人才，还是在实践锻炼中出来的人才，都要采取一定的办法予以认定。王安石在《上仁宗皇帝言事书》中说："所谓取之之道何也？先王之取人也，必于乡党，必于庠序，使众人推其所谓贤能，书之以告于上而察之。诚贤能也，然后随其德之大小，才之高下而官使之。"

王安石所阐述的"取之之道"，要旨是不拘一格录取人才，即人才的选拔问题。具体办法：第一，选拔人才应该自下而上推荐；第二，据"德之大小，才之高下"，授以相应的官职；第三，察其言，观其行，试之以事。

（四）任之之道

"取之之道"要求以"任之之道"作为保证措施。否则，即使是按标准选拔的人才，不恰当的使用也会功亏一篑。在《上仁宗皇帝言事书》中王安石说："所谓任之之道何也？人之才德高下厚薄不同，其所任有宜有不宜。……其德厚而才高者，以为之长；德薄而才下者，以为之佐属。又以久于其职，则上狃习而知其事，下服驯而安其教，贤者则其功可以至于成，不肖者则其罪可以至于著。居职任事之日久，至其任之也又专焉，而不一二以法束缚之，而使之得行其意……此任之之道也。"所以，"任之之道"是"教、养、取、任"的过程的终结，也是关键一环。一切为了培养优秀人才，如违背"任之之道"其作用就不能发挥出来。

为贯彻"任之之道"，王安石采取了三项措施。第一，任之宜当，也就是要根据才德高下厚薄任人；德厚才高者，授之以"长"，德薄才下者，用做僚属。第二，任之宜久，即任职时间宜长久，不能经常调动。事久见其功，既可鉴其才干是否属实，又可克服"短期行为"，还可减少送旧迎新的劳累与浪费；了解工作，也便于开展工作。第三，得行其意，即充分发挥主观能动性，从实际出发，竭诚忠孝于朝廷；政府对工作有创造、有贡献者要奖励提拔，对因循守旧苟且度日者，要予以处分、降职或撤职。

王安石从"教""养""取""任"四个方面结合考察人才问题，这是古代教育史上不多见的，表明了他的远见卓识。

第四节 朱熹的教育思想

一、生平和主要活动

朱熹(1130—1200年,见图8-2),字元晦,后改为仲晦,号晦庵,祖籍徽州婺源(今属江西),出生于福建尤溪县。朱熹出身于书香门第,其父朱松失官在家,以教书为业。朱熹从小便开始攻读儒家经典。其父临终前,又将朱熹托付给三位好友。朱熹在三位老师的精心指导下,学业进步很快。他19岁登进士,不久出任泉州同安主簿。同时,他开始师事程颐三传弟子李侗。朱熹先后任官14个年头,其余时间多是著书授业。每到一地,他都要创办学校:在泉州创设县学,在漳州创设州学,在南康修复白鹿洞书院,在潭州修复岳麓书院等,前后讲学达50年之久。朱熹关心国家大事,向朝廷推崇理学,强调修身,力主抗金,但不被重用。后一度担任皇帝侍讲,历任知江西南康军、知漳州、知潭州、焕章阁待制兼侍讲等地方和朝廷职务。

图8-2 朱熹

朱熹一生活动中最突出的方面有:

(一) 热心从事教育活动

在任官所到之处,朱熹都积极兴建、修复地方官学和书院,发展当地的教育,并常常亲自讲学。他的著名的《白鹿洞书院揭示》就是在知南康军时,到白鹿洞书院讲学过程中拟订的。

(二) 编撰了大量的教材

他所编的教材范围广泛,包括理学的入门书籍《近思录》,蒙学教材《小学》、《童蒙须知》,儒学基本读物《四书章句集注》(简称《四书集注》或《四书》,包括《大学章句》、《论语章句》、《孟子章句》、《中庸章句》)等。其中《四书章句集注》影响最广,它刊印后很快便风行天下,元朝规定科举考试以《四书集注》取士,从此《四书》成为科举出题和答题的重要依据,成为各级学校必读的教科书,影响中国封建社会后期的教育长达数百年之久。

(三) 集理学之大成

理学是中国传统儒学融合了佛、道思想而形成的哲学观。一般认为理学的创始人是周敦颐,经过张载、二程(程颢、程颐),到朱熹集理学思想之大成。理学在中国统治达七百多年,明末清初一些启蒙思想家开始对理学进行批判,这只是标志理学开始受到质疑,但仍然居于官方哲学的统治地位。

朱熹一生著述繁多,主要教育著述有《大学章句序》、《白鹿洞书院揭示》、《学校贡举私议》、《读书之要》、《童蒙须知》等。

二、教育的作用与目的

朱熹将人性分成"天命之性"与"气质之性"两个方面。朱熹认为：世界万物的"所以然之故"和"所当然之则"，包括人类社会的道德秩序称之为"理"，这种理是永恒存在的，"万一山河大地都陷了，毕竟理却是在这里"；"未有君臣，已先有君臣之理"。有了人类，理就会以人的意识的形式表现出来，具有更强的实在性，好像"天理"就藏在人的形体里一样，这种包藏在人类形体中的"天理"称为"天命之性"。"天命之性"就是"理"（性即理），是绝对至善的。

何谓"气质之性"？朱熹认为，"天理"只有一个，而包含"天理"的人类形体是千千万万的，每个人的形体气质都有所不同，是形形色色、互有差异的。这样，本来是一样的"天理"在不同的个体身上就有不同的表现。这种不同气质的个体对"天理"的具体表现形式就是"气质之性"，所以"气质之性"是因人而异的。朱熹曾经做了一个比喻，他说"天理"就像一只"明珠"，人的形体气质就像盆中的水，有的盆中水是清澈的，有的盆中的水是混浊的，清浊的程度又各不相同。把"明珠"放在清水盆里，我们看到的还是明珠，放在浊水盆里我们看到的就是暗珠，如果水太混浊了，我们连珠子都看不到。明珠在水里面的具体显现就好比"气质之性"。

他认为，教育的作用在于"变化气质"，"为学乃变化气质耳"。通过"变化气质"，使"气质之性"接近"天命之性"（接近"天理"）。气质中最不利于"天理"显现的因素就是"欲"，所以"圣人千言万语，只是教人存天理，灭人欲"。①

与其关于教育作用的思想相关，朱熹强调学校教育的目的是"明人伦"，"父子有亲，君臣有义，长幼有序，朋友有信，此人之大伦也。庠、序、学、校皆以明此而已"。②具体而论，朱熹认为教育对个体的作用表现为格物、致知、诚意、正心、修身，是"明明德"之事；对社会的作用是齐家、治国、平天下，是"亲（新）民"之事。他认为，修己是治人的前提；治人是修己的功夫。因此教育作用和努力的方向，首先是由外而内，其次才是由内而外。

三、"小学"教育和"大学"教育

朱熹把人接受教育的过程大致划分为两个阶段，15岁以前受"小学"教育，15岁以后受"大学"教育。他把"小学"教育和"大学"教育看成是统一的教育过程，看成是有区别而又有联系的两个阶段。朱熹说："学之大小，固有不同，然其为道，则一而已。……是则学之大小所以不同，特以少长所习之异宜，而有高下、深浅、先后、缓急之殊。"③即"小学"教育和"大学"教育二者的侧重点不同，方法有异，时间有先后。总之，"小学"是"大学"的基础，"大学"是"小学"的延续。

---

① 《朱子语类》卷十二。
② 《孟子集注》卷五。
③ 《小学辑说》。

他认为"小学"与"大学"阶段的培养目标应有所不同。"小学"阶段的任务是"教之以事",即"打坯模"的阶段;"大学"阶段是"教之以理",即"加光饰"的阶段。

(一)关于"小学"的教育思想

朱熹特别重视"小学"教育,认为"小学"教育是打基础的阶段。他把"小学"教育比喻为"打坯模",要打好做圣贤的坯模。也就是说"小学"教育对人的成长来说像是一个初加工或半成品,若"小学"的坯模没有打好,没有做出样子来,以后弥补起来就极不容易。

他还从儿童心理特点上分析"小学"教育的重要性,认为儿童时期是人的心智成长发育的关键阶段,如果对于儿童行为习惯的培养,对于儿童的教化能够与心智发展相吻合(即"习与智长,化与心成"),就会达到一种"少成若天性,习惯成自然"(孔子语)的效果,这时养成的一切品质都是很稳固的,"若固有之者"。

"小学"教育的主要内容是伦理道德规范的训练和基本知识技能的学习,简单地说就是"教事"、"学事"。他说:"小学是事,如事君、事父、事兄、处友等事,只是教他依此规矩。"教儿童只是教他如何去做,不必教他为什么要这样做。即便是和儿童讲道理,也要求浅近具体,"教小儿只说个义理大概,只眼前事"。

"小学"的教育方法尽可能具体、明确,应尽量生动、直观、形象。朱熹认为,为了养成儿童最基本的道德行为习惯,实行一定的强制性是必要的,只有到了一定时期以后,才能"积久成熟,自成方圆"。

(二)关于"大学"的教育思想

15岁以后是"大学"教育阶段,朱熹认为"大学"教育的任务是"穷其理"、"以理教"。"小学者,学其事;大学者,学其小学所学之事之所以","是发明此事之理"。[①]"大学"是在"小学"的基础上的进一步提高,是"因其所已知者推而致之以及其所未知者,而及其至也"[②],是要学生具有一定的分析和解决问题的能力,利用"小学"所学到的知识经验去推测未知的事物。

朱熹认为"大学"主要是要去读书,"读书穷理"。对于"大学"阶段的学生,在学习方法上主要靠自觉,认为学习的成败在于学习者的自觉性的高低。"大学"阶段的学生要有较高的自学能力。朱熹对他的学生说:"书要你自己去读,道理要自己去究索,老师只是做得个引路的人,做得个证明的人,有疑难一同商量而已。"所以朱熹认为"大学"的教学方法主要是指导学生如何读书、穷理。

四、道德教育思想

道德教育是理学教育的核心,也是朱熹教育思想的重要内容。朱熹十分重视道德教育,主张将道德教育放在教育工作的首位。他说:"德行之于人大矣……士诚知

---

① 《朱子语类》卷七。
② 《小学辑说》。

用力于此,则不唯可以修身,而推之可以治人,又可以及夫天下国家。故古之教者,莫不以是为先。"就是说,德行对人有重大意义,不仅可以修身,而且还可以推而广之去治人、治国。因此,古代的教育者都把道德教育置于优先地位。反之,如果缺乏德行而单纯追求知识,人就会像离群的"游骑",迷失方向而找不到归宿。

朱熹关于道德教育的方法,可以概括为以下几点。

(一) 立志

朱熹认为,志是心之所向,对人的成长至为重要。因此,他要求学者首先应该树立远大的志向。"问为学功夫,以何为先?曰:亦不过如前所说,专在人自立志。"人有了远大的志向,就有了前进的目标,能"一味向前,何患不进"。如果不立志,则目标不明确,前进就没有动力,"直是无着力处"。他说:"所谓志者,不是将意气去盖他人,只是直截要学尧、舜。"又说:"学者大要立志,才学便要做圣人,是也。"

(二) 居敬

泛泛而论,居敬是一种人生态度,是道德涵养的体现。朱熹曾说,居敬与孔子所谓的"行笃敬"、孟子所谓的"求放心"、《大学》所谓的"诚意"、程颐所谓的"主敬"皆为一理。朱熹强调"居敬"。他说:"敬字工夫,乃圣门第一义,彻头彻尾,不可顷刻间断。"还说:"敬之一字,圣学之所以成始而成终者也。为小学者不由乎此,固无以涵养本原,而谨夫洒扫应对进退之节与夫六艺之教。为大学者不由乎此,亦无以开发聪明,进德修业,而致夫明德新民之功也。"由此可见,"居敬"是朱熹重要的道德修养方法,是始终一贯、严肃认真和注重个人修养的精神态度,是为人处世的根本。

(三) 存养

所谓"存养"就是"存心养性"的简称。朱熹认为每个人都有与生俱来的善性,但同时又有气质之偏和物欲之蔽。因此,需要用"存养"的功夫,来发扬善性,发明本心。他说:"如今要下工夫,且须端庄存养,独观昭旷之原。"从另一方面来说,"存养"又是为了不使本心丧失。"圣贤千言万语,只要人不失其本心。""心若不存,一身便无主宰。"同时,从道德教育的根本任务来说,"存养"是为了收敛人心,将其安顿在义理上。

(四) 省察

"省"是反省,"察"是检查。"省察"即是经常进行自我反省和检查的意思。朱熹认为一个人要搞好自身道德修养,就应当"无时不省察"。在他看来"凡人之心,不存则亡,而无不存不亡之时。故一息之顷,不加提省之力,则沦于亡而不自觉。天下之事,不是则非,而无不是不非之处。故一事之微,不加精察之功,则陷于恶而不自知。"因此,为了使人心不"沦于亡",做事不"陷于恶",经常进行自我反省和检查,是必不可少的。朱熹的这一见解,表明他在道德教育中既强调防微杜渐,同时又重视纠失于后。

(五) 力行

朱熹十分重视"力行"。"夫学问岂以他求,不过欲明此理,而力行之耳。""故圣贤教人,必以穷理为先,而力行以终之。"他所说的"力行",是要求将学到的伦理道德知识付之于自己的实际行动,转化为道德行为。朱熹的这些见解,已经触及道德认识转化为道德行动,道德行动接受道德认识的指导,并检验道德认识的正确与否等这样一些道德教育的基本问题。

朱熹的上述见解,反映了道德教育中某些带规律性的东西,至今仍有可供借鉴之处。

五、朱子读书法

朱熹教学,尤重自学;自学之事,尤重读书。朱熹说:"为学之道,莫先欲穷理。穷理之要,必在于读书。读书之法,莫贵欲循序而致精。而致精之本,则又在于居敬而持志,此不易之理也。"这是朱熹对自己"平生为学"的总结。朱子读书法并非朱熹手订,而是由宋人张洪和齐熙摘录朱熹有关读书的语录分类编成,元人程端礼后曾重编,但内容大同小异。朱子读书法包括这样六条:循序渐进、熟读精思、虚心涵泳、切己体察、着紧用力、居敬持志。

(一) 循序渐进

朱熹提出:"读书之法,当循序而有常。""序"有二义。一是客观的读书的顺序。读书要有一定的次序,前面读熟了,方可读后面。他解释说:"以二书言之,则通一书而后及一书。以一书言之,篇章文句,首尾次第,亦各有序而不可乱也。量力所至而谨守之;字求其训,句索其旨;未得乎前,则不敢求乎后;未通乎此,则不敢志乎彼。"① 二是主观能力之序。读书不能贪多,应量力而行。"读书须是遍布周满,某尝以为宁详毋略,宁下毋高,宁拙毋巧,宁近毋远。"② 另外,朱熹强调,读书既要抓紧,又不可急于求成,即要循序渐进、按部就班。"读书如园夫灌园,善灌者随其果根株而灌之;……不善灌者忙急而治之。"③

(二) 熟读精思

读书必须"熟读"和"精思"。"熟读"要求:"如吃果子一般,……须是细嚼教烂,则滋味自出,方始识得这个是甘、是苦、是辛,始为知味。"朱熹很推崇"古人读书,亦记遍数"的做法,认为"百遍时自是强五十遍时,二百遍自是强一百遍时"。朱熹提出读书是一个从无疑到有疑,再从有疑到解疑的过程。他说:"读书始读,未知有疑。其次则渐渐有疑。中则节节是疑。过了一番后,疑渐渐解,以至融会贯通,都无所疑,方始是学。"④ 所谓"精思",即是反复寻思文义:"这功夫须用行思坐想,或将已晓

---

① 《程氏家塾读书公年日程·朱子读书法》
② 《朱子语类》
③ 《程氏朱子读书法》。
④ 《宋元学案·晦翁学案》。

得者再三思醒,却只有一个晓悟出处,不容安排也。"①

(三)虚心涵泳

所谓"虚心",即静心思虑,悉心体会作者本意,不可先入为主,穿凿附会。他批评"今人读书,多是心下先有个意思了,却将圣贤言语来凑他的意思,其有不合,便穿凿之使合"。所谓"涵泳",就是要反复咀嚼,细心玩索,深刻体会书中的旨趣,"读书之法无他,惟是笃志虚心,反复详玩,为有功耳。"②即读书要有客观的态度,不能固执己见,要采取公正的态度,还要拿住主脉。朱熹提倡虚心涵泳,反对先入为主、穿凿附会、轻信传闻、卒下定论,是合理的,但他又认为圣贤之书全是天理,读书乃是领会圣贤的意思,这容易导致对书本的迷信。

(四)切己体察

切己体察即读书须联系自己的生活实际。"读一句书,须体察这一句我将来甚处用得。"此外还要从生活的实际中时时体察书中的道理。"大凡读书,须是自家日用躬行处着力方可。"③朱熹主张读书不能只在纸面上做工夫,必须心领神会、身体力行。他说:"学者读书,须是将圣贤言语体之于身","读书不可只就纸上求义理,须反来就自家身上推究。"他认为读书应当"从容乎句读文义之间,而体验乎操存践履之实,然后心静理明,渐见意味。"④这个观点对今天的读书,乃至教育都有着积极意义,值得我们深思。

(五)着紧用力

"着紧用力"包含两个意思,一是时间上的抓紧,二是精神上的振作和集中。读书须毫不懈怠,坚持到底。"为学正如撑上水船,一篙不可放缓。"⑤"看文字须是如猛将用兵,只是鏖战一阵。"读书还应追究到底、有疑释疑。"看文字如酷吏治狱,直是推勘到底。"⑥

(六)居敬持志

"居敬"强调读书时必须注意力高度集中,全神贯注。"持志"强调读书要有远大的志向、顽强的毅力,长期坚持而不松懈。

朱熹的读书法,继承和发展了前人的经验,总结和概括了自己的亲身体验,提出了许多深刻而精辟的见解,是古代最有影响的读书方法论。朱子的六条读书法均反映了读书学习的基本规律和要求,在今天仍具有一定的参考价值。它的局限性在于,主要是指读圣贤之书,认为读书的目的就是穷理,而穷理的目的就是进行封建伦

---

① 《朱子语类》。
② 《朱子语类》。
③ 《朱子语类》。
④ 《学规类编》。
⑤ 《程氏朱子读书法》。
⑥ 《朱子语类》。

第八章 中国唐宋时期的教育思想

理道德修养,掌握知识仅在其次,没有涉及置疑和问难的原则,不重视书本与实践的结合,这正是封建正统教育的弊病所在,所以朱子读书法也遭到后来不同学派人士的批评。朱熹视"读书穷理"为治学的要津,不免夸大读书的作用。但就单纯的读书方法而言,无疑是值得参考的。

总之,朱熹是中国古代教育史上继孔子之后的又一个大教育家。他的教育活动和教育思想大大地丰富和充实了我国古代教育宝库,对于我国封建社会后期教育的发展曾产生过重大影响。因此,认真学习和研究朱熹的教育活动和教育思想,不仅有助于学习和研究宋朝教育的重点,而且也有助于了解元明清时期教育的发展。

教育名言:

少年辛苦终身事,莫向光阴惰寸功。——唐·杜荀鹤

人若志趣不远,心不在焉,虽学无成。——宋·张载

博观而约取,厚积而薄发。——宋·苏轼

在可疑而不疑者,不曾学;学则须疑。——宋·张载

读书有三到,谓心到、眼到、口到。——宋·朱熹

教育启示录 4

知识的价值

爱因斯坦说过:欧洲的伟大传统是因为知识自身的价值而尊重知识。我们可以看到,这个传统从古希腊就开始了。毕达哥拉斯发现了勾股定理,为此举行百牛宴,杀了一百头牛来庆祝。在当时,发现了这个原理有什么用啊?任何物质上的好处都不可能有,他感觉到的完全是智力活动得到胜利的巨大喜悦。把心智的运用、知识的获得看作最大快乐,看作目的本身,这确实是欧洲的传统,马克思也不例外。

物理学诺贝尔奖获得者丁肇中有一段话讲得非常好。在一次讲座时,有学生问他:"丁教授,你现在的研究有什么经济价值?"他回答说:"我不知道。但是,诺贝尔物理学奖第一届和第二届分别奖给了电子和X光的发现者,这两项发明在当时都没有什么经济价值。同样,后来的量子力学和原子物理学在产生时都被认为是花钱最多而最没有经济效益的。"他说:"科学最重要的是兴趣,是为了满足好奇心,而不是为了名利,这个利也包括经济价值。我相信,不管哪个领域的大师,都一定有这样一种眼光和态度。智力活动本身就是快乐的,就是人的高级属性的满足,你为什么非要把高级属性的满足落实到实际上是降低为低级属性的满足才谓之有用呢?所谓有用,不就是吃好、穿好、住好嘛,不就是物质丰富一点嘛!人为什么只想去满足自己的低级属性,不肯去满足自己的高级属性呢?为什么要用低级属性的满足为标准来判断高级属性的价值呢?这不是颠倒了吗?"

很多人问中国为什么出不了世界级的大师。虽然有获得诺贝尔物理学奖的中国人,但他们都是在国外受的教育,如果一直待在国内,恐怕就不会有这个成就。我

觉得根本的原因就是我们太追求实用,什么东西都要问有没有用,这是我们传统文化的一个大弱点。如果一个民族尊重精神本身的价值,纯粹出于兴趣从事精神事业的人越多,那个民族就会成为肥沃的土壤,容易出大师。所以,我认为,我们应该改变我们文化的实用性品格,形成一种全民族尊重精神价值的氛围,那样才会有希望。

资料来源　节选自周国平的《周国平论教育》(华东师范大学出版社2009年版,第189-190页),有改动。

复习思考题:

1. 简述韩愈尊师重道的师道观。
2. 简述朱子读书法。

第九章 中国明清时期的教育思想

为了配合明清（鸦片战争前）封建专制统治，明清统治者除了在思想上利用程朱理学来禁锢人们的思想外，还通过制定严密的教育管理制度来控制人们的言行。尽管统治者对程朱理学大力提倡，并通过科举等手段来提高程朱理学的地位，但程朱理学在明清并没有形成独尊的局面。明中叶以后，与程朱理学对立的心学开始勃兴。心学的兴起，不仅冲击了程朱理学的统治地位，而且对当时的教育发展也产生了很大的影响。作为对心学派空谈心性的批判，加上受西学东渐及时局的影响，明中叶以后出现了一种重实用、重实践的实学教育思潮，这种实学教育思潮在明末清初开始兴盛，并出现了王夫之、颜元等著名的教育家。

第一节 王守仁的教育思想

一、生平与主要活动

王守仁（1472—1529年），字伯安，号阳明子，浙江余姚人，是古代社会很有影响力的哲学家。因曾在阳明洞讲学，自称阳明子，后世称阳明先生。他出生于官僚家庭，父亲官至南京吏部尚书。弘治五年中浙江乡试，弘治十二年中进士，先后担任过江西省庐陵县知事、吏部、刑部主事，最后做到南京兵部尚书。他非常重视教育，所到之处，关心教育，发展教育。王守仁在官途中虽然有过曲折，曾被贬为贵州龙场驿丞，但对明王朝始终效忠。他镇压过赣南农民起义；平定过宁王朱宸濠的武装叛乱；镇压过广西瑶族、僮族等少数民族的武装起义。他认为武力不是根本的方法，应从思想上来消除叛乱根源，他说："破山中贼易，破心中贼难。"他把社会动乱的根源归结为人的道德思想，归结为人们心中的邪念，因此他在镇压农民起义时积极办学，希望通过办学来改变老百姓的思想。他大办书院，边从政边讲学，利用当地方官之权，大力发展地方官学，重视基础教育，办立社学。

王守仁57岁去世时，他的著作由他的学生编成《王文成公全书》，并通过讲学活动宣传王守仁的学说，因此王守仁的学说在明末成为与朱熹的学说相抗衡的学术流派。反映王守仁主要思想的著作主要有《传习录》、《大学问》等。

二、道德教育的原则和方法

王守仁认为教育的主要目的是"明人伦"，他将道德教育和人格修养放在教育的首要地位，他关于道德教育原则的观点和他的几个著名哲学命题分不开。

(一)"心即理"与"致良知"

王守仁继承并发挥了陆九渊的"心学"思想,但他将其发展到"唯我论",以"我"为本位来建立他的哲学体系,认为"理"的存在是以心的存在为前提:"心外无物,心外无事,心外无理。""致良知"的观点更有历史渊源,"良知"的概念是由孟子提出来的,是指人内心存在的一种直觉的是非观念或道德良心。后来在《礼记·大学》里又有"致知格物"的观点。王守仁认为"致知"的"知"就是孟子所说的"良知"。"良知"是心的本质,是一切是非观念的根源,是天理,是社会一切伦理道德的本源。所谓"致良知",就是"致吾心之良知于事事物物,则事事物物皆得其理也"。在王守仁看来,事物生来并没有理,理是人心赋予它的,人的意识不在物的时候,物就不存在。王守仁主要是把他的"致良知"学说用在道德教育上,他认为只要一个人真正从良知出发来处理社会上的道德事件,他的行为总归是正确的。凡是恶,凡是私心杂念都与良知矛盾,良知都能识别,因此道德教育的过程也就是顺应良知、扩充良知的过程,也就是"致良知"的过程。

(二)"知行合一"

"知行合一"是中国教育史上的重要命题,孔、墨、孟、荀都有过论述,至宋儒陈淳始提出"致知力行工事,当齐头着力去做,不是截然为二事"的观点,到朱熹提出了"先知后行"、"行重知轻"和"知行相须"的命题。所谓"知",主要是人的道德意念。所谓"行",主要指人的道德行动,王守仁讲"知行合一"就道德教育而言主要包含两层意思。第一层意思是强调知对行的指导作用,他说:"知是行的主意,行是知的功夫;知是行之始,行是知之成。"第二,他认为道德认识和道德行为本来就是一件事,"一念发动处便是行","只说一个知,已自有行在"。这种"知行观"在理论上是混淆了知行的界线,否定了知行的本质区别,但也有他实用主义的目的,正如他自己所说的:"我今说个知行合一,正要人晓得一念发动处便即是行了,发动处有不善,就将这不善的念克倒了,……此是我立言宗旨。"

道德教育即是顺应良知、扩充良知,也就是"致良知"的过程,但良知有时候也会因外物所蔽得不到显现,王守仁认为下面几种方法是有助良知的显现的。

第一,"静处体悟"。这是他早年的观点,实际上就是澄心静坐,反观内省,摒除一切私欲杂念,体认本心。由于人们在接触外界事物的过程中,受到许多外界的干扰,产生许多私心杂念,这样就干扰了良知本体,"静外体悟"就是静下心来,让私心杂念慢慢消失掉,恢复良知的本来面目。

第二,"事上磨炼"。这是他晚年的观点。"致良知"是要"致吾心之良知于事事物物",即要在日常事物上体认良知,不然良知就要落空。所谓"事上磨炼",就是用自己心中的良知(也就是"理")去解释世界上的事物,去具体地实践。他认为这种过程也有助于良知的显现,他认为这也是落实知行合一的一个方面。他不是真正创导实学,也不是以客观事物为认知对象,而是因为道德修养若离了事物就可能落空。

第九章 中国明清时期的教育思想

第三,"省察克治"。这是指要时常反省自己,有一念之私即行克去。王守仁认为在人的心头有时候会出现两个以上矛盾的念头。这些念头有的是良知发出的,有的不是。这就要通过内省、自讼的方法来识别哪个念头不是良知发出的,把那些不是由良知发出的念头克制掉。

三、儿童教育思想

儿童教育思想是王守仁教育思想中最有价值的部分。1518年,王守仁镇压了农民起义后,认为农民骚乱是由于教化不良引起的,遂令所辖地区兴立社学,并作《训蒙大意示教读刘伯颂等》,令颁发揭示于各学;并辽宁道台知府视察考核务使《训蒙大意示教读刘伯颂等》能切实施行。其儿童教育主张可归纳为以下几点。

(一) 确定儿童教育以"明人伦"为任务

王阳明认为人伦教育不仅要针对成人,也要针对儿童。儿童教育的主要任务是"教以人伦","惟当以孝弟忠信礼义廉耻为专务"。他批评过去的儿童教育只重视书本而轻视道德教育。

(二) 批判传统儿童教育的弊端

王阳明认为传统的儿童教育在教法上有过错,压制了儿童个性,一入学就教儿童读书,视儿童为囚犯,学校成为儿童的监牢,学生把老师看成敌人,造成了儿童的一种反抗心理,没有培养学生善良的品质。个性长期受到压抑,比不受教育还要恶劣,因此和教育目的背道而驰。这种揭露是很深刻的。

(三) 认为儿童教育应该取诱、导、讽的栽培之方

王阳明认为,教育应当适应儿童的年龄特征,鼓舞儿童的兴趣。儿童的特点是"乐嬉游而惮拘检"。对待儿童应当像对待小树苗一样,对儿童的压抑好似严冬给予花草的打击一样,对儿童应该给予春风时雨。这在当时是一种独到的见解。他还认为对儿童的教育要"随人分限所及",量力施教。儿童的精力、身体、智力等方面都是在逐渐发展的,即所谓"精气日足,筋力日强,聪明日开"。教育教学必须根据儿童的身心发展程度,不能过分超越,这就像给树苗浇水一样,"若些小萌芽,有一桶水尖,尽要倾上,便浸坏他了"。

(四) 儿童教育课程改革的总体思路是注重陶冶情感,促进身体发育

王阳明认为,教育应当适应儿童的年龄特征,鼓舞儿童的兴趣。儿童的特点是"乐嬉游而惮拘检"。故儿童教育应开设歌诗、习礼、读书。唱歌和吟诗可以激发儿童的志向,可以消除儿童顽皮的习性,使性格外向的儿童有发泄精力的机会,性格内向的儿童也可以解除心中的愁闷和烦恼。习礼不仅可以养成一定的礼仪习惯,而且"周旋揖让而动荡血脉,拜起屈伸而固束筋骨",达到锻炼身体的作用。读书有利于儿童智力,同时也有利于"存心宣志"、"致良知"。

第二节 王夫之教育思想

一、生平与主要活动

王夫之(1619—1692年),字而农,号姜斋,湖南衡阳人。晚年隐居湖南衡阳的石船山麓(今湖南衡阳县),人称船山先生。王夫之自幼聪明过人,4岁入家塾,与兄王介之一起受读,7岁时读毕"十三经",10岁从父读《五经正义》,14岁中秀才,后出门就师,考入衡阳县学,20岁就读于岳麓书院,24岁到湖北参加乡试中举人。

王夫之青年时代就关心国家的命运和民族的前途,立志匡时救国,曾组织"匡社"。清兵入关时,曾起兵抗清,失败后,他又上书南明要求政治改良,并把教育作为强国的三大纲领之一(三大纲领是财、兵、智)。他还写了著名的民族宣言《黄书》,表达了鲜明的爱国民主思想,结果受到当权者迫害,几丧性命。到1651年,终于感到国事已无可作为,便回到家乡衡阳。后来为避战祸和清政府迫害,迁湘西石船山下,筑草堂而居,杜门著述、勤恳讲学达40年。王船山在湘西的生活极其艰苦,既要躲避暗探的监视和迫害,常常夜不能寐,又要自樵自炊,有时还以野菜为食。"虽饥寒交迫,生死当前而不变。迄于暮年,体羸多病,腕不胜砚,指不胜笔,犹时置楮墨于卧榻之旁,力疾而纂注"。在极困难的条件下,常夜以继日为诸生讲授,以鞠躬尽瘁的精神影响学生,老年重病,"形枯气索,畅论为难",不能口授,仍坚持于病榻勉为作传,恒其教事,可谓教书育人之典范。

王夫之对经、史、诸子百家之学均致力学习,在哲学、政治、文学、教育等方面都有不少卓越的见解,是我国十七世纪建树颇多的大学者。

王夫之著作宏富,一生著述近100种,400多卷,800多万字。《船山遗书》是其著作总集。在这些著作中,他既继承了我国古代唯物主义传统,深刻地批判了各种唯心主义学说,又发挥了自己的见解,为形成和建立古代唯物主义的教育思想体系作出了贡献。他与黄宗羲、顾炎武并称为明末清初三大思想家。

二、主要教育思想

王夫之对许多重大教育理论问题提出了精辟的见解,概括起来主要有以下几点。

(一)论教育与政治的关系

王夫之从教育的角度考查了教育与政治的关系。在他看来,政治和教育是治国救民的两大重要手段,舍一不行。但二者对治国有先后之分,政立而后教育可施;论本末,则"教本业"。如果政教关系处理得当,就会国泰民安;处理不当,社会就会出现动乱,国家就无法长治久安。

教育作用于政治,是通过造就大批"仁育义植之士"来发挥其功能的。他还就历史的分析联系到当世的教育。他认为,"长此不革"、"师道贱而教无术"是当世教育上存在的最大问题。为此,他提出三条具体对策。

第一条,"壹以文教"。文教之权应牢牢控制于皇帝,如同政权、兵权一样,不可旁落。

第二条,"经世致用"。教育应改革虚文繁缛的传统,应以经世致用为价值取向。他说:"刻意竞争,求安于心;求顺于理,求适于用。"①他主张教育必须"尽废古井虚妙之说,而反之实"。

第三条,"文武结合"。他既反对国家总是一味炫耀武力(即"专于治武"),又要求应"不忘武备",并要求通过教育来实现文武结合的方略。

(二)"日生日成"的人性论与"习与性成"的教育作用论

王夫之将人性分为先天之性与后天之性两种。所谓先天之性,是指人的自然之质。用王夫之的话说,是指"天实有"的自然之质。其具体内涵包括耳、目、口、鼻、心等感觉器官及其潜在的发展能力。在他看来,这些自然之质的潜在功能,与动物有本质的不同,为人类所独有。

所谓后天之性,指教育对天生感官的使用和影响,"习以成之"的种种性格与能力。先天之性是后天之性形成的依据,后天之性是"立教者"和环境作用于先天之性,使之增长、生成和发展的结果。但无论是先天之性,还是后天之性,用发展的观点来看,都不是一成不变的,而是不断生长的。另一方面,他又认为性是"日生日成"的。

王夫之还认为,教育对人性的生成、增长和变化,有三方面的作用。第一,教育可以影响人的先天之性,使其潜在的机能得到发展。第二,教育可以形成后天的知识才能和道德观念。王夫之反对人的知识才能和道德观念的先验论观点,认为人的知识才能、道德观念是学习和教育的结果。他说:"性为最初之生理,而善与不善皆后起之分途也",是"立教育增于有生之后",而"非性之本然"。所以教育的作用不是"复性",而是"继善成性"。第三,教育可以变革恶习。王夫之认为,性"未成可成,已成可革"。

(三)建立了较完整的教学理论体系

王夫之探讨了教与学的含义。他说:"学以学夫所教,而学必非教;教以教人学,而教必非学。"意思是说,学是学教师所教的东西,但学未必是所教的;教是教人所要学的东西,但教未必是人所要学的。王夫之认为教和学联系非常紧密,但又有别于授受活动过程,具有不可代替的特点。具体说,教的含义和任务是"教者但能示以所进之善,而进之功,在人之自悟"。学的含义和任务是"所未知者而求觉焉,所未能者而求效焉"。由此可知,教就是给学生指出一条进善之路,而进善之功夫则取决于学生的领会和自悟,这便又是学。这里王夫之指出了授予过程和接受过程的不同特点,教是教人所要学的东西,但学未必局限于教,教的要求和内容与学生的客观需要

---

① 《读通鉴论》卷五。

之间是有差异的,教的活动与学的活动也是有差异的。所以,教授之法与学习之法也略有不同。

在"性"与"习"的关系上,他强调"习",强调后天的习染;在"知"与"行"的关系上,他强调"行",注重实践力行的作用;在教与学的关系上,他强调学生的自勉乐学,自悟自得,在教育方法上,强调以"动"为主,注重学生在实践中、在活动中学习。

所有这些都说明,王夫之特别看重学生主体的力量和自觉性,看重教育和教师的作用,这种思想反映了明清之际进步阶层力求冲破封建专制主义人性桎梏,要求民主与解放的愿望,具有进步性。

总之,王夫之关于教育的一系列观点比较全面、系统地阐述了教育与政治、教育与人性、教与学等许多重大基本理论问题,而且这些独特的见解绝非是零星片断的经验总结,而是一代大师理性思维的结晶,是系统的独特的理论建树,因而能给后人的教育行动以理论上的指导,具有深远的历史意义。

第三节　颜元的教育思想

一、生平与主要活动

颜元(1635—1704年),字易直,又字浑然,直隶博野县(今属河北省)人,因他读书教书,被称为"习斋",当时的学者多称他为习斋先生。颜元出身贫寒,4岁失父,10岁离母。养祖父任蠡县巡捕,但亦因吃官司而"家落"。为生活所迫,颜元不得不"耕田灌园",参加生产劳动,并曾通过习医为人治病,以养家糊口。

颜元一生的主要活动是从事教育。他24岁时,开设家塾,教授生徒,训育子弟,定其书斋、学舍名为"思古斋"。此时,他十分迷恋陆王、程朱的学说。到34岁,逐渐发现宋明理学"伤身害性"、"空疏无用",便立志"矫枉救失",转变学术思想,将自己读书之所"思古斋"改为"习斋",与理学作彻底的决裂。39岁时,颜元由蠡县回博野归宗,教书于杨村。三年后,登门请教者日众,始定教条二十则,称《习斋教条》,体现了他将知识教育、技能教育与道德教育结合的思想。62岁时,他受聘主讲漳南书院,反对宋明理学,强调"实学"、"实习",设文士、武备、经史、艺能诸斋,改变了过去书院修心养性和专事传习八股的学风。由于水灾的原因,担任主讲的时间很短,历时仅四个月,但充分反应了他晚年的教育思想和创新精神。在教学设施、教学内容和教学方法等方面,他的思想都包含了近代教育的萌芽因素。

颜元的著作甚丰,最主要的有《四存编》,其中《存学编》是教育方面的代表作。此外,还有《四书正误》、《朱子语类评》、《习斋记余》等。

二、人性论与教育的作用

颜元反对宋儒"天命之性"、"气质之性"的二分法,认为"非气质无以为性,非气质无以见性",感官行气也是性。关于人性论和教育的作用论,颜元的观点包括以下内容。

(一)"性形合一"

针对理学把人性分为"天命之性"与"气质之性",颜元认为"形性不二",形、性不可分割。他说:"形,性之形也;性,形之性也。舍形则无性矣,舍性则无形矣。……贼其形则贼其性矣。"颜元把"性"理解为形体的机能。他说:"视者目之性,听者耳之性,仁、义、礼、智者心之性。"即所谓"作用为性"。人体一切器官的作用和机能都是好的,都是善的,因此人性是善的。可以说颜元也是一个性善论者,但他的"性善"不同于孟子的"性善",孟子的"性善"是指天生的道德本源,而颜元的"性善"是对人在各方面认识能力的一种肯定。

(二)"性有第差"、"气质有偏胜"

颜元认为,人性虽然都是善的,但各个人的气质并不完全相同。并且,他认为气质之偏并非恶,而是各人有各人的特点。各人不同的气质正是各人个性不同的基础,对此不但不能加以指责,而且还应该根据学生的特长与个性特征来进行教育,给不同个性的人充分发展个性的机会,以达到各尽所长、造就各种各样的人才的目的。颜元说:"人之气质各异,当就其质性这所近,心志之所愿,才力之所以为学,则易为圣贤。""全体(综合型)者为全体之圣贤,偏胜者(某一方面)为偏胜之圣贤(专才)"。不过他也认为气质太偏、太强也不好,如过柔和过刚都不可让他"偏任惯了"。

(三)"习"对人之为善为恶的重要作用

颜元说:"垂意于'习'之一字,使为学为教,用力于讲读者一二,加功于习行者八九,则生民幸甚,吾道幸甚!"① 由此可见,颜元的教育作用观本身是对侈谈义理之性、不重习行的假道学的深刻批判。

三、求真务实的教育目的论

颜元主张通过教育培养求真务实、经世致用的人才。他认为主张"半日静坐、半日读书"、"训诂章句、静敬语录"的"圣学"是失真的,这样的"圣学","读书愈多愈愚,审事愈无识,办经济愈无力"。② 他主张教育与生活、实际相结合,培养实用人才。他说:"但抱书入学,便是作转世人,不是作世转人。""转世人"包括两类。第一类是能够"经世"的"君相百官",即各级政府的管理人员,应该懂治国治民之术,也要了解社会现实;能够为国家为老百姓办实事,但在才能和道德上都应该有较高的要求,就是他所说的"实才实德"。第二类是发展封建社会生产所需要的"百职"人才,就是各种各样的专业人才、能工巧匠。颜元认为这样的人才用不着全才。社会有分工,而且每个人的个性、志愿等都不同,圣贤的标准也应有所不同。他认为有一技之长,能各专一事,便可称为圣贤。"学须一件做成便有用,便是圣贤一流。"

---

① 《存学编》卷一。
② 《朱子语类评》。

他认为教育应当培养各种专门的人才,去分工办理国家的事。培养封建官吏,这是封建社会一向重视的,而各种生产部门的专业技术人才,在封建社会学校教育中常被忽视,甚至认为是下等的、卑贱的,"德成而上,艺成而下",因此古代教育家多排斥或贬低百工农医。颜元则相反,强调百工农医在教育中的地位,这是教育思想的一大进步,同时也说明随着社会的发展、资本主义萌芽的出现,实用人才的市场越来越广阔。

四、实用主义的教育内容观

颜元经常用"伪"和"虚"来批判理学家的学问,而用"真"和"实"来表明自己所提倡的学问。他的教育主张,总体特色是"以实学代虚学,以动学代静学,以活学代死学"。颜元教育内容观也有实、动、活的特点。

颜元反对自汉唐以来章句、训诂、清谈、禅宗等空疏无用的书本教育内容,主张尧舜周孔所倡导的"三事六府"的教学内容。"三事"指:正德、利用、厚生,指社会伦理道德教育,以及与改进生产生活相关的知识教育等。"六府"指:金、木、水、火、土、谷,指关于这六个方面的知识。颜元认为,"六府亦三事之目","三事"中已经包含了"六府"的内容。这些概括起来说,是经史及天文、地理、水学、火学、工学、农学等。这既是社会科学知识,又包括自然科学知识。他用实学代替了禅宗语录,用经史与自然科学取代了章句训诂。这使中国教育内容出现了重大转机。

颜元的教育实践体现了他关于教育内容的思想。他平时的教学内容包括兵、农、钱(金融财政)、谷(农业)、水利、火(冶炼)、工虞、天文、地理等各个方面,他认为一个人样样都学是有困难的,不能博学,能够精通一艺也是好的。他关于教育内容的思想反映在他为漳南书院所拟的教学计划中。他分漳南书院为六斋:文事斋、武备斋、经史斋、艺能斋、理学斋、帖括斋。这体现了颜元反对专务书本、专事清谈、注重心性、学用脱节的教学内容。

五、"习动贵行"的教学方法论

颜元一反程朱陆王所谓外所内求等偏于虚玄的教学观点,提出独具特色的"习动贵行"的教学方法论。他针对传统的"死"、"静"教育,提出了以"动"为中心的教学原则。他说:"一身动则一身强,一家动则一家强,一国动则一国强,天下动则天下强。"[1]在教学中,颜元主张通过练习和实践以巩固所学知识,进而谋经世致用之效。他说:"读书无他道,只须在'行'字着力。如读'学而时习'便要勉力时习。"[2]

颜元强调在实际行动中练习、巩固知识,加深理解的过程,即"习动"、"习行"。"习动"、"习行"的教学方法,是和他的两个主要哲学观点相联系的,即"以行而求知"和"学问以用而见其得失"。从这两个基本前提出发,颜元认为合理的教学方法要具

---

[1] 《颜习斋言行录》卷下。
[2] 《颜习斋言行录》卷上。

备两个特征。第一,学用结合(增加教学中的实践环节)。第二,讲练结合。颜元有时候把"习行"强调到非常重要的地位。"要一讲即教习;习至难处来问,方与再讲"。"为学为教,用力讲读者一二,加功于习行者八九"。

颜元认为强调"习行"是有理由的。第一,符合学习规律。没有通过亲身实践过的知识是不扎实的。"心中醒,口中说,纸上作,不从身上习过,皆无用也"。"口中说出,笔下写出,不如身上做出"。① 第二,"习动"、"习行"有利于道德思想修养。他认为长期不动的人就会变得懒惰,进而胡思乱想。"习动"、"习行"可起到"收心"的作用,使人心不得放纵。第三,"习动"、"习行"有利身体健康。第四,如果大家都及时地把自己所学的知识用之实践,不是为了读书而读书的话,整个社会就会因此活跃起来,变得生机勃勃,国家就会强大。

历史的巧合是极为有趣的。颜元的教育思想反映了古典教育与实科教育的结合,或前者向后者的转变。在欧洲,这种转变思想出现在 17 世纪上半期,洛克的《教育漫话》是这种转型的理论表述。颜元和洛克(1632—1704 年)都是这种转型的代表人物。但此后中国的经济、政治、科技均停滞不前,从此与西方差距拉大。这种历史的巧合与中西发展的不同趋势,令人感触良多。

▶▶ 复习思考题:

1. 名词解释:王守仁"知行合一"思想。
2. 简述王守仁的儿童教育思想。
3. 简述颜元"习动贵行"的教学方法论。

---

① 《颜习斋言行录》卷下。

第三部分

ZHONGGUO JINXIANDAI
JIAOYU FAZHAN YU BIANGE

中国近现代教育发展与变革

教育名言

民智者,富强之源也。　　　　　　　　　　　　　　　　　　　　　　（严复）

今欲自强,非讲兵不可;讲兵非理财不可,理财非学校以开民智不可。（康有为）

患难困苦,是磨炼人格之最高学校。　　　　　　　　　　　　　　　（梁启超）

没有教不好的学生,只有不会教的老师。　　　　　　　　　　　　　（陈鹤琴）

真教育是心心相印的活动,唯独从心里发出来,才能打动心灵的深处。

（陶行知）

你的教鞭下有瓦特,你的冷眼里有牛顿,你的讥笑中有爱迪生。你别忙着把他们赶跑。你可不要等到坐火轮、点电灯、学微积分,才认识他们是你当年的小学生。

（陶行知）

第十章 从鸦片战争到五四运动时期的教育

　　1840年鸦片战争以后,由于西方资本主义列强的入侵,传统的封建教育开始逐渐向半殖民地半封建教育转化。西方资本主义列强用大炮和兵舰轰开了关闭多年的中国大门,有着几千年文明历史的中华帝国被无情地卷入了资本主义世界性扩张的漩涡中。中国传统封建教育的解体和近代新式教育的产生发展,正是在这样一个广阔的背景下起步的。中国教育近代化的历史轨迹,一般认为从洋务教育开始,经历近代化与封建主义的多次交锋,最终在民国时期完成了从传统教育向资产阶级新教育的转变。

第一节 洋务教育

　　洋务教育的兴起与封建教育的空疏无用和晚清进步人士的倡导密切相关。在鸦片战争的刺激下,封建地主阶级发生了分化,一部分地主阶级改革派对传统的教育和科举制度进行了抨击和揭露,提倡经世致用之学,主张学习西方的近代科学技术知识。晚清的进步思想家们,如龚自珍、林则徐和魏源等则提出要了解西方、学习西方,他们的思想成为近代教育改革在观念上的先导。

一、洋务学堂

　　洋务学堂是洋务运动的重要组成部分,其目的在于培养洋务活动所需要的翻译、外交、工程技术、水陆军事等多方面的专门人才,教学内容以所谓"西文"与"西艺"为主。从19世纪60年代至90年代,洋务派创办的洋务学堂约30余所。它们是随着洋务运动的展开而逐渐开办的,大致上可以分为外国语(方言)学堂、军事(武备)学堂和技术实业学堂三类。

　　(一)外国语("方言")学堂

　　京师同文馆(见图10-1)是1862年洋务派最早创办的外国语学堂。它设立的目标主要是培养外国语人才和外交官。教学内容包括"西文"、"西艺"。京师同文馆带有资本主义因素,这主要体现在"西学"课程上。教师(教习)有外国人也有中国人,按职责又可分为总教习、教习和副教习。至1898年底,同文馆先后共聘请86名中外教习(不计副教习),其中外国人50余名,大多从传教士中聘请,担任外语、天文、化学、格致、医学、万国公法等方面的教学任务;中国学者30余名,担任汉文、算学等方面的教习。副教习协助教习的教学工作,一般都是从优秀的高年级学生中挑选,他们仍不脱离学生的身份,需在馆学习、考试,每门课程设1~4人不等。京师同文馆的总教习是美国传教士丁韪良,他于1869年任京师同文馆总教习,控制京师同文馆25年之久。同文馆的规模不大,也不年年招生。初创时仅有学生10人,发展到1887年为120多人,这是在馆学生最多的时候。学生入学途径主要有三种:咨传、招考和咨送。

图10-1　京师同文馆旧址

1902年,京师同文馆并入京师大学堂(见图10-2)。辛亥革命后,京师大学堂发生了显著变化。1912年2月,严复被任命为京师大学堂总监督,接管京师大学堂事务,同年5月,由蔡元培任总长的教育部下令,京师大学堂更名为北京大学,京师大学堂的历史遂告结束。

图10-2　京师大学堂旧址

京师同文馆是带有某些资本主义因素的半殖民地半封建性学堂,是洋务学堂的典型。在中国近代教育史上,它被视为最早的新式学堂,是中国近代新教育的开端。外国语学堂还有上海广方言馆和广州同文馆。

(二) 军事("武备")学堂

马尾船政学堂是晚清时期清政府为发展海军而创办的第一所培养造船和航海

第十章　从鸦片战争到五四运动时期的教育

人才的学校。初名"求是堂艺局",是福建船政局的下属机构。

闽浙总督左宗棠在筹建福建船政局的同时,认为还必须培养造船、驾驶等方面的人才,乃于1866年(清同治五年)底,制定章程,开始筹办。次年夏,沈葆桢任船政大臣后,将求是堂艺局分为前学堂、后学堂。前学堂又称制造学堂或法国学堂,学习蒸汽船的制造。后学堂又称英国学堂,分驾驶和管轮两班。课程分别设有数学(几何、三角、代数)、物理、化学、机械学、地理、天文气象、法语和英语,并规定圣谕广训、孝经、策论为共同必修课。此外,还设有设计专业(绘事院)和学徒班(艺圃),以培养设计人员和技术工人。1866年12月开始招生,对象多是贫寒学生或华侨子弟,年龄在15岁左右。学制前学堂8年,后学堂5年。次年1月6日,正式开学。分别由法国、英国教习授课或外籍技术人员兼课,师资力量较强。除教授书本知识外,还强调实习。

1897年(清光绪二十三年)3月,船政学堂扩大招生,学制定为6年。前学堂除保留初期的基础课外,又增设高等代数等。艺圃分为艺徒学堂、匠首学堂,学制均为3年,课程设置进一步正规化。到1911年,前后学堂培养了629名造船、航海人才,派出留学生107名,成为中国近代海军人才的摇篮,严复、刘步蟾等著名人物,都为该学堂早期毕业生。

1913年,前学堂改称福州海军制造学校,后学堂改称福州海军学校,归"中华民国"海军部管辖。1926年,福州海军制造学校、福州海军学校和在原艺圃基础上组建的飞潜学校合并成福州海军学校。1931年改称海军学校。1938年后海军学校先后迁至湖南湘潭、贵州桐梓、四川重庆。1946年奉令停办。

福建船政学堂是我国较早把西方自然科学引进课堂的近代科技和海军学校,为我国近代海军和造船事业的发展作出了贡献。

洋务派举办的军事学堂还有上海江南制造局操炮学堂、广东实学馆、广东黄埔鱼雷学堂、天津水师学堂、天津武备学堂、江南水师学堂、江南武备学堂、湖北武备学堂等。

(三) 技术实业学堂

福州电报学堂是丁日昌于1876年4月奏请设立。先前有丹麦大北电报公司在厦门福州间及马尾擅自架设旱线,经营电报业,引起当地老百姓的不满并导致毁抢电线及器材的事件。1875年丁日昌任福建巡抚后,与该公司多方交涉,将已架设的线路买回拆毁,电线及有关器材留存,并设立电报学堂,从广州、香港等地和福建船政学堂内选择学生,商请该公司派员教习电报原理、操作方法和有关设备的制造之法,这是我国最早的电报学堂。当时中国政府对发展电报业正举棋不定,尚未有自己的电报事业,丁日昌先行设学培养人才,可谓是一项有远见的举措。

洋务派举办的技术实业学堂还有天津电报学堂、上海电报学堂、湖北矿务局工程学堂、山海关铁路学堂、南京储才学堂等。

(四) 洋务学堂的特点

洋务学堂与封建官学、书院、私塾等中国传统学校有显著的差异,因此人们常称其为新式学堂。所谓"新"主要表现在培养目标、教学内容、教学方法和教学组织形式等方面。在教学内容上,洋务学堂以学习"西文"、"西艺"为主,课程多包括外语、数学、格致、化学等一般性课程及和各自专业相关的科学技术课程,注重学以致用,区别于传统学校的经文义理和八股文章。在教学方法上,洋务学堂比较能按照知识的接受规律由浅入深、循序渐进地安排教学内容,重视理解,安排有实践性课程,有的还建立了实习制度,一定程度上改变了偏重死记硬背的传统学风。在教学组织形式上,洋务学堂普遍制订有分年课程计划,确定了学制年限,采用班级授课制,突破了传统的进度不一的个别教学形式。①

洋务学堂的兴起是对封建传统教育制度的首次改革尝试,是中国新教育的胚胎,冲击了陈腐的科举制度,为教育制度的变革提供了前提。同时,它传播西学,培养出了我国第一批外语、外交、军事和科技等方面的专门人才,适应了我国近代外交、外贸及派遣驻外机构人员的急需;适应了近代工业、交通、通信等诸多新生事物的兴起;也为近代国防建设特别是海军的创立奠定了基础。洋务教育也有它的历史局限,它盲目模仿外国,片面的科学教育导致对西学学习的浅薄,拒绝对传统的变革导致人文教育的衰落,管理腐败最终必然遭到失败。

二、洋务留学教育

近代中国最早的留学活动是由教会学校组织的。19世纪70年代初,洋务运动开展已近十个年头,也设立了一定数量的新式学堂。洋务派在实践中大多也已认识到,要全面深入地学习西方的先进技术,国内的学堂存在师资、社会文化环境等诸多局限。于是,向国外派遣留学生便被纳入洋务计划,并很快付诸实施。洋务运动时期的留学教育主要是派遣留美幼童和留欧学生两个方面。

(一)派遣幼童赴美留学(1872年、1873年、1874年、1875年4批)

在洋务派主持下,自1872年至1875年共选派4批120名幼童赴美留学,此为中国官派留学生的开端。原定留学期限为15年,后因顽固派的攻击、反对,赴美幼童遂于1881年下半年先后"凄然返国"。

同治十年(1871年),曾国藩、李鸿章等据容闳"教育计划"上奏《选派幼童赴美肄业办理章程折》。派遣幼童留美的目的是"学习军政、船政、步算、制造诸学,约计十余年业成而归,使西人擅长之计中国皆能谙悉,然后可以渐图自强"。规定在"上海设局经理挑选幼童、派送出洋等事",每年选送幼童30名,4年计120名,15年后每年回国30名。清政府准命刘翰清总理沪局(又称上海西学局,是幼童留美预备学校)事宜,并在沿海各地挑选聪颖幼童,准命陈兰彬、容闳为赴美留学正、副监督委员,驻美国负责管理留学幼童工作。

1872年7月,容闳先行至美国作留学幼童的安置,并在斯不林非尔设立了中国

---

① 孙培青主编:《中国教育史》,华东师范大学出版社2009年版,第319页。

留学事务所。同年8月11日,第一批赴美留学幼童詹天佑、容尚谦等30人,经过上海预备学校培训后,由监督委员陈兰彬带领赴美。这些幼童先分配至美国教师家学习英文,合格者可进入美国学校,不合格者留在教师家庭继续学习。第二、三、四批幼童也分别于1873年6月12日、1874年11月17日和1875年10月14日赴美。

幼童一般根据各自的情况先进入小学不同的年级,而后由中学再升至大学。幼童们以其勤奋好学的精神和优异的成绩赢得了中外人士的赞誉。幼童赴美留学,从第一批出洋起至回国,共经历十个年头,尽管筚路蓝缕、半途夭折,但毕竟是中国近代留学教育的先声。因此,在中国近代教育史上具有十分重要的地位。

(二)派遣留欧学生(1877年、1881年、1886年、1896年福建船政学堂4批)

在选派幼童赴美留学的同时,福州船政学堂也派出18名学生赴法国学习制造轮船,派出12名学生赴英国学习驾驶。1876年李鸿章也选派了7名年轻的中下级军官赴德国学习陆军。1877年1月,李鸿章等奏请派遣福建船政学堂学生留学欧洲,并将议定的《选派船政生徒出洋肄业章程》附呈,朝廷照准执行。确定留学的具体目标是:到法国学习制造者,"务令通船新式轮机、器具无一不能自制";到英国学习驾驶者,"务令精通该国水师兵法",能自驾铁甲船于大洋操战;如果学生中有天资杰出者,也可学习矿学、化学及交涉公法等。

洋务派派遣的这批留欧学生,自1879年之后陆续回国。洋务留学教育取得了较丰硕的成果。第一,培养了一批科学技术人才。其中最享盛名的要数1905—1909年主持修建京张铁路的著名工程师詹天佑。第二,培养了一批企业事业管理人才。他们是中国第一代掌握现代管理知识的科技人员,例如:邝国华是江南造船厂厂长,黄仲良曾任沪宁线总经理、津浦路总经理。第三,培养了一批海军人才。他们当中不少人在反击外国侵略中表现勇敢、为国捐躯,有的成为海军高级军官,例如,北洋舰队"镇远号"和"定远号"管带都是两度出洋的林增泰和刘步蟾。第四,培养了一批外交人才。在留学生中不少人出任驻外公使、领事、代办等外交官,改变了在外交上受外国人愚弄的窘况。第五,培养了一批传播资产阶级政治学说和哲学思想的人才,其代表人物有严复等。

三、洋务教育的总纲:中学为体,西学为用

为了延续清王朝的统治,统治阶级迫切需要一种新的思想来统一并控制人们的心灵和思想,以求暂时的秩序和安宁。正是在这种背景下,"中学为体,西学为用"的思想应运而生。

何谓"中学为体,西学为用"?"中学"即同心、教忠、明纲、知类、宗经等先圣先师立教之旨;"西学"即益智、游学、设学、学制、农工商学等"西政"和"西艺"。二者的关系为:"中学"是根本,"西学"是末节;"中学"为主,"西学"是从。在通晓"中学"的基础上,才能学"西学"。"中学"是立国的主体,是一切学问的基础,必须放在学习的首位,任何时候都不能改变,而"西学"则可以用来充当维护封建统治的工具和手段。

同时,张之洞将"学校"放在"西政"的首位,认为兴学育才是学习西方治国方略的第一要义,由此足见他对教育的重视程度。

"中学为体,西学为用"的思想在向西方学习的初始阶段是具有积极意义的。"中学为体,西学为用"思想及其指导下的洋务教育和清末教育改革,开辟了变革封建封闭僵化的教育体系的局面,孕育了许多近代化教育因素,成为中国教育近代化的起点。从这个角度看,"中学为体,西学为用"对中国教育近代化的积极意义是值得肯定的。它对教育的影响是深远的。

但是,从哲学和方法论角度看,"中学为体,西学为用"思想是形而上学的,是有其历史局限性的。中学和西学都有各自的"体用",抛却西学的"体"而单纯移植其"用",其结果必然是"西用"的发展导致对"中体"的挑战,这一结果无法回避,而矛盾最终如何解决也会对中国社会产生深刻的影响。

第二节 从维新运动到清末新政时期的教育

中日甲午战争后,民族危机急剧加深,改良主义思潮迅速转变为一场声势浩大的要求变法维新的政治运动,到1898年,"百日维新"达到高潮,颁布了一系列包括文化教育在内的变法律令,此即"戊戌变法"。"戊戌变法"虽在以慈禧太后为首的顽固势力的绞杀下归于失败,但1900年八国联军侵入北京后,中国社会矛盾又一次空前激化,清政府不得不于1901年1月下诏变法,开始了清末最后10年的所谓"新政"时期。在各项新政改革措施中,教育改革是其中力度较大的一个方面。

一、维新教育实践

中日甲午战争后,民族危机加深,资产阶级领导的维新运动蓬勃兴起。所谓维新,就是在保留清政府皇权的前提下,用和平的方式进行自上而下的改良,建立君主立宪的政治体制,使中国走上资本主义道路。维新派普遍认为改革教育、培养新式人才是实现变法维新的基础,因此,维新教育实践活动便成为维新运动的基本内容。

(一)兴办学堂

维新性质的学堂包括两类。第一类是维新运动的代表人物为培养维新骨干、传播维新思想而设立的学堂。万木草堂是其中最著名的。

1890年,康有为在广州讲学授徒,弟子有陈千秋、梁启超等。1891年春,租赁长兴里邱氏书屋,设大讲堂,称"长兴学舍",并著《长兴学记》作为学规。1893年冬,康有为在广州建立万木草堂,学生达100余人,以陈千秋、梁启超为学长。1894年万木草堂被清政府解散后又复苏。1897年,达到极盛时期,1898年戊戌政变后自行解散,并被清政府查抄。万木草堂继承了传统书院的办学方式和教学方法,但在旧形式中注入了新内容,教学内容虽沿用了义理、考据、经世和文字之学等传统提法,但包括西方哲学、万国史学、地理学、数学、格致、外国文字、政治原理学、中国政治沿革

第十章　从鸦片战争到五四运动时期的教育

得失、政治应用学、群学等学科内容，成为酝酿、研究、宣传维新变法理论的场所，也造就了一大批维新人才，梁启超就是典型代表之一。

第二类是在办学类型与模式、招生对象、教学内容等某个或某些方面对洋务办学观念有所突破，领风气之先的学堂。著名者有北洋西学堂、南洋公学和经正女学等。

1895年，天津海关道盛宣怀呈请北洋大臣王文韶奏准在天津开办中西学堂，亦称北洋西学堂。北洋西学堂内分头等学堂（大学专科程度）和二等学堂（中学程度），并各分四班（相当于今天的年级），学制共为8年。后发展为北洋大学。1896年，盛宣怀又奏请在上海仿照北洋西学堂设立南洋公学，以后逐年开办了师范院、外院（小学文化程度）、中院（中学文化程度）、上院（大学文化程度，分内政、外交、理财各专门）和特班。后发展为交通大学。这两所学校最早采取西方近代学校体系的形式，分初、中、高等级，相互衔接，并按年级逐年递升，具有近代三级学制的雏形，因而事实上将早期改良派学制改革思想付诸实践。虽为洋务派人物创办，但维新观念已寓于其中。

其他具有维新性质的学堂如严复协助张元济在北京创办的通艺学堂（1897年）、徐树兰捐资创办的绍兴中西学堂（1897年）、谭嗣同发起创办的浏阳算学馆（1897年）等也都较为著名。

（二）兴办学会与发行报刊

维新派还通过创办各种学会和发行报刊来宣传维新思想。1895年8月康有为与陈炽发起并筹资在北京创办《万国公报》，由汪大燮、梁启超任主编。同年11—12月间，北京强学会和上海强学会相继成立，《万国公报》更名为《中外纪闻》，又在上海创办《强学报》，分别作为两会的机关报，南北呼应，形成甲午战争后维新宣传活动的第一次高潮。上述两会和两报虽在1896年1月被清政府查禁，但各地维新人士发起成立的学会和出版的报刊有如雨后春笋般不断涌现，如1896年梁启超在上海创办《时务报》，1897年，严复在天津创办的《国闻报》、广西的圣学会和《广仁报》、湖南的南学会和《湘报》、上海的蒙学会和《蒙学报》、无锡的《无锡白话报》等。各地林立的学会除进行集会、演讲、印发书报等形式传播维新思想以外，还通过聘请教师定时讲课、收购图书仪器、广招学生（会员）等方式传播维新思想。如上海强学会便宣称"聚天下之图书器物、集天下之心思耳目，略仿古者学校之规及各家专门之法，以广见闻而开风气"。而更重要的是通过学会联络和组织维新人士，形成维新变法的政治团体。

总之，维新派以学会为阵地，以报刊为传媒，讲西学，论国事，宣传变法主张，抨击封建势力，进行维新思想的启蒙，与维新学堂相互补充，起到了扩大教育而开民智、新民德的作用。

二、"百日维新"中的教育改革

1898年6月11日，支持变法的光绪皇帝发布《明定国是诏》，宣布维新变法。9

月21日,慈禧太后发动政变,软禁光绪皇帝,变法宣告夭折。在这被称为"百日维新"的103天中,光绪皇帝颁布了一系列改革法令,使甲午战争以来维新人士的变法要求首次变为朝廷的施政措施,维新运动被推向高潮。其中,教育改革是一个重要方面,主要内容如下文所述。

(一) 设立京师大学堂

京师大学堂是中国近代最早的国立大学,清光绪二十四年(1898年)创立,为戊戌变法的"新政"措施之一。梁启超草拟京师大学堂章程,孙家鼐管理大学堂事务。1900年,帝国主义八国联军入侵北京,京师大学堂遭到破坏,校务停顿。1902年学堂恢复(京师同文馆1902年亦并入京师大学堂),1910年发展为设有经、法、文、格致、农、工、商七科的大学。1912年始更名为北京大学。

《京师大学堂章程》共8章,对京师大学堂的性质、办学宗旨、课程、入学条件、学成出身、教习聘用、机构设置、经费筹措及使用都作了详细规定。京师大学堂不仅为全国最高的学府,也是全国最高的教育行政机关。《京师大学堂章程》规定京师大学堂的办学宗旨为"中学为体,西学为用"。课程设置遵照这一宗旨,分博通学和专门学两大类。博通学即基础课程,包括经学、理学、掌故学、诸子学、远级算学、初级格致学、初级政治学、初级地理学、文学、体操学10门,学生年龄在20岁以下必须从英、法、俄、德、日五国语言文字中选择1种学习。基础课程学习年限为3年,卒业后进入专门学的学习。专门学分高等数学、高等格致学、高等政治学(包括法律学)、高等地理学(包括测绘学)、农学、矿学、工程学、商学、兵学、卫生学(包括医学)共10门。学生从中选学1至2门,学习年限也是3年。这6年课程规划中,"西学"比重高于"中学"。

(二) 废除八股考试,改革科举制度

1898年6月23日,光绪皇帝下诏,自下科为始,乡会试及生童岁科各试,向用"四书"文者,一律改试策论。这里所说的"四书"文即八股文。八股废除后,人们不得不寻求新的学问,这促进了"西学"的传播。同年7月23日,光绪皇帝下诏催立经济特科,以选拔维新人才。经济特科是贵州学政严修于1897年年底奏请设立的,区别于明清进士科,拟分为6项:内政、外交、理财、经武、格物、考工,并强调科举考试要以实学实政为主,不讲求楷法。① "百日维新"失败后,虽然恢复了八股考试制度,罢经济特科,但人们开始向往富有朝气的新式教育,科举考试经此次冲击后,也比以前冷清多了,考试的人数锐减。

(三) 实力讲求西学,普遍建立新式学堂

光绪皇帝在《明定国是诏》中即明白宣示:从今以后,王公大臣、士子以及庶民百姓,都要兼习中西学问,"以圣贤义理之学,值其根本,又须博采西学之切于时务者,

---

① 朱有瓛主编:《中国近代学制史料》(第一辑,下册),华东师范大学出版社1986年版,第65、442页。

实力讲求,以救空疏迂谬之弊"。之后,光绪皇帝又令各官督抚督饬令地方官将各省府厅州县之大小书院,一律改为兼习"中学"、"西学"的新式学堂。以省会之大书院为高等学堂,郡城之书院为中学堂,州县之书院为小学堂,地方自行捐资办理的仕学、义学等也要一律中西学兼习,凡民间祠庙不在祠典者,也一律改为学堂,并鼓励绅民捐资兴学。中、小学所用课本由官设书局统一编译印行,势在造成一种"人无不学,学无不实"的局面。"百日维新"期间,还计划设立铁路、农务、茶务、蚕桑等实业学堂,广派人员出国游学游历,设立译书局和编译学堂,奖励开设报馆,开放言论,书籍、报纸免税等。"百日维新"中的教育改革措施,反映了资产阶级维新派的主张和愿望,对封建传统教育产生了强大冲击。

维新教育思想对封建教育制度进行了大胆的否定,突破了洋务教育思想的"中学为体,西学为用"的限制,从根本上动摇了封建教育。维新教育还传播了西方资本主义学说,冲击了封建文化,推动了中国近代资产阶级教育理论和教育实践的发展。

三、清末新政下的教育改革[①]

(一)废科举、兴学堂

科举制度一直是清末影响新式学堂发展的重大障碍,所以在制定学制的同时,就开始了如何处置科举考试的讨论。

1898年"百日维新"中已出台了设立经济特科、取消八股考试的措施,但戊戌政变后均一笔勾销。1903年3月,张之洞、袁世凯上书疾呼废科举,要求确定废科举的最后期限、具体步骤和时间表,并提出按科递减的方案,"学政岁科试分两科减尽,乡会试分三科减尽"。后来,张百熙、荣庆、张之洞按此方案拟定的《递减科举注重学堂折》与《奏定学堂章程》于1904年1月13日同时奏请,获得照准,按此方案科举制到10年后停止。但时隔不到两年,袁世凯、张之洞等各省督抚会奏立停科举以广学校。迫于形势,光绪帝于1905年9月2日(光绪二十一年八月四日)上谕:"著即自丙午科(1906年)为始,所有乡会试一律停止,各省岁科考试亦即停止。"宣告了自隋代起实行了1 400年之久的科举考试制度的终结。

科举从议废到实废,仅用了2年左右的时间,有力地配合了学制颁布后兴学政策的落实,出现了中国近代史上难得的兴办新学的热潮。至1909年,办学成绩已斐然可观,各级各类新式学堂的数量已达5 000多所,在校学生超过16万人。

(二)改革教育行政体制

1905年12月,清政府批准成立学部,作为统辖全国教育的中央教育行政机关,并将原来的国子监并入。学部的最高长官为尚书,其次为左、右侍郎等,并聘请咨议官作为学部的顾问人员。首任学部尚书荣庆、左侍郎熙瑛、右侍郎严修。学部内分为5司12科:总务司,下设机要、案牍、审定3科;专门司,下设教务、庶务2科;普通

[①] 关于清末学制改革的内容,参看本书第十二章,此处不赘。

司,下设师范教育、中等教育、小学教育3科;实业司,下设实业教务、实业庶务2科;会计司,下设度支、建筑2科。学部设视学官专任巡视京外学务。各司设郎中,各科设员外郎,主持司、科事务。学部附设有编译图书局、京师督学局、学制调查局、高等教育会议所、教育研究所等机构。整体上注意到教育行政与教育学术的联系,注重实业教育的地位。1906年清政府进行政治体制改革,颁布各部官制通则草案,学部机构又进行了相应调整,主要是将总务司改为承政厅,增设图书司等。1909年又颁布了《视学官章程》,规定不再设专门的视学官,而以部中人员和直辖学堂管理人员充任,并将全国划为12个视学区,每区2至3省,每3年为一视学周期,各视学区必被视察一次。

1906年4月,清政府根据学部奏请,决定各省裁撤学政,改设提学使司,统辖全省学务。提学使司的办公机构称学务公所,置议长一人、议绅四人,协助提学使参赞学务,并接受督抚咨询。学务公所下设总务、专门、普通、实业、图书、会计六课,各课设正、副课长各1人,课员1~3人。整个提学使司的编制不过二三十人。1906年5月,学部奏定,在各道、州、县建立劝学所,管辖本地学务。设视学一人,由省提学使委派曾出洋留学或曾习师范者担任,地方官监督办理学务。采取划分学区的方式,以城关为中区,次第扩展到四方乡镇村坊,三四千家划为一区。视学兼任学区总董,每区设劝学员1人,由地方官委派品行端正、留心学务者担任。各村推举学董,负责就地筹集款项,按学部规定的程式办学。至此,从中央到基层的教育行政体制遂告建立。

（三）拟订教育宗旨

梁启超在1902年所发表的《论教育当定宗旨》一文中,首先提出了制定和贯彻全国一体的教育宗旨的必要性。1906年3月,学部针对民权思想的流行和资产阶级革命派的活动,拟订"忠君、尊孔、尚公、尚武、尚实"的五项教育宗旨,经奏请朝廷认定,宣示天下。这是中国近代第一次正式宣布的教育宗旨。宗旨的前两条为"中国政教之所固有,而亟宜发明以距异说者",强调维护君主专制制度和儒家礼教,体现封建教育的根本性质。后三条则是"中国民质之所最缺,而亟宜针砭以图振起者",分别与德育、体育和智育对应,但出发点都是国家本位的。"尚公"强调国家利益和公民道德,"尚武"的目的是强兵,"尚实"的目的是使国家富强。至于对个人品质健全发展及个人生活改善的需求,这个教育宗旨根本就没有顾及,这也是中国传统封建教育的基本特点所在。

（四）留学教育的勃兴

在清末新政的激励下,近代留学教育进入20世纪后骤然勃兴,首先是在1906年前后形成了规模盛大的留日高潮,其次是在1908年美国实行"退款兴学"政策后,留美潮流逐渐兴起。

1. 留日高潮的兴起

1901年议行新政后,清政府多次倡导留学,1903年清政府公布《约束奖励游学毕业生章程》，明确了对留学毕业生给予相应的科名奖励办法，留日学生逐年增多。1905年清政府宣布废除科举制度后，士人为寻求新的出路，纷纷涌向日本，形成留日高峰。综合各种文献的记载，估计1901年底在日留学生约280名，1904年约3 000名，1906年达8 000名，之后人数逐渐减少。清政府在1908年曾规定凡官费出国留学生只准学习农、工、格致各专业，不得改习他科。

清末留日归国学生充实了新式学堂的师资，壮大了实业技术人才的队伍，翻译了大量日文西学书籍，较广泛地传播了资本主义思想观念。特别是以留日学生为骨干形成了资产阶级革命派群体，促成了辛亥革命的爆发，对中国近代社会的变革产生了重大影响。

2."退款兴学"留学潮流的转向

1908年，美国国会通过议案，决定从1909年起，将美国所得庚子赔款的一部分以"先赔后退"的方式退还给中国，并和中国政府达成默契，以所退庚款发展留美教育。美国的这一举动后来被部分相关国家仿效，这就是所谓的"庚款兴学"，或称"退款兴学"。为了实施庚款留美计划，中国政府专门拟定了《遣派留美学生办法大纲》，规定在华盛顿设立游美学生监督处作为管理中国留美学生的机构，在北京设立游美学务处，负责留美学生的考选派遣事宜，并从1909年起实施。原计划每年派遣100名，后因考试成绩不佳，实际为1909年47名，1910年70名，1911年63名。游美学务处在直接选派留美生的同时，又着手筹建留美预备学校——清华学堂。清华学堂于1911年4月29日正式开学，民国成立后改称清华学校。清华学堂对提高中国留美学生的层次和系统引入"西学"起到了重要作用。

新政教育改革牵动着整个社会。以新式学堂师生和留学生为代表的近代知识分子群体，也不可能完全据守清王朝为他们划定的"中体西用"的界限。这些都为资产阶级革命派利用教育阵地开展革命教育、宣传革命思想、组织革命力量、培养革命骨干提供了现实条件。

第三节 民国成立初期的教育

辛亥革命成功后，"中华民国"于1912年元旦宣告成立，孙中山就任"中华民国"临时政府大总统。1912年1月9日，成立南京临时政府教育部，蔡元培任教育总长后，立即着手进行资产阶级性质的改革。但是，随后袁世凯的复辟，使这些改革措施几乎很快被淹没在一片尊孔读经的声浪之中，封建教育又出现回潮。

一、整肃封建教育

南京临时政府教育部建立后，主持召开了第一次教育工作会议。于1912年1月19日颁布《普通教育暂行办法》和《普通教育暂行课程标准》，这是中国资产阶级首次以中央政府名义发布的教育文件。

《普通教育暂行办法》共14条，除敦促各地学校在农历新年后如期开学，按原学期计划正常教学外,还规定清末各种学堂一律改称学校,监督、堂长一律改称校长;初等小学可以男女同校;小学读经科一律废止;小学手工科,应加注重;初等小学算术科,自第三年起兼教珠算;中学校为普通教育,文、实不分科;废止旧时奖励(科举)出身的做法,一律称该类学校的毕业生;"凡各种教科书,务合乎共和民国宗旨,清学部颁行之教科书,一律禁用",并立即着手编写新教科书。这些措施在与封建教育彻底划清界限方面是相当有力度的,直接体现了辛亥革命的成果。

《普通教育暂行课程标准》共11条,规定:初等小学的课程为修身、国文、算术、游戏、体操,视地方情形可加设图画、手工、唱歌、裁缝(女子)之一科或数科;高等小学课程为修身、国文、算术、中华历史地理、博物、理化、图画、手工、体操(兼游戏)、裁缝(女子),视地方情形可加设唱歌、外国语、农工商业之一科或数科;中学校的课程为修身、国文、外国语、历史、地理、数学、博物、理化、图画、手工、法制、经济、音乐、体操,女子加家政、裁缝;初级师范学校课程为修身、教育、国文、外国语、历史、地理、博物、理化、法制、经济、习字、图画、手工、音乐、体操,女子加家政、裁缝,视地方情形可加设农、工、商业之一科目。上述外国语科限从英、法、德、俄4种语种中选择,各级学校都配发有各种课程的学年分布和周教学时数表。《普通教育暂行课程标准》反映了《普通教育暂行办法》的有关原则,成为以后《壬子癸丑学制》关于小学、中学、初级师范学校课程设置的蓝本。

这两个文件,是民国初年改革封建教育的纲领性文件,对保障政体变更之际普通教育的顺利过渡和稳定发展起到了重要作用。

二、民初教育方针的确立

蔡元培于1912年初发表《对于新教育之意见》一文,率先对民国教育方针的整体构想从理论上进行系统探讨,引起关心教育的人士对这一问题的重视,纷纷参与讨论。后来蔡元培又以《对于教育方针之意见》为题,重新在《东方杂志》上发表,征求各方意见。1912年7月10日至同年8月10日,全国临时教育会议召开。这次会议讨论通过了民国教育方针,于9月2日由教育部公布施行,其内容为:注重道德教育,以实利教育、军国民教育辅之,更以美感教育完成其道德。[①]

民初的教育方针是中国近代第一个实行了的资产阶级国民教育宗旨的教育方针。它完全否定了清末"忠君"、"尊孔"、"尚公"、"尚实"、"尚武"的封建教育宗旨,体现了资产阶级受教育者德、智、体、美和谐发展的教育思想。

三、封建教育的回潮

民国成立之后,在蔡元培的主持下,南京临时政府教育部制订了一系列改革封建教育的措施,力求使教育的发展符合民主共和的精神。但是,袁世凯为了利用封

---

① 陈学恂:《中国近代教育史教学参考资料》(中册),人民教育出版社1987年版,第178页。

建文化来配合他的独裁统治,以及为了与社会上的封建复古势力相呼应,很快掀起一股恢复封建文化教育的浪潮,采取的措施有以下几条。

第一,恢复尊孔祀孔,利用孔子的封建文化教育偶像效应。清政府《学堂管理通则》中规定有拜孔子仪式,民国成立后南京临时政府教育部通令禁止。袁世凯政府一方面支持康有为等人发起的"孔教会",另一方面于1913年6月发布政令,宣称应"查照民国体制,根据古义,将祀孔典礼,折中至当,详细规定,以表尊崇,而垂久远"。① 据此,袁世凯政府教育部通令各地学校恢复祀孔典礼,孔子的神位被重新请回学校。1914年1月,袁世凯操纵下的政治会议通过了"祀孔案",令全国一律恢复祀孔典礼。

第二,改定民国元年临时教育会议确定的教育方针。1913年2月,袁世凯政府正式确定"爱国、尚武、崇实、法孔孟、重自治、戒贪争、戒躁进"的七项教育宗旨,完全推翻了民国元年的教育方针。整体上,七项教育宗旨是袁世凯政府在民初社会环境下希望借助封建传统文化以平息革命风潮、恢复社会稳定、维护独裁统治等多种政治企图在教育上的反映。

第三,重新确定儒学作为学校教育的基本课程。南京临时政府教育部的有关文件和民初学制都明确规定小学废止读经,大学不设经学科,但不久即被袁世凯政府否定。1915年初颁布的《特定教育纲要》集中论证儒学教育的价值,并拟定了各级学校实施儒学教育的基本方案。

1915年,袁世凯政府以《特定教育纲要》和《颁定教育要旨》作为总的方针政策,修改或重新颁布各级学校令,为封建儒学文化的重回课堂开道,社会上一时出现尊孔读经的高潮。随着恢复帝制的破产和袁世凯的病死,特别是在新文化运动的冲击下,封建教育回潮势头受到遏制。

▶▶ 复习思考题:

1. 名词解释:洋务学堂。
2. 简述"中体西用"的教育思想。
3. 简述"百日维新"中的教育改革。

---

① 陈学恂:《中国近代教育大事记》,上海教育出版社1981年版,第231页。

第十一章 从新文化运动到新中国成立时期的教育

五四运动的爆发,标志着新文化运动的高潮,促成了民族现代意识的觉醒和空前的思想解放。以探索中国社会改造和进步的出路为目的,面对大量涌入的西方现代教育思想,全国的教育实践者积极加以选择和吸取,开始了各种各样的教育试验,形成了形形色色的教育思潮和教育运动。在此过程中,北洋政府迫于形势,也进行了一些教育改革。20世纪20年代,中国现代教育观念和教育制度初步形成。

第一节 新文化运动对封建教育的批判

五四时期(1917—1921年)是中国近代历史上的一个重要的转折时期,新旧文化冲突激烈,思想革命波澜壮阔,预示着传统文化发生巨大变革的历史时机已经到来。与新文化运动相适应,中国的教育开始摆脱传统文化的束缚,以更为开放的姿态面对世界多元文化,深刻反思,积极选择,首先从思想意识方面走上了现代化道路。

一、新文化运动对封建传统教育的抨击

复古主义教育的回潮一开始就受到以孙中山为代表的资产阶级革命派的反击。随后,以陈独秀、李大钊、胡适等一批激进的民主主义者为核心,以1915年9月创刊的《新青年》为标志和主要阵地,在思想、文化、教育领域里兴起了以民主和科学为批判武器,反对尊孔读经,反对旧礼教、旧道德的新文化运动。新文化运动在五四运动时期达到了高潮。新文化运动在教育方面主要表现为抨击封建教育的危害和没落,反思民族教育传统的固有不足,大力倡导资产阶级的新教育。

民主战士认为中国近60年学习西方教育过程有几个致命缺陷:其一,远离西方近代教育的"真精神",即远离民主与科学;其二,所实行的新教育依旧严重脱离社会发展的实际需要,与传统的"养士"教育相去不远;其三,简单模仿,食洋不化。有鉴于此,陈独秀坚定表示:"中国教育必须取法西洋!"取法什么?"法律上之平等人权,伦理上之独立人格,学术上之破除迷信、思想自由。"推行"共和国民之教育","弃神圣的经典与幻想,而重自然科学的知识和日常生活的技能"。[①]

民主战士从目的、内容、方法等方面对中国教育现状作了深刻批判,力图以包含人权、自由、平等等民主思想和重视科学技术、崇尚自然、讲究实用等科学精神的新

---

① 陈独秀:《近代西洋教育》,《新青年》3卷5号。

第十一章　从新文化运动到新中国成立时期的教育

教育,来取代迷信权威、窒息思想、压抑个性、脱离实际、忽略身心的旧教育,为新教育观念的形成作了准备。

二、新文化运动促进教育观念的转变

以民主和科学为旗帜的新文化运动,促使中国现代教育观念发生巨大变化。在继洋务教育在技艺层面上、维新教育在制度层面上接受西方教育之后,新文化运动时期中国在思想观念层面上开始自觉接受西方教育,跟上西方教育。

(一)教育的个性化

"个性的解放"是新文化运动时期知识分子和青年学生思想觉醒和反抗传统的标志。中国传统教育是造就驯民的教育,新文化运动人士认为教育如欲为社会发展尽力,"非发展个性不为功"。他们呼吁教育要尊重儿童,甚至要以儿童为中心,学校要以个人和儿童为本位;不能以"划一单调"的"模型"塑造个人,要使受教育者各尽其性,发挥个人的最大潜力;教师必须"深知儿童身心发达之程序,而择种种适当之方法以助之"。

(二)教育的平民化

以提倡白话文、反对文言文为发端的新文化运动实际上就是一场指向平民主义的运动,它力求沟通和消除知识阶层与普通民众在语言和思想上的隔阂,使新知识、新思想能够传播到一般民众中。教育要坚持庶民方向,打破以往传统教育有贵贱上下、劳心劳力、治人者与被治者的差别;促进教育机会的平等,发挥人人无限的潜力;强调在内容和形式上与平民贴近,与生产、生活和环境改造相结合。这些都成为时代的强音。

(三)教育的实用化

在新文化运动时期,提倡务实的教育成为共识。一方面,认识到教育对个人生活能力的培养、对社会生产发展的适应的重要意义,致力于思考和解决教育与生计关系成为不少教育家孜孜以求的事业,从观念上解决了改革教育结构,发展职业教育的问题;另一方面,认识到学校内部须进行全面改革,强调从社会生活和学生生活实际出发,沟通教育与生活、学校与社会,强调学生主动、创造的学习和实际能力的培养,要求课程内容和教学组织形式均须适应生产和生活发展的需要。

(四)教育的科学化

提高科学在教育内容中的比重是一个方面,新文化运动人士认为更重要的是让科学内容和方法渗透到社会各项事业,改变人的态度和观念。在科学的知识、科学的方法和科学的精神三者之间,科学方法的运用重于科学知识的获得,而科学方法运用的目的又是为了科学精神的养成。

以上教育观念经新文化运动的宣传倡导被社会所广泛认识,成为教育改革的时代潮流,带来20世纪二三十年代中国教育理论的繁荣。

三、新文化运动推动下的教育改革

新文化运动所倡导的民主与科学思想在全社会尤其是教育领域引起巨大反响,促进了这一时期的教育改革,主要体现在以下几个方面。

(一)废除读经,恢复民国元年教育宗旨的精神

1919年9月,政府撤销了袁世凯所颁布的教育纲要和七项教育宗旨。1919年10月,第五次全国教育会联合会通过了"养成健全人格,发展共和精神"的国民教育宗旨。所谓健全人格者,当具下列条件:一是私德为立身之本,公德为服务社会之本;二是人生所必需之知识技能;三是强健活泼之体格。四是优美和乐之感情。所谓共和精神者:一是发挥平民主义,俾人人知自治为立国根本;二是养成公民自治习惯,俾人人能负社会国家之责任。这一教育宗旨体现了德智体美协调发展、个性发展与社会责任相结合的原则,体现了民国元年教育宗旨的精神,但更明显地反映了资产阶级的要求。

(二)开放女子教育,教育普及有一定发展

新文化运动及五四运动对封建礼教的批判为女子教育打开了方便之门。1917年全国教育会联合会提出了扩大女子教育的议案,1918年取得北洋政府教育部批准。1919年后,高等小学男女可以同学同班,1920年北京大学正式招收女生,中等学校男女同学之风兴起,学校全面开放女子教育成为时代潮流。在学校向女子开放的同时,女子教育在观念上也逐渐由"贤妻良母主义"向"男女平等"过渡。

(三)改革学校教学内容和方法,白话取代文言,"教育科学化"和"科学教育化"进展明显

白话文运动是新文化运动的一个重要组成部分。教育领域内以白话代替文言文,不仅仅是书面语言和口头语言的统一问题,而且富有更广泛的社会意义。它反映了文化教育普及化、大众化的要求;也是民主、平等观念的发展在教育上的反映;还和对封建伦理道德的批判紧密相关。1920年,北洋政府教育部发布通令:到1922年为止,国民学校停止使用文言文编写的教科书。此后,大、中、小学各科逐渐采用白话文教材。在教学中普遍以白话代替文言。"科学的教育化"与"教育的科学化"是当时报刊中出现的两个术语。"科学的教育化"要求加大科学在学校教育内容中的分量,推进了当时的科学教育。"教育的科学化"是提倡以科学的方法研究教育、办理教育。教育科学化高潮的兴起提高了教育学作为独立学科的地位。

在五四新文化运动的影响下,教学法的研究与改革也在各地开展起来。以启发式教学代替注入式教学成为教学改革所倡导的方向。这一时期还引进和创立了各种名目的教学组织形式和教学法,具有代表性的如自学辅导法、分团教学法、设计教学法、道尔顿制等。

(四)师范教育和大学教育的改革

1913年袁世凯政府教育部调整全国师范教育布局,规划建立直隶、东三省、湖

北、四川、广东、江苏六大师范区,每区设立一所高等师范学校。至 1918 年完成规划,奠定了 20 世纪中国高等师范教育发展的基本格局。以各区高等师范学校,特别是南京、北京的两所高等师范学校为核心,带动了全国师范教育和中小学教育改革。

蔡元培领导下的北京大学改革揭开了中国高等教育的序幕,它对封建教育的突破,对民主与科学精神的高扬,成为大学改革的先导和示范,先是北京专科以上学校纷纷仿效,其后全国各大学也逐渐按北京大学的制度办理,推动了中国高等教育的近代化改革。

第二节 新民主主义教育的发端

新民主主义教育是在新民主主义革命时期,由中国共产党领导的,以马克思主义思想为指导的,人民大众反对帝国主义、封建主义和官僚资本主义的教育,新文化运动到五四运动时期是其发端。

一、马克思主义教育思想的传播和新民主主义教育纲领的提出

五四运动以后,随着马克思主义的广泛传播,一些早期的马克思主义者开始以马克思主义理论来解释教育现象,这方面的代表人物有李大钊、毛泽东等人。

李大钊早年留学日本早稻田大学,在那里接受了马克思主义学说,后来被蔡元培聘请为北京大学教授。他试图根据马克思主义的经济基础决定上层建筑的学说来解释教育的本质。他认为:人类思想和生活变动的根源"实是经济的",经济的生活,是一切生活的根本条件,经济基础变,上层建筑也要变,教育是社会的上层建筑之一。运用这一原理,他深刻揭示了封建教育灭亡、新教育建立的必然性,抨击复古主义教育。毛泽东则从无产阶级政权理论出发,批判教育的不平等现象,突出强调无产阶级掌握政权对维护本身教育权的重要性。他认为教育需要钱、人、机关(学校、报馆等)。在无产阶级没有夺取政权之前,它们都掌握在资本家手里,这就不能实现全民教育,要想使无产阶级享有完全教育权,首先就要采用革命的手段夺取政权,夺取了政权也就夺取了教育权。

1921 年中国共产党成立后,早期马克思主义者的教育观念和思想便从中国共产党的政治纲领中表达出来。如 1922 年中国共产主义青年团第一次全国代表大会就通过了《关于教育运动的决议案》,提出了青年团今后在社会教育、政治教育、学校教育等方面的行动纲领。1922 年 7 月中国共产党第二次全国代表大会召开,《大会宣言》中明确提出改良教育制度、实行教育普及,并针对女子教育的现状提出废除一切束缚女子的法律,女子在政治上、经济上、社会上、教育上一律享受平等权利。

二、中国共产党领导下的工农教育

(一)工人教育

中国共产党成立后,通过各级工会组织广泛开展教育。从 1921 年秋到 1925 年

5月,许多中共党员受命深入工矿企业开展职工教育,各级工会纷纷设立工人补习学校、子弟学校、俱乐部、图书馆和读书阅报处,在开展工人运动的同时,进行多种形式的教育活动。在中国共产党成立前,北京共产主义小组便以北京大学的名义委派邓中夏等人创办了长辛店劳动补习学校,这是北方最早创办的工人教育机构。在南方,刘少奇则于1921年在沪西小沙渡开办了劳动实习学校。国共合作以后,又以国民党名义在上海工人集中地区杨树浦、吴淞、浦东等处开办了工人实习学校,开展工人运动。此外,武汉、济南及湖南、广东的工业城市的工人教育,也得到广泛开展。1925年5月,在广州召开了第二次全国劳动大会,大会在中国共产党领导下通过了《工人教育的决议案》,总结以往工人教育的经验,系统地提出今后工人教育运动的内容、形式、方法,成为之后工人教育的指导性文件。在革命前期的工人教育运动对发动工人运动、配合北伐战争起到了非常重要的作用。

(二)农民教育

在开展工人教育的同时,中国共产党也把组织、教育农民作为一项重要工作。广东海陆丰(今称汕尾市)一带在农民运动的先驱彭湃的领导下,成为农民教育最早开展的地区。湖南地区在毛泽东等一批共产党人的努力下,也是农民教育开展得较早、较普遍的地区。在各地农民运动迅速发展的情况下,1926年5月在广东召开了第二次农民代表大会,通过了《农民教育决议案》。《农民教育决议案》规定了农民教育的方针、组织、经费等,后来成为全国农民运动的行动纲领。

三、中国共产党早期创办的干部学校

中国共产党成立后,除了进行工人、农民教育以唤起工农的革命觉悟外,也迫切需要大批以马列主义理论武装起来的干部,以有效地开展工农运动,传播马克思主义思想,为此创办了一批各具特色的干部学校,主要有以下几所。

(一)湖南自修大学

这是1921年8月由毛泽东、何叔衡等在长沙利用船山学社旧址和经费办起的一所新型学校。湖南自修大学声明其办学宗旨是要办成一所"平民主义的大学",实现平民读大学的理想。它实际上是一所罗致革命青年,"为革新社会"作准备的学校,正如《湖南自修大学入学须知》中所说的:"我们的目的是改造现社会,我们求学是求实现这个目的的学问。"湖南自修大学的教学采取"共同讨论,共同研究",自学为主,授课为辅的方式。分文、法两科,学员选择其中之一进行自修,各安排一定的课程。1923年11月,湖南自修大学被湖南军阀查封,中共湖南省委又筹办了湘江学校,部分湖南自修大学的学员转入该校学习。

(二)上海大学

上海大学创办于1922年春,在私立东南高等专科师范学校的基础上改组而成。其办学目的是培养研究社会实际问题和建设新文艺的革命人才,设立有社会学、中国文学、英国文学、艺术等系和俄文班,并设有附中。当时正值国共合作时期,国民

第十一章 从新文化运动到新中国成立时期的教育

党人士参与学校的活动颇多。其教学采用教师授课和学生自学相结合的方式。上海大学的许多学生参与了第一次大革命并成为骨干。

(三)农民运动讲习所

农民运动讲习所是国共合作时期培养农民运动干部的学校,创办于1924年7月,初名广州农民运动讲习所。第一届至第六届在广州办理,第七届随广州国民政府迁至武汉,改称中央农民运动讲习所。前五届主要面向广东培养农民运动干部,从第六届起面向全国招生。农民运动讲习所采用短训班的形式,每期3个月。课程坚持马克思主义理论与实际斗争需要紧密联系的原则。教学采用课堂讲授、课外实习、自学、集体讨论、调查研究等方式。农民运动讲习所培养了大批农民运动干部,也是全国农民运动的研究中心。

第三节 国民政府时期的教育

国民政府建立后,中国教育进入一个十年发展期。期间,颁行三民主义教育宗旨,建立诸多的学校管理制度,幼儿教育、初等教育、中等教育和高等教育都取得了进展。

一、国民政府时期的教育宗旨及方针政策

(一)"党化教育"提法的终止和"三民主义"教育宗旨的颁行

孙中山改组国民党后,强调以党治国,强调政治上一切举措以党纲为依据,教育也不例外。1926年,广东国民政府成立教育行政委员会,明确提出"党化教育"的口号。南京国民政府成立后,1927年5月,蒋介石在南京五四运动纪念大会上发出实行党化教育的号令,当年8月国民政府教育行政委员会决定学校施行党化教育法案,强调所谓"党化教育"就是"教育方针要建筑在国民党的根本政策之上"。但由于国民党所提倡的党化教育过于露骨,受到进步人士的攻击,国民党内部对党化教育的解释也有分歧。1928年,第一次全国教育会议上就"党化教育"一词的来源和含义发生争执,大会议决以"三民主义教育"代替"党化教育",通过了《三民主义教育宗旨说明书》,虽然以后分歧依然存在,但对"党化教育"方针的废止起到了关键作用。

1929年3月,国民党在南京召开的第三次全国代表大会上,教育是重要议题之一。大会议决通过了教育宗旨和实施原则,并于4月26日由南京国民政府正式以《中华民国教育宗旨及其实施方针》通令颁行,其中教育宗旨为:"中华民国之教育,根据三民主义,以充实人民生活,扶植社会生存,发展国民生计,延续民族生命为目的;务期民族独立,民权普遍,民生发展,以促进世界大同。"所公布的教育实施方针经1931年11月国民党第四次全国代表大会修订并再次公布,内容更加完备。另外,国民党政府还于1931年颁布了《三民主义教育实施原则》,分别对初等教育、中等教育、高等教育、师范教育、社会教育、蒙藏教育、华侨教育、留学教育这八个方面规定

了具体的实施目标和纲要。

三民主义教育宗旨的颁行对教育的稳定发展起到了一定的作用。但这一方针的本质是维护国民党的一党专政,在实际执行中也大打折扣。

(二)"战时须作平时看"的抗战教育政策

七七事变之后,为应付战争环境下的教育局势,国民党政府先后颁布了一些教育法令:《总动员时督导教育工作办法纲领》《战时各级教育实施方案纲要》《中国国民党抗日救国纲领》等,对战时教育作了规定。综合这些文件的精神,国民政府在抗战时所执行的教育可以概括为"战时须作平时看"。第一,它要求战争发生时,全国各地各级学校及其他文化机关,务必尽力保持镇静,以就地维持课务为原则,无论是学制、课程、学校秩序、教育经费都应该以平时为原则,以维持正常教学为主旨。第二,在"战时须作平时看"的总原则下,为适应抗战需要和符合战时环境,适当改订教育制度及教材、推行战时课程,训练抗战所需要的各种专门技术人员,但应注意适当的比例。第三,进一步加强政治思想教育,一方面要求教育学生青年真诚一致地信仰三民主义,抵制共产主义思想在青年心中的影响;另一方面加强传统文化教育,以立民族之自信。

在这一政策的指导下,一批高校内迁,保证了高等教育的延续发展,建立了国立中学,对中等教育的发展起到了稳定作用。这一政策客观上维持教育的连续性,为今后国家建设培养、储备了一定的人才。当然,这一政策也成为国民党控制教育、抑制民主思想发展的有效工具。

二、国民政府对学制系统的整理和学校教育的发展

国民党在南京建立政府之后,国民党中央执委会根据蔡元培的建议,仿照法国教育行政制度模式,中央设中华民国大学院,地方试行大学区,取代民国以来中央政府教育部和省级教育厅。蔡元培被任命为大学院院长,并公布了《中华民国大学院组织法》和《大学区组织条例》。1928年5月,大学院在南京召开第一次全国教育会议,以1922年公布的学制为基础,进行修改整理,通过了《整理中华民国学校系统案》。

从1929年起至1932年,国民党政府先后颁布了一系列教育法令,如《大学组织法》、《专科学校组织法》、《小学法》、《中学法》、《师范学校法》、《职业学校法》、《国外留学法》等教育法令,作为政府规范各级各类学校教育的法定文件。紧跟其后,颁布了各级各类学校规程,如《大学规程》、《专科学校规程》、《小学规程》、《中学规程》、《国外留学规程》等,并针对部分类别的学校颁布了课程标准,如《小学课程标准》、《中学课程标准》等,以这些法令、规程、标准为基础形成了国民政府统治时期完整的学校教育制度。之后,在1936年、抗战中和抗战胜利后根据实施过程中的问题或形势发展的需要,进行过适当的调整,但基本上没有大变。

国民政府时期教育发展分三个阶段。1927年至抗战前为稳步发展阶段,1937

第十一章 从新文化运动到新中国成立时期的教育

年抗战初期教育遭受到严重破坏,但由于国民政府执行了"战时须作平时看"的教育政策和广大教育界人士的努力,各级教育特别是中、高等教育得到了迅速发展。抗战结束后,各级教育保持了良好的发展势头,但由于国民党发动内战,很快又失去了国家建设和教育发展的大好机会。

三、国民政府对学校教育的管理、控制措施

自辛亥革命、特别是五四运动以来,学生的民主意识得到普遍的增强。1927年建立南京国民政府以后,国民党一党专制的独裁统治不得人心,国民政府统治区学生要求参与校政,指责地方行政、请愿等学潮时有发生。国民党为了加强学校管理和思想政治控制,维护其统治,采取了一系列行政和非行政的措施对学校进行管理和控制,这些措施主要包括如下几个方面。

(一)政治压制与强化传统伦理

1930年12月,为了整顿教育,蒋介石亲自兼任教育部部长,颁布了《整顿学风令》和《告诫全国学生书》,要求学生"唯当一意力学……奉总理三民主义为依归,不得干涉行政",认为"破坏法纪之学潮,自与反革命无异",政府将"以治反动派者治之"。在施以政治高压的同时,国民党政府还强调中国传统文化,进行传统伦理道德的教育,他们把传统的伦理道德归结为"四维"——礼、义、廉、耻;"八德"——忠、孝、仁、爱、信、义、和、平。抗战全面爆发后,对中国传统文化的强调更强烈,这对激起民族自信心发挥了一定作用。

(二)建立严密的训育制度

训育制度是国民党政府在学校里进行常规政治思想控制、进行管理的基本组织形式。国民党政府在中学和高等学校都设有训导处或训育处,由训导长或训育主任一人负责,他们必须是国民党员。他们在训育员的辅助下,领导各年级组的导师,对学生进行思想政治工作。训育员或导师除了对学生的品德、生活进行训导以外,还经常接受国民党党部和三民主义青年团交给的任务,在抗战以前特别注意在学生中做反共宣传,即所谓揭露"共匪罪恶"的宣传。他们一个很重要的任务就是严密控制学生的思想和行为,"考查学生所阅刊物及各类平时之言论行为,以便侦悉其对本党之态度及其生活与思想"。

(三)强化对学生的军事训练

国民政府另一项控制学校教育的措施就是实施军训制度,对小学及初中阶段的学生实施童子军训练,对高中以上学生实施军事训练。

1928年5月,国民党中央常务会议通过《中国国民党童子军总章》,规定以三民主义培养青年,凡12至18岁的青少年皆须入伍受童子军训练。不过在学校范围内,由于针对高中以上学校通过了另外的相关法规,童子军主要只针对初中阶段。国民党政府对高中学生实施军事训练始于1929年。1929年国民政府公布《高中以上学校军事教育方案》,规定:"凡大学、高级中学及专门学校、大学预科并其他高等以上

学校,除女生外均应以军事教育为必修科目。"从此军事训练成为高中的必修课程,课程量在抗战前一般为每周3课时,保持1年,另外还一度要求对高中学生每年暑假实施3个星期的集中训练,抗战后则加重到每周3课时通贯3年,体育课每周2课时一直保持。

军训对训练学生的纪律、秩序观念和吃苦耐劳精神确实具有一定的作用,但国民党政府实施军训的目的是将其作为控制和防范学生思想行为的工具,因此一直受到师生的非议和抱怨。

(四)实行教科书审查制度

1927年南京国民政府为贯彻党化教育,规定从速审查和编写教科书,以求与"党义"相合,并通过了《组织教科书审查会章程》。大学院时期,政府设立专门编审机构,还公布了《教科图书审查条例》,规定非经大学院审定,所有教科书不得发行和采用,明确强调以国民党的党纲、党义和三民主义为审查教科书的标准。1929年,国民政府教育部先后公布了《教科图书审查规程》和《审查教科图书共同标准》,明确规定各级各类学校采用的教科书必须经过教育部审查,否则不得发行和采用。并提出了教科书审查的政治标准、内容标准、组织形式标准、语文文字标准和印刷装帧标准,其中政治标准为"适合党义,适合国情,适合时代"。

1932年6月南京国民政府设立国立编译馆,会同教育部普通教育司代表政府办理中小学教科书的编纂审定事宜。1933年4月公布《国立编译馆组织条例》和《办事细则》,详细规定了工作内容和教科书审定程序,重申学校教科书编纂的国定制和审定制,明确了教科图书的初审、复审、终审的三审制,以及初审、复审发生争议时的特审制。抗日胜利后,国民政府除继续由国立编译馆编纂教育部部编教材外,还通过选择各书局、出版社的优秀课本,指定实验学校优秀实验教材和向社会征求的形式,经严格审查修改后,确定为教育部部编教科书,使学校教科书更为严格地纳入国民政府的控制之下。

从国民政府建立和完善教科书审查制度的过程看,这种制度贯穿了思想控制的意图,企图借助教科书审定贯彻国民党的党义和三民主义精神。但教科书审查制度的建立,也对全国教科书的编写、出版起到规范作用,尤其是在教育界、出版界有关人士努力下,也确实出版了为数不少的优秀教科书。

(五)毕业会考制度

1932年,国民党教育部公布《中小学学生会考暂行规程》,后来在舆论界的压力下,废除了小学会考,但中学会考继续保留。1933年公布了《中学学生毕业会考规程》,并开始施行。当时是这样规定的:以毕业生所在学校的毕业考试成绩的40%,毕业生所在教育行政机关会考成绩的60%计算成绩,各科成绩都能及格才发给毕业文凭,参加升学考试。如一科或两科不及格,允许参加该科的补习,来年补考,可以补考两次。三科不及格允许留级,留级也不能超过两次,这就是国民党统治区的中学会考制度。会考制度对学生来讲无疑是个沉重的负担。当然,会考也在一定程度上起到了促进教学、统一中学毕业标准的作用。

（六）特种地区的特种教育

所谓特种地区，是指曾经为中国共产党领导的根据地或周边地区，后来经过国民党的"围剿"，红军暂时退出的地方。特种教育的对象是所谓"被赤化的成人和儿童"。对特种地区的教育实行"教、养、卫"兼重，"教"就是要提倡"忠、孝、仁、爱、信、义、和、平"的三民主义道德教育来抵制所谓的"共党邪说"，"养"、"卫"就是要发展生产、训练武装来解决这些地区的生活和"防共"问题。国民党政府在这些地区实际上是采用了军、政、教合一的治理方法。

第四节　中国共产党领导下的革命根据地的教育

1927年4月，国民党右派发动政变，断送了第一次国共合作和第一次国内革命的大好形势。迫于局势，中国共产党发动领导了多次武装起义，逐步建立起一批农村革命根据地，开创了"工农武装割据"的崭新局面。1931年中华苏维埃共和国成立后直至1934年10月红军长征开始前，苏区教育获得空前发展，确立了与南京政府根本对立的教育方针和制度，新民主主义教育进入一个新阶段。

一、苏维埃革命根据地时期的教育

从1927年10月毛泽东率领秋收起义部队到达井冈山，到1930年6月的两年多时间里，中国工农红军发展到10多万人，1931年11月以江西瑞金为中心建立了中华苏维埃共和国临时中央政府，拥有300多个县、3 000多万人口，这是苏维埃教育发展的实际空间。

（一）苏维埃教育总方针和苏区文化教育的中心任务

1934年1月，中央苏区召开了中华苏维埃第二次全国代表大会，毛泽东在代表大会上作工作报告，在报告里指出苏维埃文化教育的总方针："在于以共产主义的精神来教育广大的劳苦民众，在于使文化教育为革命战争与阶级斗争服务，在于使教育与劳动联系起来，在于使广大中国民众都成为享受文明幸福的人"。这是苏区教育的指导思想。

毛泽东在中华苏维埃第二次全国代表大会上的报告中同时提出了苏维埃文化教育的中心任务："是厉行全部的义务教育（针对儿童教育而言），是发展广泛的社会教育，是努力扫除文盲（针对成人群众教育而言），是创造大批领导斗争的高级干部（针对干部教育而言）"。在这些中心任务的实施过程中，实际上突出了干部教育，而群众和儿童教育是在中央扶持下依靠地方上的财力物力兴办的。

（二）苏区教育的实施

1931年中华苏维埃共和国临时中央政府成立，在中央人民政府中设立了教育人民委员部，由瞿秋白任部长。他不在苏区时，由徐特立代理，在教育人民委员部领导下开展苏区的教育工作。下面是苏区教育实施的基本情况。

1. 苏区的儿童教育

苏区没有普通意义上的中学,职业学校很少,对儿童和青少年的教育主要是小学教育。苏维埃政府非常重视儿童教育,规定"要对于一切儿童不分性别与成分差别,施以免费的义务教育",要求在国内战争环境中,首先应该保证劳动工农的子弟得受免费的义务教育。苏区小学的入学率比较高,据兴国县的调查,有60%的儿童入学。苏区小学通常称为列宁小学,学制最初是6年(三三分段,或四二分段),1933年后学制改为5年,初小3年,高小2年,不过苏区的小学大部分都是初小。学校针对不同的入学对象又分成半日制和全日制两种。课程为:初等小学设国语、算术、游艺三科,另外还有每周12个小时的劳作实习和社会工作。高等小学的课程是国语、算术、社会常识、自然常识、游艺科,另外再加6～10个小时的劳作实习和社会工作。

2. 成人群众教育

苏维埃政府采取各种形式帮助群众识字,提高文化水平。成人群众教育的基本形式有夜校、识字班、俱乐部等。夜校一般设在人口比较集中的村里,让年长失学的人利用晚上的时间认字。但因农村居住比较散,离夜校远,还有些特殊情况不能上夜校的就编入识字班,由在夜校里上学的人担任组长。所以识字班的学生不认识的字,就问夜校学生;夜校学生不认识的字,就问夜校老师;夜校老师不认识,就问日校的老师。俱乐部在当时主要是一种实施政治教育的场所,不过这种教育更加艺术化,具有趣味性。

3. 干部教育

干部教育是苏区教育最突出的一个方面。因为根据地首先要解决的就是干部问题。尽管根据地当时的条件比较差,但培养各类干部的学校是比较齐全的,包括党政、军事、医药、师范、艺术、农业等各方面,还是比较全面的。其中比较有影响的有三所大学。①马克思共产主义学校。1933年3月由苏区中央局与全总执行局联合创办,直属苏区中央局,为苏维埃党校。校址在瑞金沙州坝。学习期限为4～9个月不等。②苏维埃大学。1933年8月成立,是培养各类干部的综合性大学,1934年7月并入马克思共产主义学校。③中国工农红军大学。它的全称是工农红军郝西史大学(郝西史是苏联驻广州领事馆的副领事,在1927年广州起义中牺牲),1936年6月正式成立。其前身是红军学校,为苏区最高军事学府。

其他中层干部学校和专业学校有:中央农业学校、中央列宁师范学校、高尔基戏剧学校、红色通讯学校、军医学校、看护学校等。

二、抗日民主根据地和解放区的教育

1935年10月,中国工农红军经过二万五千里长征到达陕北。抗日战争期间,中国共产党人先后建立了以陕甘宁边区为中心、几乎遍及全国的抗日民主根据地,拥有9500多万人口。解放战争时期随着解放战争节节胜利,解放区不断扩大。中国共产党领导的教育在这些地区不断延伸。

第十一章 从新文化运动到新中国成立时期的教育

(一) 抗日根据地的教育方针和政策

在整个抗日战争时期,抗日根据地都执行教育为抗战服务的教育政策,把教育事业作为抗战事业的重要组成部分。但是这一政策在抗战的不同时期,认识和贯彻程度有所不同。

1937年7月23日,即卢沟桥事变发生后不久,毛泽东就发表了自己对教育的看法,认为在抗战时期,应实施国防教育,根本改革过去的教育方针和教育制度。同年8月,中国共产党在《抗日救国十大纲领》中就教育问题提出:改变教育的旧制度、旧课程,实行以抗日救国为目标的新制度、新课程。1938年11月,中国共产党六届六中全会召开,毛泽东在会上作了《论新阶段》的报告,对抗战时期的教育政策作了具体的阐述,内容包括:改订学制;创设并扩大增强各种干部学校,培养大批抗日干部;广泛发展民众教育;办理义务小学教育,以民族精神教育新后代。在这次大会上,还通过了"实行国防教育政策,使教育为民族自卫战争服务"的决议。在这些方针政策指导下,抗日根据地的教育和抗战融为一体,成为抗战事业不可分割的一部分。

1939年到1942年之间,在边区出现了所谓"教育正规化"现象。一般把这次的"教育正规化"倾向称为"旧型教育正规化"。"旧型教育正规化"偏离了抗战教育政策,脱离了边区教育的实际,延安整风运动中对此给予了纠正,并对根据地教育政策作了更明确更具体的表述。

(二) 抗日根据地教育的实施

1. 干部教育

在抗日根据地执行"干部教育第一"的政策,培养各种抗日干部的学校比较齐全。培养较高级干部的学校一般以"大学"、"学院"、"公学"或"干校"命名。其实一般中学、师范学校都是培养抗日干部的学校,甚至高等小学也有培养干部和选拔干部的任务。属于较高层次的干部学校有:中共中央党校、中国人民抗日军事政治大学、陕北公学、延安马列学院、鲁迅艺术学院、中国女子大学等。在培养干部的学校中,最突出的是中国人民抗日军事政治大学。

2. 工农业余教育

工农业余教育的对象是成人群众。工农业余教育的任务有两个方面:一方面是扫除文盲,提高人民的文化水平;另一方面是提高政治觉悟,进行军事知识和技能的训练。其中后一个任务是主要的,是让一般民众都能理解战争、配合战争、参与战争。工农业余教育的形式主要是冬学、夜校、雨校、半日学校、识字班、民教馆。其中冬学是最主要的形式,它是利用冬季农闲的时候开办的。

3. 普通教育

普通教育是指面向儿童为主的国民教育。抗日根据地没有一般意义上的中等学校,具有中等程度的学校主要是大量存在的师范学校,一些以中学命名的学校,有的是为了收容从敌占区来的青年学生,有的是直接招收高小毕业生,但基本上是培养地方干部。在高等教育方面,主要是创办了中国人民抗日军事政治大学,简称"抗大",1936年6月创办于陕北瓦窑堡,初期称为"抗日红军大学"。抗大和苏区的红军大学有承接关系,是为了继续培养红军干部而创办的。抗战胜利后,1945年10月奉命迁到东北,组成了东北军政大学。在9年的时间里,抗大一共培养了20多万革命干部。

(三)解放战争时期解放区的教育

1. 教育的基本政策

解放战争时期的教育政策可以概括为这样几个方面:消除日伪奴化教育和国民党党化教育的影响;为当时的政治斗争(包括前方的解放战争和后方的土地革命)服务;为解放区的生产建设和未来国家的建设服务。解放战争时期儿童教育相对于前一时期有所重视,但在教育政策上仍然是以干部教育为中心。第一是在职干部教育,第二是干部学校教育。

2. 教育工作中心任务的转移

解放战争时期教育工作的中心任务是随解放战争战场上形势的变化而变化的。解放战争刚刚开始的时候,基本上继承了抗日根据地的教育传统,教育中的政治任务由抗日的民族主义教育转到反对国民党的新民主主义教育,教育起到了战争动员和政治宣传的作用。1947年下半年之后,人民解放军由战略防御转入战略反攻,新解放区不断开辟。当时的教育主要担负以下任务:首先是对新解放区的知识分子进行教育和改造,让他们为新政权服务;其次是为新解放区培养大批政治、经济、军事建设的干部,因为当时承担干部培养的学校主要是中等学校,所以当时中等学校的发展非常迅速。另外这一时期教育中围绕土地改革所进行的政治教育比较突出。1948年底到1949年初,中国共产党夺取全国政权的形势已经不可逆转,所以教育为经济建设服务的问题就提了出来。特别是有关普通教育的正规化问题被提了出来,标志着教育开始有意识地从为革命战争服务转移到为和平建设事业服务。

中国共产党领导下的革命根据地教育是一场规模宏大的革命教育实践,也是一种在特殊环境下从事的教育实践。残酷的战争环境、落后的农村地区、薄弱的文化教育基础,是革命根据地开展教育的基本条件。但革命根据地政府在艰苦环境下,创造了教育为政治和革命战争服务的成功范例,提供了丰富的经验。

教育启示录 5

陶行知的四块糖果

陶行知先生在育才学校当校长时,曾经发生过这样一件事情。

一天,陶行知在校园里看到学生王友用泥巴砸自己班上的男同学,陶行知立即制止了他,并让他放学后到校长室来。

放学后,王友早早地来到校长室门口准备挨训。这时,陶行知走过来了。他一看到王友,就掏出一块糖果递给他,说:"这是奖给你的,因为你按时来了,而我却迟到了。"王友惊愕地接过糖果,目不转睛地看着陶行知。这时,陶行知又掏出一颗糖

第十一章 从新文化运动到新中国成立时期的教育

果递给王友,说:"这块糖果也是奖给你的,因为当我不让你再打人的时候,你立即就住手了,这说明你很尊重我,我应该奖励你。"王友更惊愕了,他不知道校长到底想干什么。

这时,陶行知又掏出一块糖果放到王友的手里说:"我已经调查过了,你用泥块砸那些男生,是因为他们不守游戏规则,欺负女生。你砸他们证明你很正直善良,并且有跟坏人作斗争的勇气,应该奖励。"王友听了非常感动,他失声叫了起来:"校长,你打我吧,我砸的不是坏人,而是自己的同学呀!"陶行知满意地笑了,又掏出一块糖果递给王友,说:"你能正确地认识错误,这块糖果值得奖励给你。现在我已经没有糖果了,你也可以回去了。"

资料来源　http://www.lyjtj.com/Item.aspx?id=5205,有改动。

▶▶ 复习思考题:

1. 名词解释:新文化运动。
2. 新文化运动促使教育观念发生了哪些变化?
3. 简述新文化运动推动下的教育改革。

第十二章 中国近现代学制沿革

中国近现代学制建立始于清末的壬寅学制与癸卯学制。壬寅学制是中国近现代历史上制定出的第一个学制,但是它未得以实行。在壬寅学制的基础上制定出的癸卯学制是近现代史上颁行的第一个学制。它们揭开了中国教育史上现代学制建立和改革的序幕。

第一节 癸卯学制

1902年,在管学大臣张百熙的主持下拟订了一系列学制系统文件,包括《京师大学堂章程》、《考选入学章程》、《高等学堂章程》、《中学堂章程》、《小学堂章程》和《蒙学堂章程》共6件,同年8月15日奏呈颁布,统称《钦定学堂章程》。因该年为壬寅年,又称壬寅学制。这是中国近代第一个以中央政府名义制订的全国性学制系统,具体限定了各级各类学堂的性质、培养目标、入学条件、在学年限、课程设置和相互衔接关系等。由于学制本身的不甚完备及清政府对张百熙心存疑忌,这部学制虽经公布,但并未实施。

图 12-1 奏定学堂章程

1904年1月13日(光绪二十九年十一月二十六日),清政府公布了由张百熙、荣庆、张之洞主持重新拟订的一系列学制系统文件,包括《学务纲要》、《各学堂管理通则》、《蒙养院章程及家庭教育法章程》、《初等小学堂章程》、《高等小学堂章程》、《中学堂章程》、《高等学堂章程》、《大学堂章程》(附通儒院章程)、《初级师范学堂章程》、《优级师范学堂章程》、《任用教员章程》、《初等农工商实业学堂章程》(附实业补习普通学堂及艺徒学堂各章程)、《中等农工商实业学堂章程》、《高等农工商实业学堂章程》、《实业教员讲习所章程》、《实业学堂通则》、《译学馆章程》(译学馆又称方言学堂)等,统称《奏定学堂章程》(见图12-1)。因公布时在阴历癸卯年,又称癸卯学制。① 这是中国近代由中央政府颁布并首次得到施行的全国性法定学制系统,较壬寅学制更为系统详备。

---

① 朱有瓛主编:《中国近代学制史料》(第二辑,上册),华东师范大学出版社1987年版,第78-79页。

第十二章 中国近现代学制沿革

一、学制体系

(一)学制内容

癸卯学制包括各级各类学堂章程,还附有学校管理法、教授法等。整个学制纵向分为初等教育、中等教育和高等教育三段,三段又共分为七级:初等教育有蒙养院(4年)、初等小学堂(5年)、高等小学堂(4年),中等教育有中学堂(5年),高等教育有高等学堂(3年)、分科大学堂(3~4年)、通儒院(5年)。横向分为三部分:在普通学堂之外还有师范教育和实业教育两个独立的系统。此外,属于高等教育性质的还有译学馆、进士馆和仕学馆。由此构成纵向初等、中等、高等三级相衔接,横向普通、师范、实业三足鼎立的整体格局和框架。

学制主系列划分为三段七级。第一阶段为初等教育,包括蒙养院4年、初等小学堂5年和高等小学堂4年。蒙养院是幼儿教育机构,招收3~7岁幼儿,将其纳入学制系统标志着我国学前幼儿教育已进入到国家规划发展的新阶段。初等小学堂规划为强迫教育阶段,儿童7岁进入学龄期后,理应一律进入,"使邑无不学之户,家无不学之童","以启其人生应有之知识,立其明伦理爱国家之根基,并调护儿童身体,令其发育为宗旨",课程有修身、读经讲经、中国文字、算术、历史、地理、格致、体操等。高等小学堂则"以培养国民之善性,扩充国民之知识,强壮国民之气体为宗旨",课程有修身、读经讲经、中国文学、算术、中国历史、地理、格致、图画、体操等。第二阶段为中等教育,设中学堂5年。设修身、读经讲经、中国文学、外国语、历史、地理、算学、博物、物理及化学、法制及理财、图画、体操等课程。第三阶段为高等教育,分为三级:高等学堂或大学预科3年(分第一、二、三类);分科大学堂3~4年(分为经学、政法、文学、商、格致、工、农、医共8科,京师大学堂8科全备,设于各省至少备其中3科);通儒院5年,属于研究院性质,以"能发明新理以著成新书,能制造新器以利民用"为宗旨。从初等小学堂到分科大学堂,学制总年限长达20~21年之久。

在主系列之外的各类学堂中,主要有两大类。①实业类:与高等小学平行的实业补习学堂、初等农工商实业学堂和艺徒学堂,与中学堂平行的中等实业学堂,与高等学堂平行的高等实业学堂,各级实业学堂一般都划分为农业、工业、商业、商船4个专业。②师范类:与中学堂平行的初级师范学堂,以培养初等、高等小学堂教员为宗旨;与高等学堂平行的优级师范学堂,"以造就初级师范学堂及中学之教员管理人员为宗旨"。支系中各学堂其修业年限和起始年龄与对应的平行主系列或略有参差。

(二)学制的特点

清末学制的制定是近代以来学习西方教育的系统性成果,是近代中国教育改革的承前启后之作,在中国教育近代化发展中具有标志性意义。

在制定过程中直接参考日本,间接吸纳欧美,反映了近代资本主义教育的诸多特点。学制整体结构仿照西方流行的三级学制系统模式,分初等、中等、高等三级;学制规划了义务教育(强迫教育)的目标,反映了对教育的普及性和平等性要求,学制的各阶段特别是初等教育阶段,教育目标上确立了德、智、体三方面协调发展的"三育"模式;设置了众多的实业学堂,以适应和推动近代资本主义工商业的发展;重视师范教育,加强教师职业训练;将分年课程规划、班级授课制作为基本的教学管理和教学组织形式;要求尊重儿童个性,禁止对13岁以上儿童施行重于罚站之类的体罚;在课程整体比重上,西学占主导地位;编制了专门的教科书;形成了普通教育、实业教育、师范教育三驾并驱的模式;教学系统与教育行政系统分离;等等。这些都与封建传统教育有本质区别。癸卯学制的颁布结束了中国延续了两千多年的封建传统教育体制,在教育史上具有划时代的意义。

清末学制表现出浓厚的封建性,主要体现在以下几个方面。第一,学制的指导思想仍是洋务教育"中学为体,西学为用"的延续,没有本质上的突破,强调对学生进行封建伦理道德知识的灌输,首要任务是培养学生效忠封建王朝。第二,"读经讲经"课的比重过大,初等小学堂占全部课程总时数的五分之二,高等小学堂占三分之一,中学堂占四分之一,大学设有经学科。中西兼学,既要学西学,又不肯稍减中学,导致学制偏长。第三,各级各类学堂尽管无明确的等级限制,但进入大学堂"须觅同乡京官为保人,出具确实具保印结",无形中维护了教育的封建等级性。第四,广大妇女被排斥在学校教育之外。第五,《各学堂管理通则》中对教职员和学生规定了许多旨在维护封建统治秩序的禁令和严厉的惩儆条例,显示了较强的封建专制性。第六,从学制时间上看,延续时间过长,总计29~30年,即使不算两端的蒙养院和通儒院,也有20~21年,体现的是逐级淘汰的封建选拔制。学制中,初等教育和高等教育分量重,各有三级;而中等教育分量轻,只有一级,属于过渡性质而已,可见尚未摆脱封建传统的小学-大学的框架构建。第七,从学校设置看,按地方行政级别规定办学级别,如初等小学堂由乡镇设立,高等小学堂由州县(及大镇)设立,中学堂由府(大州)设立,高等学堂在省城设立,最高学府设在京城,同时鼓励私人办学(限于小学),也是套用了传统的办学体制。第八,从学校管理看,保留旧学校每月朔日(初一)的祭孔、宣读《圣谕广训》的典礼,及月课、岁考、以学业成绩奖惩学生的各项制度。毕业考试由地方官会同学堂监督(校长)和教员主持,各类毕业生分别赋予相应的科举出身,如通儒院毕业生按翰林升阶,大学本科毕业生作为进士出身,高等学堂毕业生作为举人出身,中学堂毕业生奖以(国子监)拔贡、优贡、岁贡,高等小学堂毕业生作为(府、州、县学)生员,即秀才出身。师范学堂和实业学堂比照同级普通学堂给予毕业生科举出身。

由此不难看出,清末学制包含了资本主义和封建性因素,是传统性和近代性的综合产物。

二、清末学制的补充与修正

学制的制定特别是癸卯学制的颁布,解决了各地兴学无章可依的矛盾,为新式学堂的发展奠定了基础,在其他教育改革措施的配合下,各级各类学堂的数量和在校生人数不断增加。

根据形势的发展和实施中的问题,癸卯学制颁布后又做过一些补充和修正。

学制中开放了"女禁"。继近代第一所国人自办的女子学堂——经正女学之后,全国各地不同形式的女子学校相继出现。慈禧太后在1906年2月面谕学部,振兴女学。1907年,学部颁布《女子小学堂章程》和《女子师范学堂章程》,虽离全面开放女子学校教育相差甚远,但这是我国女子教育在学制上取得合法地位的开始。

针对民间关于初等小学堂难于按章程规定普及的议论,1909年颁布了《变通初等小学堂章程》,规定可以根据师资和入学对象的情况,原《初等小学堂章程》中初等小学完全科的部分课程可以删减,初等小学简易科的年限(原《初等小学堂章程》也规定初等小学设简易科,但只删减课程,不缩短年限)可缩至4年或3年,课程更为简缩。这些补充和修正措施有助于扩大教育的对象和范围,促进了新式学堂的发展。

1909年对中学制度进行了调整,实行文实分科,课程各有侧重。

第二节 壬子癸丑学制

南京临时政府成立后,在教育部召开的临时教育会议上,讨论了学制改革的问题,制订了一个新的学制系统,并附有9条说明,于1912年9月公布,史称壬子学制。自新学制公布到1913年8月,又陆续颁布了各种学校规程,对新学制进行补充,使其成为一个更加完整的系统,即壬子癸丑学制,亦称1912—1913年学制。

一、学制体系

(一)学制的内容

壬子癸丑学制规定,儿童从6岁入学到23岁或24岁大学毕业,整个学程为17年或18年,分三段四级。

第一阶段为初等教育。分为两级:初等小学校4年,为义务教育,毕业后可入高等小学校或乙种实业学校;高等小学3年,毕业后可入中学校或师范学校、甲种实业学校。不分设男校女校。"小学校教育以留意儿童身心之发育,培养国民道德之基础,并授以生活所必需之知识技能为宗旨。"

第二阶段为中等教育。设中学校,学习年限4年,毕业后可入大学、专门学校或高等师范学校。不分级,但专为女子设立女子中学校。"中学校'以完足普通教育、造成健全国民'为宗旨。"

第三阶段为高等教育。高等教育段不分级,设立大学。大学实际分为预科、本科、大学院三个层次。其中预科3年,根据准备升入的本科科别分为三部类;本科3至4年,分为文、理、法、商、医、农、工7科;本科之后设大学院,不定年限,招收各本科毕业生为大学院生,"研究学术之蕴奥"。"大学以教授高深学术、养成硕学闳材、应国家需要为宗旨。"

此外,下设蒙养院,不计年限。除去上述自小学、中学到大学的普通教育系统外,还有师范教育和实业教育两系统。师范教育分师范学校和高等师范学校两级。师范学校本科4年,预科1年;高等师范学校本科3年,预科1年。实业学校分甲乙两种,均为3年毕业,分农业、工业、商业、商船各类。另外,还有补习科、专修科、小学教员讲习所等,是上述各校附设或特设学科。

（二）学制的特点

壬子癸丑学制仍保持以小学至大学教育为骨干,兼重师范教育和实业教育的整体结构。与癸卯学制相比,其明显的特点有以下几条。第一,缩短了学制年限,主要表现在初、中等教育段,初等小学校、高等小学校、中学校各比癸卯学制减少了1年,有利于普通教育的普及和平民化发展。学制总年限缩短了3年。第二,女子享有与男子平等的法定教育权。虽未特别强调女子教育,但也没有排斥女子教育的条文；不分男女儿童,都应接受义务教育,初等教育阶段可以男女同校；设立专门的女子中学、女子师范学校、女子高等师范学校等。这些措施突破了封建礼教对女性的限制,体现了资本主义文化的男女平等观念。第三,取消对毕业生奖励科举出身,废止清末高等教育中的所谓保人制度,大学不设经科,有利于消除教育中的封建等级性、科举名位思想和复古气息。第四,规定一学年度为3个学期,每年的8月1日至12月31日为第一学期,次年1月1日至3月31日为第二学期,次年4月1日至7月31日为第三学期。假期安排为:暑假——高等学校55天,中学40天,小学30天；年假——一律20天；春假(清明节)——一律7天。另外,壬子癸丑学制增设初等小学补习科、高等小学补习科；不采纳清末中学的文实分科的做法；取消高等学堂,只设大学预科；特设专门学校,与大学平行,这些都是力度较大的改革。

二、课程标准

在颁布教育法令法规的同时,教育部还颁布了各级各类学校的课程标准和课程表,更具体地对相关学校的课程设置、教学目标、授课时数都作出规定。

（一）小学校

根据1912年11月颁布的《小学校教则及课程表》,初等小学校开设修身、国文、算术、手工、图画、唱歌、体操共7门课程,女子加缝纫课。如因故不能开设手工、图画、唱歌、缝纫之一科或数科,应增加其他科目的教学时数。高等小学校开设修身、国文、算术、本国历史、地理、理科、手工、图画、唱歌、体操共10门课程,女子加缝纫课、男子加农业课(根据地方情形或缺或改为商业),有条件的可加英语课(或其他外国语)。如因故不能开设手工、唱歌、农业之一科或数科,也应增加其他科目的教学时数。与清末相比,取消了读经课,授课时数也略有减少。

（二）中学校

根据1912年9月至1913年3月先后颁布的《中学校令》及《施行规则》、《课程标准》等文件,中学校开设修身、国文、外国语、历史、地理、数学、博物、物理、化学、法制经济、图画、手工、乐歌、体操等课程,女子中学加家事、园艺(可缺)、缝纫等课。强调外国语应以英语为主,特殊情况下才可从法、德、俄语中选择一种。取消了清末的文实分科制度,取消了读经课,增加了手工课。

（三）师范学校

1913年3月教育部公布《师范学校课程标准》和《高等师范学校课程标准》。师范学校以造就小学教员为目的。高等师范学校以造就中学校、师范学校教员为目的。男、女师范学校都分本科和预科,本科又分一、二两部。男师第一部学科为修身、读经、教育、国文、习字、外国语、历史、地理、数学、博物、物理、化学、法制经济、图画、手工、农业、乐歌、体操。女师本科第一部学科,除不设农业,另加家事、园艺、缝纫外,外国语为选修,其他与男师相同。男女师范第一部均为4年。男师本科第二部学科为修身、读经、教育、国文、数学、博物、物理、化学、图画、手工、农业、乐歌、体操。女师第二部不设读经和农业,另加缝纫,其他与男师相同。男女师范第二部均修业1年。预科修业1年,科目有修身、读经、国文、习字、外国语、数学、图画、乐歌、体操。女师加缝纫。高等师范学校分预科、本科、研究科。预科1年,科目为伦理学、国文、英语、数学、论理学、图画、乐歌、体操。本科3年,分国文部、英语部、历史地理部、数学物理部、物理化学部、博物部。各部又有分习科目。本科各部还有共同必修科,科目为伦理学、心理学、教育学、英语、体操。研究科1年或2年,就本科各部选择二、三科目进行研究。此外,还有专修科和选科,视需要临时设立。从学习内容看,较清末师范教育,增添了社会生产和生活的实用科目和教育理论科目。各级师范学校学生均可享受公费待遇。

（四）专门学校

专门学校分政法、医学、药学、农业、工业、商业、美术、音乐、商船和外国语各类。

（五）大学

大学分文、理、法、商、医、农、工等7科。各科再分为若干门（相当现在大学中的系）。预科分三部:第一部预科生入文、法、商3科;第二部预科生入理、工、农及医科的药物门;第三部预科生入医科的医学门。

（六）实业学校

实业学校以教授农工商业必需的知识技能为目的。甲种实业学校实施完全的普通实业教育;乙种实业学校实施简易的普通实业教育,亦得应地方需要授以特殊的技术。实业学校分农业、工业、商业、商船等校。甲种实业学校预科1年,本科3年。乙种实业学校3年毕业。女子职业学校依地方情形及其性质,参照各实业学校规程办理。

从各级各类学校课程标准中,我们不难发现,首先,该学制突出近代学科和资本主义文化在教育中的地位,但同时对中国传统文化也采取了批判继承的态度,如小学修身课突出孝悌、亲爱、信实、义勇、恭敬、勤俭等传统德目,中学修身课要求注意"本国道德之特色",大学文科中的文学、历史、哲学各门都注意对中国传统文、史、哲的教授、研究与发扬。其次,提高了唱歌、图画、手工、农业等课程的地位,关注对学生的美感和情感教育,注意课程的应用性、平民化和手脑协调发展的特色。应该说,课程设置明确体现了全国临时教育会议通过的"注重道德教育,以实利教育、军国民教育辅之,更以美感教育完成其道德"的民国教育方针。它既有资产阶级教育对道德的要求,又反映了儒家之美、恕、仁的道德意识。

三、学制的调整

壬子癸丑学制经过几年的实施以后,暴露的缺点越来越多。如当时的教育人士批评这个学制整齐划一有余,而灵活性不够,其中一个突出的问题是中学的修业年限太短,而且偏重于普通教育,对学生职业技能的训练注意不够,很难适应第一次世界大战以来中国民族工业发展对教育的要求。在这样的形势下,当时的教育界一致要求对现行学制进行改革,建立一个适合民族资产阶级需要的学制。在民国初年动荡的社会环境下,壬子癸丑学制在局部上有所调整,主要表现在以下两个方面。

第一,学制结构上进行了局部调整。首先表现在初等教育方面。1915 年 7 月和 11 月,教育部先后公布《国民学校令》、《高等小学校令》和《预备学校令》,初等教育由单轨制改为双轨制。其中国民学校 4 年,施行国家根本教育,授以国民道德之基础及国民生活所必需之普通知识技能,为义务教育。1917 年,经北京大学校长蔡元培的提议,教育部召集有关人士讨论,于 9 月公布《修正大学令》,规定将大学预科由原来的 3 年改为 2 年,大学本科由原来的 3 至 4 年改为 4 年。1912 年《大学令》规定,必须具备下列条件之一者方可名为大学:一是文、理两科并设;二是文科兼法、商两科;三是理科兼医、农、工三科中至少一科。《修正大学令》改为:设任意两科以上者都可称大学,单设一科者也可称某科大学。《修正大学令》直接影响到北京大学和全国高等教育的改革。

第二,经学教育内容的增添与复废。从 1915 年《颁定教育要旨》公布到 1916 年初,教育部修正或重新颁布了各级各类学校的课程标准,普遍增添了读经课程,但在袁世凯死后又都予以废除。

壬子癸丑学制是中国近代第一个资产阶级性质的学制,为五四新文化运动打下了一定的基础,促进了学校教育事业的发展。它也是民国初期的中心学制,到 1922 年新的学制出台前,虽有局部调整,但其整体结构框架基本保持不变。

第三节　1922 年的壬戌学制

新文化运动使中国教育界出现了全新的局面,原有的学制体系越来越不适应新的形势,改革势在必行。1921 年,全国教育会联合会第七届年会在广州召开,以学制为主要议题,广东、浙江等 10 个省均提出了各自的学制改革案,最后决议以广东的提案为基础,征求全国意见。1922 年 9 月,北洋政府召开全国学制会议,对提案稍作修改后,提交全国教育会联合会第八届年会再征求意见。在此基础上制定了《学制改革案》,于同年 11 月 1 日以大总统的名义颁布,这就是 1922 年新学制,或称"壬戌学制"。由于采用的是美国式的六三三分段法,又称"六三三学制"。

一、壬戌学制的学制体系

这一学制按适应社会进化之需要、发挥平民教育之精神、谋个性之发展、注意国民经济力、注意社会教育、使教育易于普及、多留各地方伸缩余地等七项标准制定。从纵向看,小学 6 年,初小和高小四二分段;中学 6 年,初中和高中三三分段;大学 4 至 6 年;小学之下有幼儿园,大学之上有大学院。从横向看,与中学校平行的有师范学校和职业学校。

二、壬戌学制的特点

1922 年壬戌学制的颁布,结束了辛亥革命以后教育新旧交叉的混乱状态,反映了新文化运动期间教育改革的综合成果。与旧学制相比,这一学制具有以下特点。

第一,根据学龄儿童的身心发展规律划分教育阶段。学制分三段,即初等教育、中等教育和高等教育。各段的划分大致以儿童身心发展时期为根据,即童年期(6～12 岁)为初等教育阶段,少年时期(12～18 岁)为中等教育阶段,成年时期(18～22 岁)为高等教育阶段。将学制阶段的划分建立在对我国儿童身心发展阶段的研究上,这在中国近代学制发展史上是第一次。

第二,初等教育阶段的改革主要体现在:①它缩短了小学年限,改 7 年为 6 年;②小学分为两级,初级小学 4 年为义务教育阶段,高级小学 2 年,有利于初等教育的普及;③幼儿园也纳入初等教育阶段,使幼儿教育与小学教育得以衔接,确立了幼儿教育在中国教育史上的地位。

第三,中等教育阶段是新学制改革的核心和精粹。①延长了中学年限,改 4 年为 6 年,提高了中学教育的程度,克服了旧学制中学只有 4 年而造成基础知识浅的缺点,改善了中学与大学的衔接关系,有利于提高中等教育的水平。②中学分成初、高中两级,不仅增加了地方办学的伸缩余地,而且也增加了学生选择的余地。③在中学开始实行选科制和分科制,力求使学生有较大发展余地,适应不同发展水平学生的需要。

第四,职业教育渗透到普通教育中,小学高年级可斟酌地方情况,设置职业准备教育,初中也可视需要兼设各种职业课程,高中则是普通科与职业科并立,这样就在各个层次上兼顾学生升学和就业两种准备,使学生有较大发展余地,适应不同发展水平学生之需。

第五,改革师范教育制度。在师范教育方面,种类得以增多,程度相应提高,而且设置灵活。①在中学教育阶段,师范学校修业年限 6 年,师范学校后 3 年实行分组选修制。②师范学校得单设后 2 年或后 3 年,招收初级中学毕业生;③在高等教育阶段,依旧制设立的高等师范学校改为师范大学,并在大学设教育科,招收高级师范学校或中学毕业生。

第六,在高等教育阶段,缩短了高等教育年限,取消了大学预科,使大学不再担任普通教育的任务,有利于大学进行专业教育和科学研究。

第七,不再单列出女子学校,意味着承认男女受教育的完全平等。

此外,还有附则两条:一是注重天才教育,得变通修业年限及课程,使优异之智能尽量发展;二是注意特种教育。①

总的来看,1922年壬戌学制比较彻底地摆脱了封建传统教育的束缚,表现了教育重心的下移,更重视基础的、民众的教育,在培养各个层次的人才、适应社会和个人需要方面是比较和谐的。壬戌学制比较简明,又留有充分的灵活性。因此,这个学制后来除了在某些方面有所改动外,它的总体框架一直延续下来,所以,1922年壬戌学制标志着中国近代以来的学制体系建设的基本完成。

三、壬戌学制的课程标准

紧接着学制改革,全国教育会联合会又提议组织了新学制课程标准委员会,着手进行课程改革。该会于1922年10月、12月拟定了中小学毕业标准和中小学各科课程要旨,反复请专家讨论草拟各种课程纲要,于1923年5月确定并刊布了《中小学课程标准纲要》。

新的课程纲要规定:小学取消修身课,增加公民、卫生课,将手工改为公用艺术,图画改为形象艺术;又将初小的卫生、历史、公民、地理合为社会科;设自然园艺科;将国文改为国语(包括语言、读文、作文、写字),体操改为体育。小学上课以分钟计:初小前两年每周至少1 080分钟,后两年每周至少1 260分钟,高小每周至少1 440分钟。

初级中学课程设社会、言文、算学、自然、艺术、体育6科。其中社会科含公民、历史、地理;言文科含国语、外国语;艺术科含图画、手工、音乐;体育科含生理卫生、体育。初中开始上课以学分计,每学期每周上课1小时为1学分,初中修完180学分才能毕业。除必修科164学分外,余为选修他种科目或补习必修科目。

高级中学分普通科和职业科。普通科分文学、社科和数理三类,又分为两组,第一组注重文学和社会科学,第二组注重数学和自然科学。职业科分农、工、商、商船四类。课程分为公共必修科目、分科专修科目、纯选修科目三种,每一种又有若干门课程,以各种课程学分计算。修满150学分为毕业。两部分课程中,公共必修科目约占学分总额的43%,纯选修科目部分不得超过学分总额的20%。

此课程纲要虽未经政府正式公布,只是由全国教育会联合会议决刊布,但由于该组织在当时有相当的代表性和权威性,故各地都依此施行。

壬戌学制的产生是一种历史的进步,是中国教育现代化发展到一个重要阶段的标志。它对辛亥革命以来教育改革的理论和实践进行了较好的总结,是新文化运动

---

① 孙培青主编:《中国教育史》,华东师范大学出版社2009年版,第401-402页。

在教育领域的一个积极成果,表明了中国教育界知识分子自我意识的觉醒,表现了他们可贵的创造性和庄重的使命感。1922年的壬戌学制是中国近代教育史上的一座里程碑,标志着中国近代以来国家学制体系建设的基本完成。图12-2为随着新学制的建立而编写的近代教科书。

图 12-2　近代教科书

由于1922年壬戌学制比较符合当时中国的情况,后来经过1928年、1932年、1940年多次修补,除了在某些方面有所改动外,总体框架一直延续下来,基本上沿用到全国解放。

四、壬戌学制的修补

1922年壬戌学制实施后,虽然各地实行未久,利弊得失并不显著,但南京国民政府成立后,出于推行三民主义教育的需要,又动议修订学制系统。如出于推行民生主义的需要,认为须广设实习学校,加强职业教育;出于提高教育效率和质量的需要,认为师范教育应独立,高级中学应集中。1928年5月中华民国大学院第一次全国教育会议上,以1922年新学制为基础并略加修改,提出《整理中华民国学校系统案》,即戊辰学制,分原则与学校系统两部分。第一部分提出七项原则:①根据本国实情;②适应民生需要;③提高教育效率;④提高学科标准;⑤谋个性之发展;⑥使教育易于普及;⑦留地方伸缩之可能。第二部分为学校系统。

戊辰学制颁定后直到1937年抗日战争爆发经过多次局部增改调整,也留下了南京国民政府统治时期政治、经济发展的烙印。如:为了扫除训政和建国的障碍,使占人口80%以上的不识字儿童与成年人受到一定教育,较为重视义务教育和成人补习教育;为提高民族文化程度,中等教育和高等教育的工作重心定为整理充实,求质量的提高,不求数量的增加;适应20世纪30年代经济的增长,政府的教育决策明显向职业教育倾斜,使职业教育得到一定发展。

此后,国民政府的学制系统于1937年及抗日战争时期分别作过修订,但1922年新学制的基本框架未变,只是根据时局需要作适当局部变通而已。

从总体发展趋势看，我国近现代学制的改革基本上是每隔10年出现一次，与中国近代社会的重大变迁相吻合，呈现出历史发展的必然性与偶然性之辩证统一。学制发展的总方向是不断走向现代化，不断向上进步。其标志：一方面是科学性、民主性和实用性日益增强和封建教育的日益淡化；另一方面是国人自主意识不断强化，立足自我及融合中西的层次和水平不断提高。

教育启示录6

三毛被罚

作家三毛上初中的时候，喜欢读书，因此而影响了学习成绩，尤其是数学成绩不好。后来她下决心学好数学，但数学老师的一次举动，对她产生了终生的影响。以下是三毛在《逃学为读书》一文中的自述。

数学老师与我之间的仇恨越来越深，她双眼盯住我的凶光，好似武侠小说中射来的飞镖一样……初二那年……第一次月考下来，我四门不及格。父母严重警告我，再不收收心，要留级了……我勉强自己收了心，跟每一位老师合作，凡书都背，凡课都听，连数学习题，我都一道一道死背下来。三次数学小考，我都得了满分。

数学老师当然不相信我会突然不再是白痴了，她认为我是个笨孩子，便该一直笨下去。所以，她开始怀疑我考试作弊。当她拿着我一百分的考卷逼问我时，我对她说："作弊，在我的品格上来说，是不可能，就算你是老师，也不能这样侮辱我。"

她气得很不堪，冷笑了一下。下堂课，她叫全班同学做习题，单独发给我一张考卷，给了我几个听也没有听过的方程式，我当场吃了鸭蛋。

在全班同学的面前，这位数学老师，拿着蘸得饱饱墨汁的毛笔，叫我立正，站在她画在地上的粉笔圈里，笑吟吟恶毒无比地说："你爱吃鸭蛋，老师给你两个大鸭蛋。"在我的脸上，她用墨汁在我眼眶四周涂了两个大圆饼，因为墨汁太多了，它们流下来，顺着我紧紧抿住的嘴唇，渗到了嘴巴里。"现在，转过去给全班同学看看。"她仍是笑吟吟地说。全班突然爆出了惊天动地的哄笑，只有一个同学没有笑，低下头好似要流泪一般。

我弄错了一点，就算这个数学老师不配做老师，在她的名分保护之下，她仍然可以侮辱我，为所欲为。画完了大花脸，老师意犹未尽，她叫我去大楼的走廊上走一圈。我僵尸般地走了出去，廊上的同学先是惊叫，而后指着我大笑特笑，我，在一刹那间，成了名人。我回到教室，一位好心的同学拖了我去洗脸，我冲脸时一句话都没有说，一滴泪都没有掉。

有好一阵，我一直想杀这个老师。我照常上了几天课，照常坐着公共汽车晃去学校。有一天，我站在总统府广场的对面，望着学校米黄色的平顶，我一再地想，一再地问自己，我到底是在干什么？我为什么没有勇气去追求自己喜爱的东西？我在这儿到底是在忍耐什么？这么想着想着，人已走到校门口，我看一下校门，心里叹着："这个地方，不是我的，走吧！"

我背着书包,坐上车,去了六张犁公墓。在六张犁那一大堆土馒头里,我也埋下了我不愉快的学校生涯。世上再没有比跟死人做伴更安全的事了,他们都是很温柔的人。

逃课的事,因为学校寄了信给家里,终于到了下幕的时候。当时,我曾经想,这事虽然是我的错,可是它有前因,有后果,如果连父母都不了解我,如果父亲也要动手打我,那么,我不如不要活了。

我休学了一年,没有人说过一句责备我的话。父亲看了我便叹气,他不跟我多说话。第二年开学了,父母鼓励我再穿上那件制服,勉强我做一个面对现实的人。而我的解释,跟他们刚好不太一样,面对自己内心不喜欢的事,应该叫不现实才对。母亲很可怜,她每天送我到学校,看我走进教室,眼巴巴地默默地哀求着我,这才依依不舍地离去,我低头坐在一大群陌生的同学中,心里在狂喊:"母亲,你再用爱来逼我,我要疯了!"我坐一节课,再拿起书包逃出校去……在我初二下那年,父母终于不再心存幻想,将这个不成器的孩子收留在家,自己教育起来。我的逃学读书记也告一段落了。

这一次逃学的经历,造成了三毛的自闭症。她后来在音乐专辑《回声》的旁白中写了下面这段话。

"没有上学的日子持续了七年,对于一个少年来说,那造成了生长期的一个断层,以后,那七年啊有如一种埋伏在身体里的病,一直到现在,仍然常常将自己禁锢反锁在黑暗中,不想见任何人,当我写到——小小的双手,怎么用力也解不开是个坏小孩的死结那句话时,发觉自己竟然悄悄流泪。"

资料来源　引自三毛散文集《背影》,有改动。

▶▶ 复习思考题:

1. 简要介绍"壬子癸丑学制"的特点。
2. 评述 1922 年"壬戌学制"的特点。

第十三章　中国近现代基督教学校教育

近代以来,尤其是鸦片战争以后,在一系列不平等条约的保护下,与军事侵略和经济掠夺接踵而至的文化输入拉开了新一轮序幕。西方传教士利用译书、办报,尤其是设立基督教学校作为传播基督教的重要载体和媒介。[①] 这些学校在初期无论在数量规模上,还是影响区域上都是微小的。随着时间的推移,其影响力逐渐增大。它们向世人展示了与中国传统教育迥然不同的异质新教育,为国人打开了一扇了解世界教育的窗口。

第一节　基督教学校的缘起与初期概况

一、基督教学校的缘起

早在明末清初,就曾有一批天主教传教士来到中国。他们除了传播基督教以外,还带来了西方的科学文化。但是,在改变中国传统教育方面,其作用甚微。

19世纪初,中国沿海已有少数传教士。第一个来华的新教传教士是马礼逊,他于1807年9月到达广州。由于深感在中国传播基督教的不易,1818年,他在马来西亚的马六甲创办了一所英华书院。1834年,英国传教士郭士立(K. F. A. Gtzlaff)夫人在澳门设一女塾,后来也兼收男生。但是,直到鸦片战争爆发前,由于清政府实行闭关锁国以及严格禁教的政策,基督教学校始终未能在中国本土扎下根基。

1840年的鸦片战争以中国的失败而告终。战后签订的《南京条约》,虽然没有直接规定有关文化教育的条款,但是英国取得了五口通商、协定关税、领事裁判权及最惠国待遇等权利。外国教会势力开始在五大口岸城市登陆,在开设医院和教堂的同时,传教士往往在教堂中附设学校。基督教学校由此便在中国产生了。

随着以后一系列不平等条约的签订,传教士不仅获得外交豁免权,而且可以深入我国各城市(不仅限于五大通商口岸城市)旅行、传教、建教堂和办学校,并且还受到清政府的保护。如1844年的《中法黄埔条约》规定:"佛兰西人亦一体可以建造礼拜堂、医人院、周急院、学房……倘有中国人将佛兰西礼拜堂、坟地触犯毁坏,地方官

[①] 以往人们一般将西方传教士在中国所设立的学校称为"教会学校"。笔者认为称为"基督教学校"更为恰当。实际上,在近代英文文献中,此类学校一般被称为"Christian School (University)",而非"Church School (University)"。

照例严拘重惩。"①1858年签订的《中俄天津条约》,由于传教士的参与策划,沙俄首先提出了宽容的传教条件,要求允许传教士到我国各城市(不仅限于五大通商口岸城市)活动。1860年签订的《中法条约》即允许罗马天主教传教士购置房地产和在通商口岸以外的地方居住。按照最惠国待遇的条款,新教徒很快也取得了同样的权利。这些条约的签订使得传教士在华传教及办学受到了法律的保护。在这些不平等条约的保护下,基督教学校在中国逐渐发展起来。

二、基督教学校初期概况

鸦片战争以后,外国传教士大量进入中国,首先在五个通商口岸城市开办教会学校。1844年,英国东方女子教育协进会会员、传教士爱尔德赛在宁波创办女塾。这是外国人在华最早设立的教会女学。到1860年,5个通商口岸内又设立了11所基督教女子学校。② 1845年,美国长老会在宁波设立崇信义塾,招收学生30人。该校于1867年迁往杭州,改为育英书院,其后又发展成为之江大学。1846年,美国圣公会传教士文惠廉(William Jones Boone)在上海开设一所男塾。1847年,美国圣公会传教士哈巴(Happer)将其在澳门所办的寄宿学校迁至广州,1850年又增加走读小学一所。1848年,美国美以美会传教士柯林斯(J. D. Collins)在福州创办主日学校。1850年,法国天主教耶稣会在上海创办徐汇圣依纳爵公学,后来改为徐家汇公学,最初只有学生10人。这是法国天主教在中国开办的最早的学堂之一,也是教会学校中最著名的学堂之一。1850年4月,美国圣公会传教士裨治文夫人格兰德在上海创办裨文女塾。同年,英国圣公会在上海开设英华学塾,美国北长老会在上海开设清心书院,其他教会也分别在广州、厦门、鼓浪屿开设了学校。1851年,美国圣公会教会琼司(Emma Jones)在上海虹口创设文纪女塾,学生有8人,为圣玛利亚女校前身。1853年,美国公理会传教士卢公明(Justus Doolittle)在福州设立福州格致书院。同年该会在福州开设文山女塾。天主教亦于天津设法汉学堂、诚正小学和淑贞女子小学等。

初期的基督教学校一般规模较小,有的学校只有两三个学生,级别也较为低下,一般为中等以下学校,并且十分重视女子教育,一开始就开办了女学。这些学校多附设于教堂,传教士兼任学堂的教师,也没有正式的行政管理人员,一般由一位或几位传教士负责,由他们决定所开设的课程。其后,随着办学规模的扩大,学校才从教堂附庸的地位中独立出来,规章制度才逐渐完备。为了抵消中国人的敌对情绪,早期基督教学校往往提供优惠的条件,如免费提供书本、住宿、伙食等吸引学生,有的学校甚至还供给学生衣服、床褥和来校旅费。早期基督教学校的生源多来自基督徒的子女。在学校传授的教学内容方面,宗教知识占了很重要的地位。此外,基督教

---

① 王铁崖:《中外旧约章汇编》(第一册),三联书店1957年版,第62页。
② 朱有瓛、高时良主编:《中国近代学制史料》(第4辑),华东师范大学出版社1993年版,第177页。

学校一般都较重视外语教学,西方科学技术知识的传授也占了一定的比例。

第二次鸦片战争以后,随着传教士不断深入内地,基督教学校也随之增加,除了前期的5个通商口岸及港澳地区的基督教学校得到继续扩展外,其他一些地区如湖北、河北、四川、山东、台湾等,也都创办了基督教学校。据统计,1875年左右,基督教学校总数约为800所,学生约20 000名。这一时期的基督教学校仍以小学为主,但已有少量基督教中学出现,约占基督教学校总数的7%。[①] 从1875年到1900年,基督教学校总数增加到2 000所,学生增至40 000人。其中中学堂约占10%。开始出现了基督教大学,实际上是在中学堂基础上添加的大学班级,大学生总数不到200人。[②] 在这些为数众多的基督教学校中,日后对中国教育产生重要影响的有:1864年,美国圣公会在武昌设立的文氏学堂(1891年改为文华书院);1881年,由裨文女塾和文纪女塾合并组成的圣玛利亚女校;1882年,美国监理会林乐知在上海设立的中西书院;1885年,美国长老会在广州设立的格致书院;1889年,美国传教士福开森在南京设立的汇文书院;1892年,美国基督教卫理公会在上海设立的中西女塾;1893年,美国公理会在河北通州设立的潞河书院,等等。这一时期的基督教学校,尤其是位于沿海通商口岸的基督教学校,已不再免费招收穷苦人家的孩子,而是吸收新兴资产阶级家庭和其他富裕家庭的子弟,收取较高的学费。

第二节 清末民初以来基督教学校的发展

一、基督教学校的发展及基督教大学的开办

来华传教士为了更好地举办教育事业,于1877年在上海成立了全国性教育组织,即学校教科书委员会,负责编写教会学校使用的统一教材。1890年,学校教科书委员会改组成中华教育会,其章程规定它的任务除继续编辑出版教科书外,还要对中国进行教育调查,策划教育方针、计划和具体措施。民国初年,中华教育会改组为全国基督教教育会,1915年又改为中华基督教教育会,基督教教育更加有组织地进行,并在清末的基础上有了新的发展,学校和学生数量猛增。到20世纪20年代,各级各类基督教学校共有7 382所,学生214 254人,天主教会所办的学校共有6 255所,学生144 344人,两者共有学校13 637所,学生358 598人。[③] 其中,由美国基督教会办的学校增加更为迅速。与清末时期相比,基督教学校的发展速度实在惊人。这一阶段,不仅中国西南、西北等腹地已建有不少基督教学校,而且形成了完整的、地位独立的教育体系。这一体系包括自学前到高等教育以至留学教育,从普通教育到盲聋哑等特殊教育以至遍布各地的教堂实施的社会教育。

---

① 顾长声著:《传教士与近代中国》,上海人民出版社1981年版,第227页。
② 顾长声著:《传教士与近代中国》,上海人民出版社1981年版,第227-228页。
③ 舒新城:《收回教育权》,中华书局1929年版,第38页。

·第十三章 中国近现代基督教学校教育·

来华传教士在中国开办学校,其目的绝不止于开办小学、中学,他们的目的是要培养基督教事业的高级人才,而这一点只能通过高等学校才能实现。但由于最初中国基础教育制度尚未建立和完善,他们只能从基础教育起步。传教士们之所以热衷于发展高等教育,是因为他们认为,谁掌握了高等教育,谁就可能输送更多的人才到社会各关键部门,从而影响和领导中国未来发展的潮流和方向。基于此种认识,传教士们纷纷把办得较好的中学改制为大学。如1882年,美国长老会将登州文会馆追认为大学,至1902年与青州广德书院合并,在山东潍县重新建校,称广文大学。到1917年,又和另一些学校集中到济南,校名正式定为"山东基督大学"(即后来的齐鲁大学),由英、美、加等国的十几个教会共同参与管理。1879年,上海培雅书院和度恩书院合并成立圣约翰书院,1892年初次招收3名大学生。广州岭南大学前身,是1893年由格致书院和培英书院合并创立的,在纽约大学董事部立案。1907年,由美国基督会和长老会分别设立的基督书院和益智书院合并成宏育书院,1910年又与早在1888年美国美以美会创办的汇文书院合并,改称金陵大学堂,即后来的金陵大学。其他如燕京大学、之江大学、东吴大学、华中大学等也都是联合各方力量创办的。图13-1为东吴大学校门的资料图片。

图13-1 东吴大学校门

到20世纪20年代,基督教大学体系已基本形成。这一时期,外国人在中国办理的学校的学生数约占全国学生总数的30%,其中初等学校为4%,中等学校为11%,高等学校则高达80%。① 1921年,全国公立大学仅北京大学、山西大学、北洋大学3所,私立大学也只有5所,而基督教大学则有16所之多。

基督教大学在办学过程中,逐渐形成了自己的办学思想、管理体制和办学模式,以及在课程设置、教学内容、教学方法和校园文化等方面的特色。这些学校不仅对中国高等教育的发展产生了直接和重大的影响,而且,通过传教士个人参与中国政府办学,担任学校管理职务和从事教学等活动,将西方大学先进的办学理念和模式移植到中国。因此,基督教大学对中国近代教育体制的发展有着不可忽视的作用与影响。

二、20世纪20年代以后基督教学校的发展概况

清末开办的基督教学校,多向传教士(或教会)所在国申请注册立案,而未在中国立案。因1906年,清政府曾下令:"除已设各学堂暂听设立,毋庸立案外,嗣后如有外国人呈请在内地开设学堂者,亦均毋庸立案。"② 进入民国以后,基督教学校的办学

---

① 舒新城:《中国近代教育史资料》(下册),人民教育出版社1961年版,第1090页。
② 舒新城:《中国近代教育史资料》(下册),人民教育出版社1961年版,第1065页。

仍然沿用旧制，无需向中国政府立案。

基督教教育的迅猛发展及其特有的权利，激起了一部分中国人的强烈不满。从1920年代开始，中国教育界掀起了声势浩大的"收回教育权"运动，反对基督教教育。该运动由广州逐渐扩展至全国，包括基督教学校在内的学生纷纷以罢课、退学、游行、示威等形式来表达自己的不满情绪。1925年五卅运动爆发后，收回教育权运动形成高潮。同年底，北洋政府颁布了《外人捐资设立学校请求认可方法》，规定：①外国人办学必须遵守中国有关法令、规程并请求认可；②学校名称应冠以"私立"字样；③校长要由中国人担任；④学校董事会中，中国董事应占半数以上；⑤不得以传布宗教为宗旨；⑥课程须以部颁为标准。① 该法案的颁布将基督教学校纳入私立学校系统，并须向政府注册，使这次运动逐渐平息。

南京国民政府成立后，1927年教育部颁布《私立学校规程》，其后多次加以修订。规程在上述"六条"基础上，作了更加严格的规定，如外国人充任学校董事的名额至多不超过1/3，并不得担任董事长，外国人设立教育其本国子女的中等以下学校不得招收中国学生等，从而初步控制了基督教教育的发展势头。但有些基督教学校仍在许多方面自行其是，中国政府仅在名义上收回了基督教教育的教育权。

总的看来，在抗日战争前的10年中，基督教学校在数量上的飞速增长得以遏制。如以基督教中学的学生数而论，1932年为34 086人，1933年为37 059人，1934年为44 032人；基督教大学的学生数，1930年为4 511人，1931年为4 710人，1932年为5 642人，1933年为6 088人，1934年为6 475人。与前期相比较，这种增长渐趋正常。这一时期的基督教学校开始专注于教育质量的提升。

抗日战争爆发后，基督教学校与其他学校的命运一样遭遇了挫折，有的停办，有的迁往内地继续办理，也有的仍在原地维持，但在太平洋战争爆发后，大多均无法独立自主地办理下去。

抗日战争胜利以后，在复员重建的浪潮中，所有知名的基督教学校几乎全部在原址复办。但由于紧接着的国内战争的影响，它们的黄金时代一去难返。中华人民共和国成立后，传教士纷纷离去，基督教学校纷纷停办或被政府接管，它们从此在中国彻底消失。

基督教学校在中国存在的时间长达一个多世纪，且有自成体系的运作方式、管理体制、课程设置、教科书的编写与选用及学业评价标准。基督教学校的初衷，是为了在中国传播基督教，为教会培养信徒，同时也为教会人员的子女提供受教育的机会。从实际的效果来看，基督教学校并未有效地达成它最初的目标，且在其发展的后期阶段，均大大地本土化和世俗化了。与此同时，仅就教育自身而言，基督教学校极大地促进了西学在近代中国的传播，冲击了陈腐的教育观念和封建教育体制，并为我国培养了大批新式人才，对中国教育的早期现代化作出了不可磨灭的贡献。

---

① 舒新城：《收回教育权》，中华书局1929年版，第38页。

第三节 基督教学校教育的影响

基督教学校在中国存在的时间长达一个多世纪,且有自成体系的运作方式、管理体制、课程设置、教科书的编制与选用及学业评价标准。基督教学校的初衷,是为了在中国传播基督教,为教会培养信徒,同时也为教会人员的子女提供受教育的机会。从实际的效果来看,基督教学校并未有效地达成它最初的目标,且在其发展的后期大大地本土化和世俗化了。与此同时,仅就教育自身而言,基督教学校极大地促进了西学在近代中国的传播,冲击了陈腐的教育观念和封建教育体制,为我国培养了大批新式人才,对中国教育的早期现代化做出了不可磨灭的贡献。具体表现如下:

一、基督教学校是西学东渐的重要桥梁

如前所述,基督教传教士在近代西学东渐中起了十分重要的作用。早期,传教士在传教的同时,也传播一些自然科学等西学知识。后来,基督教学校产生和发展起来,其教学内容、教学管理、课程设置、校园规划等,就成了中国人兴办新式学校最直观的借鉴模板。同时,一些基督教学校的老师(有的是传教士)还被直接聘为了中国新式学校的教师和管理人员。另外,基督教学校及其传教士还翻译西方学术著作和近代新兴学科的专业教材、创办报刊杂志,把西方国家的新文化、新思想、新专业以及新课程等介绍到中国来。

二、基督教学校的毕业生在中国教育界发挥了重要作用

除了基督教学校本身的影响外,其毕业生对中国教育界的影响范围更广泛、更巨大。基督教学校具有培养西学教师的重要功能,很多学生毕业后在中国各类学校任教。特别是在19世纪末以前,基督教学校是中国唯一培养西学教师的机构。20世纪以后,基督教大学还有相当一部分毕业生进入教育部门,成为教育行政官员或大学教授。据1925年统计,基督教学校毕业生有10%的人在非基督教学校教书,26%的人在基督教学校教书;据1937年统计,基督教大学毕业生从事教育职业的占41%,1938年燕京大学的毕业生从事基础教育工作的占39%,从事研究和高等教育工作的占15%。

三、基督教大学的特色专业影响着中国高等教育的发展

中国基督教大学是传教士仿照西方近代的高等学校建立的,而且教会组织在办学中十分注重教师的选聘和学术水平的提高,因此其教育水准一般高于公立学校,特别是在医学、农科、新闻等专业办出了自己的特色。

西医和西医教育都是中国近代才有的引进品,而最早把西医引入中国的是传教士,最早把西医教育输入中国的则是基督教学校。许多传教士以教士和医师的身份

来到中国,他们办医院,也兼办医学堂。如1837年,美国公理会的传教士医师伯驾在自己创办的医院里开设了医学班,被认为是中国最早的基督教西医教育机构,1851年,伦敦布道会的传教士医师合信翻译出版了中国第一本关于解剖学与生理学的医学书籍,在社会上引起很大反响。20世纪初,一批教会医学院相继诞生,如1904年由美国长老会等差会共同创办的华北协和医学院(后改为北京协和医学院);1912年由耶鲁布道会与中国政府联合发起建立的湘雅医学院等。

在农业方面,作为农业大国,中国的农业生产与技术具有悠久的历史和广泛的代表性,但是使农林生产作为高深知识走进大学殿堂的还要首推基督教大学,如金陵大学在1914年创设农科,1916年发展为农林科,1930年改称农学院,下设农艺学、森林学、农业经济学、园艺学、植物学、蚕桑学、乡村教育等专业;岭南大学也于1921年正式成立了农学院,该院根据华南地区的特点,研究了柑橘、荔枝等多种热带水果和园艺栽培技术等课题。这些学校不仅以自身的专业设置和科研水平影响着中国农林的高等教育,而且其培养的毕业生为中国农林科技事业的发展做出了突出的贡献。

另外,燕京大学的新闻专业也在全国范围内掀起了热潮。1924年,燕京大学正式创办了新闻专业,该系以英语和新闻的双重教育并重,为中国新闻教育树立了样板。到40年代,全国各大报馆几乎都有燕大新闻系的毕业生任职。二战期间,中国的新闻机构派到世界各大国首都的代表几乎都是燕大新闻系的毕业生。

四、基督教大学开中国女子高等教育的先河

中国乃泱泱大国,教育历史悠久。但女子教育自古无地位,更无女子学校可言。中国女子教育以第一次鸦片战争之后开设的基督教女塾为始端;19世纪80年代以后,基督教女塾开始向基督教女子中学发展;到20世纪初,基督教女子高等学校产生,有单设的基督教女子大学和男女同校的基督教大学。基督教学校不仅开创了中国女子教育的先河,培养了一批优秀的妇女人才,而且在教育管理、专业设置、教学方法等方面都产生了不少值得研究和借鉴的历史经验。

复习思考题:

1. 名词解释:"收回教育权"运动。
2. 评析基督教学校教育的影响。

第四部分

ZHONGGUO JINXIANDAI
JIAOYU SIXIANG

中国近现代教育思想

教育名言

振兴教育,必先广储师范,师资不敷,学校何以兴盛。　　　　　　　　（张之洞）

要解放孩子的头脑、双手、脚、空间、时间,使他们充分得到自由的生活,从自由的生活中得到真正的教育。　　　　　　　　　　　　　　　　　　　　　（陶行知）

校长是一个学校的灵魂,要想评论一个学校,先要评论它的校长。　　（陶行知）

任何人都应该有自尊心、自信心、独立性,不然就是奴才。但自尊不是轻人,自信不是自满,独立不是孤独。　　　　　　　　　　　　　　　　　　　　　（徐特立）

要有良好的社会,必先有良好的个人,要有良好的个人,就要先有良好的教育。
　　　　　　　　　　　　　　　　　　　　　　　　　　　　　　　　（蔡元培）

第十四章 张之洞的教育思想

第一节 生平及教育活动

张之洞(1837—1909年),字孝达,号香涛,晚年自号抱冰老人,直隶南皮(今河北南皮县)人,清末著名政治家和教育家,洋务运动后期重要的代表人物。他出生于官宦之家,从小受到严格的封建传统教育,14岁时中秀才,27岁时以一甲第三名中进士,授职翰林院编修,从此开始了仕途生涯,曾历任浙江乡试副考官(1867年)、湖北学政(1867—1870年)、翰林院教习庶吉士(1871—1873年)、四川乡试副考官(1873年)、四川学政(1873—1876年),1877年再任翰林院教习庶吉士,后任国子监司业、翰林院侍讲学士。1882年以后,历任山西巡抚、两广总督、湖广总督、两江总督等职,1907年出任军机大臣,兼管学部,总揽全国教育大权。1909年,张之洞病卒于北京,谥文襄,其著述收入《张文襄公全集》,《劝学篇》是其代表作。

张之洞不仅是一位活跃在清末政治舞台上的重臣,同时也是一位学界巨擘,为清末封建教育的改革与发展做出了较大贡献。综观他的一生,其教育活动可主要归纳为以下三个方面。

一是整顿和振兴封建传统教育。为维护和巩固封建统治,也力图纠正空疏腐朽的学风,张之洞热心教育,做到了为官一任,兴学一方。他一方面致力整顿科举积弊、改造传统书院,同时也主持创办了一批新的书院。任湖北学政期间,在武昌创办经心书院;任四川学政时,创建尊经书院;在山西巡抚任上,创办令德书院;在两广总督任内,于广州创设广雅书院,在武昌建立两湖书院。创办这些书院的宗旨在于通经致用,如广雅书院分经学、史学、理学、文学四门教学,两湖书院除保留经史之学外,还添设算学、经济学、舆地学、天文学、格致学、体操、兵法等内容。

从1867年至1876年,张之洞曾担任近10年的考官和学官。他在主持乡试或任学政时,经常亲自阅卷,对有特殊学识者,也破格酌情录取。如1867年7月,张之洞任浙江乡试副考官,他精挑慎选,在当年万名考生中录取了50名举人,这些人日后多有所成就,而张之洞也因公正无私、爱才惜才,从而在该省士子中获得了相当高的声望。

二是大力兴办洋务教育。1882年1月,张之洞出任山西巡抚,此后不断升迁,成为朝廷重臣。由学务官僚转任封疆大吏,这种身份的变化促使张之洞的思想也随之发生变化,他开始涉足洋务,并一跃而成为洋务派的后起之秀。在大力兴办洋务的过程中,他积极推行教育改革,主持创建了包括军事学堂、各类实业学堂、外语学堂、小学、幼儿园和师范学堂在内的一系列新式学堂。如在两广总督任内,举办了广东黄埔鱼雷学堂(1884年)、两广电报学堂(1887年)、广东水陆师学堂(1887年);在两任湖广总督的17年时间里,先后创办了湖北方言商务学堂(1891年)、算学学堂(1891年)、湖北自强学堂(1893年)、湖北武备学堂(1896年)、湖北工艺学堂(1898年)、湖北农务学堂(1898年)、湖北师范学堂,幼稚学堂等新式学堂,并设立学务处综理湖北全省新式学堂及派遣留学生。在其推动下,湖北19世纪90年代后成为全国新式教育的中心之一。在短暂署理两江总督任内,创办南京三江师范学堂,并建议创办江南陆师学堂(内附铁路学堂)和南京储才学堂(这一建议在他离任后被付诸实施)。张之洞所办学堂数量之多,类型之广,范围之大,堪为清末第一人。

三是主持制定和推行新教育制度。1898年,张之洞在对洋务派办学思想及实践进行理论总结的基础上写成《劝学篇》,全面阐述了"中学为体,西学为用"的教育思想。1903年,他与管学大臣张百熙、荣庆等人会商学务,主持起草了《奏定学堂章程》,制定了我国近代第一个学制——癸卯学制,拟定了各级各类教育制度。1905年又力促废止科举考试制度。在张之洞人生的最后两年,他以军机大臣身份兼管学部,积极推行、不断完善清末新学制,并在全国教育的规划、教育政策的调整、普及教育的开展、女子师范和分科大学的筹划和设立及回国留学生的考试等方面,对"病入膏肓"的晚清教育进行了整顿,对当时教育的发展做出了应有的贡献。

第二节 "中学为体,西学为用"的教育思想

"中学为体,西学为用"(简称"中体西用")既是洋务教育的指导思想,也是张之洞教育思想的基本主张,这一主张集中地反映在《劝学篇》中。

一、《劝学篇》与"中体西用"的教育方针

《劝学篇》是张之洞的代表作,成书于1898年春。他于维新运动期间著成此书,意在反对维新变法。是年7月,张之洞门生、翰林院侍讲黄绍箕将此书进呈,光绪皇帝"详加披览"后,称其"持论平正通达,于学术人心大有裨益",乃谕旨由军机处发给各省督抚、学政各一部,"俾得广为刊布,实力劝导,以重名教而杜卮言",于是,《劝学篇》乃"挟朝廷之力",一时风行海内,"十月间三易版本",印数达200万册以上。该书还先后被译成英、法、日等文字出版。其中英文版译名为《中国的唯一希望》,可见这本书对近代中国的重要。

《劝学篇》共4万字,全面阐述了"中学为体,西学为用"的文化教育观和社会改革思想。全书分内、外二篇,内篇包括《同心》、《教忠》、《明纲》、《知类》、《宗经》、《正权》、《循序》、《守约》、《去毒》等9部分,外篇包括《益知》、《游学》、《设学》、《学制》、《广译》、《阅报》、《变法》、《变科举》、《农工商学》、《兵学》、《矿学》、《铁路》、《会通》、《非弭

兵》《非攻教》等15部分。"内篇务本，以正人心；外篇务通，以开风气。"①所谓"务本"，就是要人们严格遵守三纲五常的道德规范，维护清王朝的封建统治；所谓"务通"，就是要有限度地学习西方先进的科学知识和技术，改革旧的教育体制，以培养适应社会发展的新式人才。故内篇专论中学，外篇专谈西学，同时也兼及中、西学的关系。

张之洞在《劝学篇》序中首先指出："世运之明晦，人才之盛衰，其表在政，其里在学。"当前的形势如果再"专己袭常，不能自存"。但一切改革都必须以维护和巩固清朝封建统治为限，不能超过这一点，"激发忠爱、讲求富强、尊朝廷、卫社稷为第一义"。据此他提出改良教育的方针为：旧学为体，新学为用，或中学为体，西学为用。在张之洞看来，所谓"中学"，也就是旧学。他说："四书五经、中国史事、政书、地图为旧学。"（《设学》）由此可见，旧学即中国传统的封建典章制度，以纲常名教为主体的伦理道德思想和以经史之学为中心的学校教育内容。张之洞强调学习要达到同心、效忠、明纲、知类、宗经、正权的目的。他尤其强调"明纲"，认为君为臣纲、父为子纲、夫为妻纲是"五伦之要，百行之原，相传数千年，更无异议，圣人所以为圣人，中国所以为中国，实在于此"（《明纲》）。他如此强调纲常名教，意在针对当时日益高涨的资产阶级维新运动，只有维护"三纲"才能消弭维新派的提倡民权、反对君权、主张男女平等说他写道："知君臣之纲，则民权之说不可行也；知父子之纲，则父子同罪，免丧废祀之说不可行也；知夫妇之纲，则男女平权之说不可行也。"（《明纲》）。

所谓"西学"，也称"新学"。张之洞说："西政、西艺、西史为新学。"其中他尤为注重"西政"和"西艺"，强调"政艺兼学：学校地理、度支赋税、武备律例、劝工通商，西政也；算绘、矿医、声光、化电，西艺也……大抵救国之时，谋国之方，政尤急于艺"（《设学》）。显然，新学主要是指西方资本主义国家的有关文教制度、工商财政、军事建制、法律行政、交通运输，以及近代科技知识。他还主张，小学堂应先学西艺，再学西政，大学堂则要先学西政，后学西艺，并且学西艺的时间还要长于西政。而他所提出的西政，并不包括西学中十分重要的民权学说。他认为："民权之说，无一益而有百害。""使民权之说一倡，愚民必喜，乱民必作，纪纲不行，大乱四起。"（《正权》）

对于旧学和新学也即中学和西学的关系，张之洞明确提出，中学是根本，要以之为主；西学是末节，要以之为辅。一言以蔽之，"旧学为体，新学为用，不使偏废"。在他看来，"今欲强中国，存中学，则不得不讲西学。然不先以中学固其根柢，端其识趣，则强者为乱首，弱者为人奴，其祸更烈于不通西学者矣"。故"今日学者，必先通经，以明我中国先圣先师立教之旨；考史，以识我中国历代之治乱，九州之风土；涉猎子、集，以通我中国之学术、文章；然后择西学之可以补吾阙者用之，西政之可以起吾疾者取之，斯存其益而无其害"（《明纲》）。"中国学术精微，纲常名教以及经世大法，

---

① 张之洞：《劝学篇》，上海古籍出版社2002年版，第1页。

无不毕具;但取西人制造之长补我不逮足矣。"①显然,通"中学"是中国人之所以为中国人的基本条件,只有以中国传统的封建伦理道德和经史之学为根本,在此基础上,选择西学中可以补我国之缺者和可以治我国之弊者,使其为我所用,才能在新的时势下,既不会因噎废食,又不致多歧亡羊,从而达到保国、保教、保种的目的。

《劝学篇》除阐发"中体西用"的大原则外,还提出了一系列教育改革的具体策略和措施,如关于留学教育、各级各类学校课程结构、学制系统的设想、科举制度改革、职业教育、师资培训等。大体是在不违背"中体"的前提下博彩了当时各种流行的教育改革建议,也为张之洞规划清末新政时期的教育改革提供了基本思路。

当年7月,翰林院侍讲黄绍箕将《劝学篇》进呈,光绪帝"详加披览",称赞其"持论平正通达,于学术人心大有裨益",要求广为刊布,各省督抚学政人手一册。于是该书"挟朝廷之力以行之,不胫而遍于海内"。《劝学篇》得到守旧派的赞赏,苏舆编辑《翼教丛编》,将《劝学篇》选入,称之为"挽澜作柱"之作。有些传教士也极力吹捧,美国传教士吴板桥将其译成英文,从1898年11月起在基督教英文刊物《教务杂志》(The Chinese Recorder)上连载,1900年在纽约出版全文,改名为《中国唯一的希望》(China's Only Hope),后又有法文本出版。

二、教育改革的具体策略

依据"中学为体,西学为用"的教育方针,张之洞提出了一系列教育改革的具体策略和措施。

(一)派遣留学

张之洞积极倡导留学教育,他认为:"出洋一年,胜于读西书五年","入外国学堂一年,胜于中国学堂三年","游学之益幼童不如通人,庶僚不如亲贵"。游学之国,西洋不如东洋。他在《劝学篇》中列举了留学日本的几大好处:"一、路近省费,可多遣;一、去华近,易考察;一、东文近于中文,易通晓;一、西学甚繁,凡西学不切要者东人已删节而酌改之。中、东情势风俗相近,易仿行,事半功倍,无过于此。"(《游学》)

(二)订立学制

张之洞主张模仿"东西洋各国立学之法",在学制系统中应分立"专门之学"和"公共之学"。他赞同西方的三段式学制,主张:"京师、省会为大学堂,道府为中学堂,州县为小学堂……小学堂习'四书'、通中国地理、中国史事之大略,算数,绘图,格致之粗浅者。中学堂各事较小学堂加深,而益以习'五经'、习《通鉴》、习政治之学、习外国语言文字。大学堂又加深,加博焉。"(《设学》)他认为建立系统的学校制度有许多好处:"公共之学所读有定书,所习有定事,所知有定理,日课有定程,学成有定期,……资性敏者同为一班,资性钝者同为一班,有间断迟误者附其后班","生

---

① 张之洞:《劝学篇》,上海古籍出版社2002年版,第1页。

徒有同功,师长有同教","问其入何学堂,而知其所习何门也;问其在学堂几年,而知其所造何等也。……国家欲用人才,则取之于学堂,验其学堂之凭据,则知其任何官职而授之,是以官无不习之事,士无无用之学"(《学制》)。

（三）广设学堂

张之洞就如何办理学校的问题,曾专门上奏了办学要旨,其要旨为：

第一,教科书必选订有用者,不可选邪滥之书,使学生误入歧途；

第二,中国积弱已久,应文武相资,文学堂设武科,武学堂设文科；

第三,教员必严选确有中西实学者；

第四,严行教规,考核、毕业均严格进行,学成量才录用,严禁学而不用、用非所学；

第五,不可废经学,不可学西方哲学,但禁止读儒家空言,西方哲学流派驳杂,易入歧途。①

如何办理新式学校,张之洞制订了以下六项原则。

第一,"新旧兼学"。既"四书"、"五经"、中国史事、政书、地图,又学西政、西艺、西史,做到"旧学为体,新学为用"。

第二,"政艺兼通"。如何采纳西学,张之洞认为,不同的学校,政艺先后不同,"小学堂先艺而后政,大中学堂先政而后艺"。

第三,"宜教少年"。他主张学习教育的对象,不能把成人作为主体,应早教,从儿童抓起。

第四,"不课时文"。他自己是科举出身的知识分子,但他敢于把教习八股文的"国粹"拒于教坛之外,这是有胆有识的。

第五,"不令争利"。1897年5月,他改变湖北自强学堂学生待遇章程,取消每月5块银元的"膏火费"。不仅如此,还要学生"酌纳微资",以观其诚心向学与否。他还将"膏火费"改为奖学金,奖励先进。

第六,"师不苛求"。办学伊始,择师不宜太严,并应自己培养师资。②

（四）变革科举

根据时代的变化和新教育发展的需要,张之洞提出了变革科举制度的设想。根据他的建议,清政府于1898年颁布《遵议乡会试详细章程疏》。紧接着,张之洞在1901年呈上《变通政治人才为先遵旨筹议折》,历数科举的顽疾弊端,主张将科举制度废除。张之洞主张采取"渐变"之法。首先,改革科举考试内容。在科举三场中头场考中学经济；二场试时务策五道,专问五洲各国之政、专门之艺及西学经济；三场试"四书"文两篇,"五经"文一篇。分场发榜,下第者先归。尤重末场。其次,学堂取

---

① 马东玉：《张之洞大传》,内蒙古人民出版社2008年版,第290-291页。
② 喻本伐、熊贤君：《中国教育发展史》,华中师范大学出版社1992年版,第461-462页。

士与科举取士策略暂时并行,科举废除采取"按科递减科举取士之额,用以增加学堂取士之额"的模式,渐渐实现从学堂培养举人、进士,向国家输送人才。

三、简要评价

"中体西用"这一名词虽非张之洞最早提出,但他对这一思想进行了系统阐述。为应对"千年未有之变局",维护清王朝的统治,他坚持民族文化本位,既突破了尚礼义不尚权谋,在人心不在技艺的治国之道,又将早期洋务派仅仅局限于"西文"和"西艺"的西学内涵发展,扩大至"政艺兼学",并在"中学为体,西学为用"这个总的原则下,博采当时各种流行的教育改革建议,在变革传统教育、建立近代学制、设立新式学堂、派遣留学生、发展职业教育和师范教育等方面,提出了一系列具体设想,而这些设想在其亲手制定的《奏订学堂章程》中,得到了具体和全面的发挥。因此,"中学为体,西学为用"实际上是对洋务运动特别是洋务教育30年的实践所进行的理论化总结,不仅是甲午战争前洋务派推行洋务教育的指导思想,同时也成为清末新政时期教育改革的基本指导思想。应该承认,在当时中国封建主义的儒学占绝对统治地位的时代,能把"西学为用"作为教育方针,有一定的历史进步性,是中西文化在当时的一种特殊的结合方式,"中体西用"的理论为"西学"教育的合理性进行了有效的论证,促进了资本主义文化在中国的传播。虽然其根仍为中学,但毕竟给僵化的封建传统文化打开了一个缺口,在客观上对封建制度的解体又起了某些促进作用。

然而,由于张之洞自身立场的局限,他不可能正确认识和对待中西文化教育的问题。"中体西用"作为一种文化整合方案和教育宗旨,是粗糙的,它是在没有克服中、西学之间固有的内在矛盾的情况下的直接嫁接,必然会引起两者之间的排斥性反应。张之洞学习西学的主张,实质上也只是为适应半殖民地半封建社会的需要而提出的,而不是要建立资本主义的国家。张之洞以此来抵制和反对维新派的改革运动更是开了历史的倒车,因而遭到资产阶级改良派和革命派的激烈攻击,梁启超就曾痛斥《劝学篇》:"不三十年将化为灰烬,为尘埃野马。其灰其尘,偶因风扬起,闻者犹掩鼻而过之。"①

教育启示录7

破 格 录 取

有一次,正值北京大学招生期间,胡适在北大招生委员会说:"我看了一篇作文,给了满分,希望学校能录取这名有文学才华的考生。"

在座委员均无异议,主持会议的校长蔡元培也表示同意。可是委员们再翻阅这

---

① 梁启超:《饮冰室全集》(专集之二),北京大学出版社2005年版,第7页。

名考生的成绩,却发现数学是零分,其他各科成绩也平平。但蔡、胡二人对所作的决定并无悔意。

这名被破格录取的学生就是罗家伦。

资料来源 节选自叶新的《近代学人轶事》,百花文艺出版社 2005 年版,第 371 页,有修改。

▶▶ 复习思考题:

1. 请简述张之洞的教育活动。

第十五章 康有为、梁启超和严复的教育思想

康有为、梁启超、严复是维新派的代表人物,他们顺应开民智、先教育的时代主题,提出了比较系统的维新理论,对百日维新时期的教育改革起到了重要作用。

第一节 康有为的教育思想

一、生平和教育活动

图15-1 康有为

康有为(1858—1927年,见图15-1),字广厦,号长素,广东南海市人,世称"南海先生"或"康南海"。他是戊戌变法运动的领导者,中国近代史上向西方寻求真理的先进人物之一。他出生于官僚知识分子家庭,自幼接受系统严格的儒学教育,特别是程朱理学的训练,曾潜心于陆王心学和佛典。1879年出游香港,开始接触西学。1884年中法战争失败,刺激他更进一步要求了解西方世界,向西方寻求真理。为此,他阅读了大量自然科学和社会科学方面的西方书籍。据统计,上海江南制造局译书所历年出版的11 000多种西书中,康有为一人就购买了3 000余种,由此可见他对西学的狂热。

1888年,康有为至北京应顺天府乡试时,正值日本侵占琉球,法国夺取安南,南方藩属相继丧失之时,为挽救危亡,他向清帝上第一书,提出了"变成法、通下情、慎左右"的政治改革主张。此后,他又多次上书要求变法,并以1895年5月的"公车上书"最为著名。由于顽固派的阻挠,这份奏折没有递到皇帝手里,但它却是资产阶级登上政治舞台的第一幕,康有为也因此成为维新派的领袖。

为实现变法维新的思想,康有为于1891年在广州创办万木草堂,该校中西兼学,为维新变法制造舆论、培养人才。在万木草堂期间,他完成了《新学伪经考》、《孔子改制考》等重要著作,并开始撰写《大同书》。这些著作建构了维新变法的理论体系,也成为万木草堂教学的重要内容。

1895年8月,康有为在北京成立强学会,后又创办《万国公报》,与其他维新人士一起广泛开展了救亡图存的维新活动。同年,赴京会试,中进士,授工部主事。1898

·第十五章 康有为、梁启超和严复的教育思想·

年,他在翁同龢等人的配合下,促成了"戊戌新政"。变法失败后,流亡日本,从事保皇活动,思想日趋保守。1913 年回国,发起成立孔教会,主编《不忍》杂志,反对共和,提倡读经,1917 年支持张勋复辟。1927 年 3 月病逝于青岛。

其著作今人整理为《康有为政论集》、《康有为全集》等。

二、论教育的作用

康有为承袭前代儒家"微言大义"的传统,融入西方文化中的进化论观念,得出历史是循一定轨迹前进的结论,形成了"三世史"观,并以此作为维新变法的理论依据。他认为,世界由据乱世进入升平世,最后到达太平世,这是人类历史发展的必然趋势。据乱世以力胜,升平世智、力互胜,太平世完全以智胜。现在西方各国已经进入了升平世,而中国尚在据乱世,故"欲任天下之事,开中国之新世界,莫亟于教育"[①]。在他看来,一个国家的强弱关键是看国民的智慧,才智之民多则国强,才智之民少则国弱。中国之所以弱,是因为人才缺乏,人才缺乏的原因是教育不发达。西方国家之所以强,是因为科学研究发达,教育普及。他说:"尝考泰西之所以富强,不在炮械军器,而在穷理劝学。"[②]把教育看作是改良政治、振兴中国的重要手段。

三、"变科举","广游学"

康有为认为中国积贫积弱的原因在于民智未开,"而民智不开之故,皆以八股试士为之"。1898 年,他呈《请废八股、试贴、楷法试士改用策论折》,力言八股取士的危害,他说:"学八股者,不读秦汉以后之书,更不考地球各国之事,然可以通藉累致大官。今群臣济济,然无以任事变者,皆由八股致大位之故。"指出:"今变法之道万千,而莫急于得才;得才之道多端,而莫先于改科举。"[③]关于如何变革科举,他主张文试要"立废八股"、"罢试帖"、"勿尚楷法",以中国文学、策论、外国科学代之。武试要停止弓刀步石及旗兵弓矢,用武备学校培养人才。在他的大力呼吁下,维新期间终于废八股、改策论。

为更好地学习西学,康有为还力倡派游学、译西书,并专呈《请广译日本书派游学折》,要求效法日、俄,"亟派游学,以学欧美之政治、工艺、文学、知识,大译其书以善其治"。他认为:"出学外国,分学诸科,则归来执政,人才不可胜用矣。"

四、兴办学校,建立近代学制

康有为在力倡废除八股,变革科举的同时,还极力主张兴办学校,引进西方近代

[①] 中学史学会主编:《戊戌变法》(第四期),上海人民出版社 1957 年版,第 9 页。
[②] 中学史学会主编:《戊戌变法》(第二册),神州国光社 1953 年版,第 148 页。
[③] 璩良圭、童富勇:《中国近代教育史资料汇编·教育思想》,上海教育出版社 2007 年版,第 135-139 页。

学制,改革传统教育的内容,传授科学技术,培养新型人才。他认为这是互为表里的两个方面,缺一不可。"譬诸治病,既以吐下而去其宿疴,即宜急补养以培其中气,则今者广开学校为最要矣。"[①]1898年6月,他向光绪帝呈《请开学校折》,详细介绍了欧、美、日、德兴学的情况,建议"远法德国、近采日本,以定学制"。并设计了一个完整的学校系统。"乡立小学,令民七岁以上皆入学;县立中学,其省府能立专门高等学大学。各量其力,皆立图书仪器馆。"在康有为等人的推动下,北京设立了京师大学堂。力图仿效西方,建立中国近代学制。

五、《大同书》中的教育思想

1902年出版的《大同书》是康有为的代表作之一。他自1882年起即开始构思此书,并在万木草堂讲学时将其基本内容传授给学生。在《大同书》开篇,康有为详细列举了现实世界人类所遭受的一切苦难,指出所有苦难的根源在于"九界"的存在,即国界、级界、种界、形界、家界、业界、乱界、类界、苦界。因此,救苦之道,即在破除"九界"而已,即去国界合大地、去级界平民族、去种界同人类、去形界保独立、去家界为天民、去产界公生业、去乱界治太平、去类界爱众生、去苦界至极乐。只有破除九界,人类社会才会迎来至公至平、幸福美满的大同社会,而教育正是通向大同社会的有效手段。康有为创造性地描绘了一幅"大同"社会的蓝图,在这个理想社会里,破除了"九界",即消灭了国家、阶级、种族、家庭,消除了性别、职业的差别,实现了天下太平,仁爱万物,人生极乐。大同社会"无邦国,无帝王,人人平等,天下为公",根除了愚昧和无知,教育昌盛,文化繁荣,语言统一,教化相同。因为消灭了家庭,儿童便是整个社会的儿童,不再是某个家庭或个人的子女,对儿童的抚养和教育也均由社会承担。

在《大同书》中,康有为提出了建立新式教育体系的理想,这一体系包括以下几个部分。

人本院:儿童未出生之前至出生后半年内,其母进入人本院,接受胎教。康有为继承了中国古代的胎教思想,认为胎儿时期是人生的关键期,"生人之本,皆在胚胎,人道之始,万化之原也",对人的教育必须在其"未成形质之前"就应当开始。

育婴院:婴儿在人本院长到3～6个月,断乳后,进育婴院,接受学龄前的教育至5～6岁,教育目标为"养儿体,乐儿魂,开儿知识"。即在保证幼儿身体健康之外,保育内容还应包括语言、歌曲和手工等内容的学习。

小学院:儿童在小学院接受初等教育至10岁,此阶段的教育"以德育为先"、"养体为主而开智次之"。

中学院:儿童10～15岁,在中学院接受中等教育,此阶段的教育"养体开智以外,又以育德为重"。

---

① 陈学恂主编:《中国近代教育文选》,人民教育出版社1983年版,第107页。

第十五章 康有为、梁启超和严复的教育思想

大学院：16岁入大学院至20岁，接受高等教育，此阶段的主要任务是"于育德强体之后，专以开智为主"。

按照康有为的理想，这一教育体系每个社会成员都能平等、免费地享受。

《大同书》中的教育理想，也反映了很多封建主义的教育思想，特别是对学生道德训练的要求，封建色彩还较明显。但是，康有为在书中提出的建立普及、平等、完备的公共教育制度，重视学前教育，主张男女教育权利平等，对儿童进行德、智、体和谐发展的教育等思想，是应该肯定的。当然，在当时的社会条件下，它只不过是一种乌托邦式的构想。

第二节 梁启超的教育思想

一、生平和教育活动

梁启超(1873—1929年，见图15-2)，字卓如，号任公，广东新会人。他是维新运动中杰出的宣传家、教育家。他出生于"且耕且读"之家，自幼熟读经史典籍，12岁中秀才，17岁中举人。18岁入京会试，落第回乡，途经上海，开始接触西学。1891年至1894年，他受业于万木草堂，师从康有为，成为康的得力助手，世人合称"康梁"。

1895年春，他与康有为一同赴京参加会试，发动和代表广东190名举人上书清政府，陈述对时局的意见，又帮助康有为发起"公车上书"。同年秋，与康有为一起创办《万国公报》，旋改《中外纪闻》，成立强学会，并任书记。1896年，梁

图15-2 梁启超

启超受聘任《时务报》主笔。他在报上发表了《变法通议》等重要政论文章，其通俗流畅的文笔吸引了大量读者，使《时务报》成为当时发行最多的报纸。1897年任湖南长沙时务学堂中文总教习，组织南学会，协助创立了经正女学。

1898年回京，积极参与"百日维新"，受到光绪皇帝的召见，赏六品衔，负责办理京师大学堂译书局事务，并帮助康有为组织保国会。戊戌政变后，他流亡日本，曾主办《清议报》和《新民丛报》，撰写了一系列介绍西方资本主义国家社会、政治、经济、文化教育的文章，对当时中国学术思想起到了积极影响。以后，思想渐渐落后于时代，晚年主要从事著述、讲学。他一生著述宏富，所遗《饮冰室合集》，计148卷，1 000余万字。

二、论教育的作用与目的

梁启超认为国家兴亡与国民素质的高低有着极为密切的关系，"愚民"是一个国家走向灭亡的标志，"开民智"是一个国家走向强盛的标志。他指出"世界之运，由乱而进于平，胜败之原，由力而趋于智，故言自强于今日，以开民智为第一义"。"中国

之强弱由于教之未善……亡而存之,废而举之,愚而智之,弱而强之,条理万端,皆归本于学校"①。把兴学校以开民智看成是富强之源,变法之本,这就把教育的作用提高到了前所未有的高度。

1902—1903年间,梁启超撰写了洋洋10万余言的《新民说》,指出教育的目的是要振兴民族精神,培养"新民"。在他看来,"新民"必须具有新道德、新思想、新精神、新的特性和品质(如公德)、国家思想、自由、自治、进步、自尊、合群、毅力、尚武等。显然,"新民"的品质明显侧重德育方面。他认为,中国"所以不能维新之大原",就在于"国民之文明程度低下",其具体表现为:爱国心之薄弱、独立性之脆弱、公共心之缺乏和自治力之欠阙。② 因此,培养这种具有资产阶级的思想、观念、道德,掌握近代科学文化知识的新型国民"为今日中国第一急务",并认为"苟有新民,何患无新制度、无新政府、无新国家"。"新民说"的提出,反映了梁启超希望通过教育改造国民性,从而推动政治改革的强烈愿望。

三、论变科举,兴学校

梁启超既是科举制度的受益者,也遭受过科举制度的磨难,他对八股取士的弊端有着深切的感受,也深刻地认识到科举制度已经成为阻碍社会发展的绊脚石。他说:"八股取士为中国锢蔽文明之一大根源,行之千年,使学者坠聪塞明,不识古今,不知五洲,其蔽皆由此。"因此,他断言:"欲兴学校,养人才以强中国,惟变科举为第一义。大变则大效,小变则小效。"③并提出了变革科举的具体办法:上策是取消科举,"合科举于学校";中策为"多设诸科",增加明经、明算、明医、兵法等科;下策为科举取士稍作变通,加试一些实学。

从教育救国的思想出发,梁启超主张以新的学校体系取代科举制度。他提出要按照儿童的年龄与身心发展特点,吸收日本的学校教育制度,分阶段对儿童施行不同的教育。5岁以下为幼儿期,受家庭教育和幼儿园教育;6~13岁为儿童期,受小学教育;14~21岁为少年期,受中学教育或与之相当的师范教育及各种实业教育;21~25岁为成年期,受大学教育,大学分文、法、医、理、工、农、商、师范等科。

四、论师范教育

1896年梁启超于《时务报》上发表《变法通议·论师范》,在中国教育史上首次专文论述师范教育问题,表现了他对师范教育的重视。梁启超指出,当时府州县学、书

---

① 梁启超:《变法通议》,陈学恂主编:《中国近代教育文选》,人民教育出版社1983年版,第125-130页。
② 梁启超:《论中国国民之品格》,转引自王炳照、郭齐家等编:《简明中国教育史》,北京师范大学出版社2001年版,第263页。
③ 陈学恂主编:《中国近代教育文选》,人民教育出版社1983年版,第138-139页。

第十五章 康有为、梁启超和严复的教育思想

院和蒙馆等传统学校的教师都是一些不通六艺,不读四史的人,更不了解西学的最基本常识,让他们做学校的教习,"是欲开民智而适以愚之,欲使民强而适以弱之也"。同时他又分析道,新式学堂中聘请的外国教习,也存在着诸多弊端,如语言不通、聘金昂贵、学问粗浅、滥竽充数。他认为中国急需普遍设立中、西兼习的新式学堂,但不能依靠上述两类人,根本的解决办法是设立师范学校,培养符合时代要求的教师。他说:"欲革旧习、兴智学,必以立师范学堂为第一义。"认为师范教育是各种学校教育的基础,"师范学校立,而群学之基悉定","师范也者,学子之根核也。师道不立,而欲学术之能善,是犹种粮萎而求稻苗,未有能获也"。他主张:"自京师以及各省府州县,皆设小学,而辅之以师范学堂。以师范学堂之生徒,为小学之教习,而别设师范学堂之教习,使课之以教术,即以小学堂生徒之成就,验师范学堂生徒之成就。"①

至于师范学堂的具体办理,他主张参照日本寻常师范学校的体制和课程,并结合中国国情,"依其制而损益之",并须在六个方面注意变通:"一须通习六经大义,二须讲求历朝掌故,三须通达文字源流,四须周知列国情状,五须分学格致专门,六须仞习诸国言语。以上诸事,皆以深知其义,能以授人为主义"②。

梁启超倡导师范教育,不仅是从教师职业的特殊性出发,强调对教师进行专门培养,更重要的目的是希望通过广设师范学校,统一课程设置,培养一批在知识结构和思想观念上都符合维新要求的新教师,从而推动维新教育活动的全面开展。

五、论儿童教育改革

梁启超对儿童教育尤为重视。他在《变法通议·论幼学》一文中,提出了"人生百年,立于幼学"的著名命题。他通过对西方心理学和教育学有关知识的了解,进行了中西教育差异的比较。他批评中国传统教育不注意激发儿童的学习兴趣,压抑儿童个性发展,主张学习西方,改革教学方法,"必教以天文地学浅理,如演戏法,童子所乐知也。必教以古今杂事,如说鼓词,童子所乐闻也"③。强调教学应循序渐进地进行,"先识字,次辨训,次造句,次成文,不躐等也"。教育内容应该丰富多彩,要合乎儿童年龄特征。

他对当时儿童教育中普遍存在的死填硬灌、摧残儿童身心的现象,表示强烈的不满,并提出了改良的建议:"日授学不过3时,使无太劳,致畏难也。不妄施扑教,使无伤脑气,且养其廉耻也。"④他专门为8~12岁儿童拟订了一份一天的功课

---

① 璩良圭、童富勇:《中国近代教育史资料汇编·教育思想》,上海教育出版社2007年版,第198-201页。
② 璩良圭、童富勇:《中国近代教育史资料汇编·教育思想》,上海教育出版社2007年版,第198-201页。
③ 陈学恂主编:《中国近代教育文选》,人民教育出版社1983年版,第148页。
④ 陈学恂主编:《中国近代教育文选》,人民教育出版社1983年版,第148页。

及活动表,对儿童从早晨八点上课直至下午五点散学的全部活动作出了具体的安排。他还建议从编写儿童教学用书入手对儿童教育进行改革,主张应为儿童编写七种书,即识字书、文法书、歌诀书、问答书、说部书、门径书、名物书。他对这七种书的内容及教学方法都作了详细的说明。梁启超是近代最早提倡各科教材教法的教育家。

六、论女子教育

梁启超深受西方男女平等思想的影响,重视并倡导女子教育。1896年他发表《论女学》一文,对女子教育问题进行了系统论述。他考察了各国强弱的原因,得出结论:"欲强国必由女学"[①]。又说:"吾推极天下积弱之本,则必自妇人不学始",所以必须提倡女学。他反对"女子无才便是德"的说法,认为这是"祸天下之道"。他提出接受教育是女子的天赋权利,女子有耐心、喜静、心细等特点,与男子相比,各有所长,可以相互补充,中国应充分开发和利用女性这一巨大的人才资源,这也是保国、保种之道。1898年,他积极参与中国第一所女学——经正女学的筹办,以实际行动推动女子教育的发展。

梁启超的女子教育主张,是其追求男女平等、妇女解放进步思想的反映。

第三节 严复的教育思想

一、生平和教育活动

图15-3 严复

严复(1854—1921年,见图15-3),字又陵,又字几道,福建侯官人,清末资产阶级启蒙思想家、翻译家和教育家。祖父中过举人,父亲为乡间儒医。14岁时考入福州船政学堂,成绩优异。毕业后上军舰实习和工作5年。1876年由福州船政学堂派赴英国留学,入格林尼茨海军大学。留学期间,注意考察英国社会政治和研究西方资本主义思想文化,深受进化论思想的影响。1879年归国,任福州船政学堂教习,1880年调任天津水师学堂总教习、后升任会办、总办,在该校任职20年。1895年,中日甲午战争中国惨败,给严复以极大刺激。他连续发表数篇文章,并在天津创办《国闻报》,鼓吹变法,成为提倡变法自强的著名理论家和宣传家。为了介绍西

[①] 陈学恂主编:《中国近代教育文选》,人民教育出版社1983年版,第146页。

第十五章　康有为、梁启超和严复的教育思想

方的学术文化,他以极大的热诚投入到翻译著述中。1898年,他翻译了赫胥黎的《天演论》,第一次把进化论介绍到中国来。他以"物竞天择,适者生存"的理论,向人们敲起救亡警钟。后又陆续译出《原富》、《群己权界论》、《群学肄言》、《社会通诠》、《法意》、《名学》、《名学浅说》等,"严译八种"在清末西学传播中发挥了重要作用,影响了整整一个时代的青年知识分子。他也因此成为近代史上向西方寻求真理的先进的中国人之一。

1900年后,严复历任天津开滦煤矿华人总办、京师大学堂译局总办、复旦大学校长、安徽高等师范学堂校长、北京学部名词馆总纂等职。辛亥革命后,短期担任北京大学校长。晚年思想趋于复古,曾是袁世凯复辟帝制的支持者。1921年病逝于福州。

二、论教育的作用与目的

严复受达尔文的进化论和斯宾塞社会学学说的影响,认为国家和民族兴衰存亡的关键取决于种族成员的优劣,而种族成员的优劣又取决于人民的体质、智慧、道德的高下。从这一观点出发,他认为中国积贫积弱的根源在于"民力已荼,民智已卑,民德已薄","是以今日要政,统于三端:一曰鼓民力,二曰开民智,三曰新民德"①。故教育成为挽救危亡,使种族立于不败之地的唯一手段。

所谓"鼓民力",就是要发展体育,使国民具有强健的身体,禁止吸食鸦片和革除女子缠足的陋习;"开民智",就是要废除八股,学习西学,提高人民的智慧;"新民德",就是要用资产阶级的民主、自由、平等的新道德代替以"三纲五常"为中心的封建伦理道德。其实质就是要用资产阶级的德、智、体三育武装国民,取代以儒学为中心的封建教育。他强调这三育是统一的、相互联系不可偏废。

严复还认为,"开民智"是一个长期教育的过程,欲速则不达。这一思想使他既不赞成康有为、梁启超实行君主立宪的主张,也不同意孙中山的革命观点。1905年,他在伦敦会见来访的孙中山时,明确表示:"以中国民品之劣,民智之卑,既有改革,害之除于甲者,将见于乙,泯丁丙者,将发之于丁。为今之计,惟急从教育上着手,庶几逐渐更新乎。"②显然,这种教育观属教育救国论,但他强调国家的富强和民主政治的真正实现必须以相应的民众素养为基础,也具有某些合理性。

三、对传统教育和洋务教育的批判

严复认为中国自古以来的儒学教育都是君主愚民政策的产物,不仅不能启迪人的智慧,反"适足以破坏人才"。他一针见血地指出:"中国自古至今,所谓教者,一语尽之曰:学古入官已耳!"他批判陆王心性之学是"徇高论而远事情,尚气矜而忘实祸"③,至于八股取士更有"锢智慧"、"坏心术"、"滋游手"三大祸害。"锢智慧"就是束

---

① 陈学恂主编:《中国近代教育文选》,人民教育出版社1983年版,第174页。
② 《严复集》,中华书局1986年版,第1550页。
③ 《严复集》,中华书局1986年版,第43页。

缚人的心智发展,导致故步自封、孤陋寡闻;"坏心术"就是使人丧失是非羞耻之心、道德堕落;"滋游手"就是使社会上游手好闲的人越来越多。因此,他大声疾呼:"今日中国不变法则必亡而已。然则变则何先?曰:莫亟于废八股。"①中国要变法自强,唯有痛下决心废八股、讲西学。

严复在对洋务运动、维新运动的失败进行总结的基础上,主张全面学习西方的自然科学与社会政治学说,对"中体西用"、"政本艺末"、"中主西辅"等说法进行了批驳。他指出:"一国之政教学术,其如具官之物欤!有其元首脊腹而后有其六腑四肢,有其质干根荄而后有其枝叶华实。"体和用本不可分,中学与西学各不相同,"中学有中学之体用,西学有西学之体用。分之则并立,合之则两止"。并举例说明:"有牛之体则有负重之用,有马之体则有致远之用,未闻以牛之体而以马为用者也!"②他认为,中国学习西学之所以没有成效,是因为为政者不懂什么是真正的西学。真正的西学,应包括西方的民主、政体和科学。

严复独到的经历和学贯中西的知识背景使得他对传统教育的批判更加鞭辟入里,对"中体西用"之说的批驳也更具理论性。

四、对建立近代学制的倡导

为全面学习西学,严复主张改革中国传统教育,引进西方国家的教育制度。他在《与〈外交报〉主人论教育书》中提出了关于教育制度的设想,将学校教育划分为3个阶段。①蒙养学堂,招收 16 岁以前的儿童入学。他主张这个阶段的教育,以旧学为主,占 9/10;应"略变从前教育之法,减其记诵之功"。②中学堂,16～20 岁有小学基础的文理通顺的青年入之。主要教授西学,且"一切功课皆用洋文授课。课中洋文功课居十之七,中文功课占十之三"。③大学堂,分高等学堂和专门学堂,中学毕业后进入高等学堂,学习 3 至 4 年后可升入专门学堂进行分科的专业学习。主要学习西学课程,"中文有考课,无功课;有书籍,无讲习,听学者以余力自治之"③。

这一学制反映了严复以西学为主,以科学为先的主张,这种主张对中国新学制的产生具有积极的促进作用。

复习思考题:

1. 简述梁启超的儿童教育改革思想。
2. 简述严复对传统教育和洋务教育的批判。

---

① 陈学恂主编:《中国近代教育文选》,人民教育出版社 1983 年版,第 188 页。
② 璩良圭、童富勇:《中国近代教育史资料汇编·教育思想》,上海教育出版社 2007 年版,第 307,310-311 页。
③ 陈学恂主编:《中国近代教育文选》,人民教育出版社 1983 年版,第 223 页。

第十六章 蔡元培的教育思想

第一节 生平与教育活动

蔡元培(1868—1940年,见图16-1),字鹤卿,号子民,浙江绍兴人,中国近代著名的资产阶级民主革命家、思想家、教育家。出生于商人世家,家道小康。5岁入私塾读书,后在叔父指导下研读儒家经史,14岁时拜王懋修为师,接受了系统的儒学教育。

16岁中秀才,22岁中举人,次年赴京会试,中式为贡士,但未参加殿试。24岁(1892年)再次赴京补行殿试,被录取为第二甲第34名进士,授翰林院庶吉士。27岁任翰林院编修,被时人誉为"年少通经"、"声闻当代"。戊戌变法失败后,蔡元培对清政府深感失望,也认识到要推动中国的变革,应先培养"革新之人才"。他毅然辞官归里,投身教育事

图16-1 蔡元培

业。这是其人生中的一次重要转折,他从此由一个封建士大夫转变成一名与清王朝对立的新型知识分子,并与教育结下了不解之缘。

1898年12月,回到故乡的蔡元培就任绍兴中西学堂监督(即校长),这是他投身新教育的开始,他对这所本身即是融中西文化于一体的学堂进行了进一步的改革。1901年7月,蔡元培应邀到上海,代理澄衷学堂校长,9月,任南洋公学特班总教习。此时,蔡元培的思想已转向革命民主主义,他积极从事资产阶级革命的宣传教育工作。1902年,与叶瀚、蒋智由等人在上海组织"中国教育会",这是一个具有反清倾向的教育团体,蔡元培任会长。同年,创办爱国学社和爱国女学。这两所学校,注重培养学生的爱国思想和革命意识,为辛亥革命输送了不少人才。

1903年,爱国学社的活动引起清政府的警觉,下令侦讯。蔡元培辗转青岛、日本、绍兴、上海等地,一方面学习德语,准备赴德留学以躲避风头,一方面仍从事教育和革命工作。1904年秋,蔡元培与陶成章在上海成立光复会,并被推荐为会长;1905年光复会集体并入同盟会后,蔡元培被孙中山任命为同盟会上海分会负责人。1907年5月,蔡元培赴德国留学,计四年之久,先后在莱比锡大学、柏林大学学习心理学、哲学、美术史、文学等,深受西方资产阶级文化、教育思想的影响。

1912年,回国就任"中华民国"首任教育总长,亲自领导和主持了民国初年的教育改革,奠定了民国教育的基础。1912年7月,因不满袁世凯的专制独裁,辞去教育

总长职务,再度赴德留学,其中1913年4月应孙中山之召回国参加二次革命。是年9月又赴法国留学,并和李石曾、吴稚晖、吴玉章等人在法国组织勤工俭学会。1916年,在法发起华法教育会,任中方会长,推动了留法勤工俭学运动的开展。同年底,蔡元培回国受命担任北京大学校长直至1926年7月。在十年校长任内,他博采众议、励行革新,进行了卓有成效的改革,将封建思想和官僚习气十分浓厚的旧北京大学,改造成了一所充满生机和活力的新型资产阶级大学。他热情支持新文化运动和现代教育改革,参与发起了"中华职业教育社"、"中国新教育共进社"、"中华教育改进社"等众多教育团体,还同时兼任北京孔德学校校长、中法大学校长、私立华北大学校长及杭州大学校董等职。

1927年南京国民政府成立后,蔡元培作为国民党元老先后在国民政府担任各种职务。1928年8月以后,他陆续辞去原有任职,在国民政府内仅保留中央研究院院长一职,举家离开南京,定居上海,"尽力于教育学术"。

1931年九一八事变后,蔡元培积极主张抗日。1932年12月,他和宋庆龄、杨杏佛等人在上海组织了中国民权保障同盟,被推为副主席,为营救被捕的民主人士和共产党员做了大量工作。1937年底因病移居香港疗养。1940年3月病逝于香港。

第二节 五育并举、和谐发展的教育方针

蔡元培认为,民国教育应以"养成共和国民健全之人格"为目标。在他看来,健全人格的养成需要通过实施体育、智育、德育、世界观教育和美育来实现。他在1912年初发表的《对于教育方针之意见》一文中系统阐述了"五育"各自的内涵、作用和相互关系。

军国民教育(体育),一方面是由于当时中国所面临的国际、国内形势,需要举国皆兵之制;另一方面,也是养成健全人格所必需,体育是实施其他四育的基础。他说:"今经科学发明,人之智慧学术,皆由人之脑质运用之力而出,故脑力盛则智力富,身体弱则脑力衰,新教育之所以注意体操运动实基于此。"[①]

实利主义教育(智育),即是"以人民生计为普通教育之中坚",既包括各种普通文化科学知识的学习,如历史、地理、算学、化学、手工、博物等;也应加强职业技能的培训,密切教育与国民经济生活的关系,使其能发挥提高国民经济能力和改善人民生活的作用。他认为:"我国地宝不发,实业界之组织尚幼稚,人民实业者至多,而国甚贫。实力主义之教育,固亦当务之急者也。"[②]实利主义教育与军国民教育一样,都是富国强兵的教育。

公民道德教育(德育),是养成健全人格之本。要避免私斗、侵略、智欺愚、强凌

---

① 蔡元培:《复冯国璋快电代电》,《蔡元培选集》,浙江教育出版社1993年版,第59页。
② 蔡元培:《对于教育方针之意见》,陈学恂主编:《中国近代教育文选》,人民教育出版社1983年版,第322页。

弱、贫富悬绝、资本家与劳动家血战之惨剧,必须"教之以公民道德。何谓公民道德?曰,法兰西之革命也,所标揭者,曰自由、平等、博爱。道德之要旨,尽于是矣"①。从蔡元培对公民道德教育内容的论述,不难看出,他要求以资产阶级道德观念培养学生。不过,他同时也指出,中国传统伦理尤其是儒家伦理的一些基本范畴,其内涵与自由、平等、博爱的精神是相通的。

世界观教育,为蔡元培所独创并被作为教育的最高境界。蔡元培在哲学上受康德二元论的影响,把世界分割成现象世界和实体世界两部分。他认为:"现象世界与实体世界的区别在于:前者相对,而后者绝对;前者范围于因果律,而后者超轶乎因果律;前者与空间时间有不可离之关系,而后者无空间时间之可言;前者可以经验,而后者全恃直观"。从这种观点出发,他认为世界观教育是"提撕实体观念之教育……对于现象世界,无厌弃亦无执著;对于实体世界,非常渴慕而渐进于领悟",亦即"循思想自由、言论自由之公例。不以一流派之哲学、一宗门之教义梏其心,而惟时时悬一无方体、无始终之世界观以为鹄"。②简言之,世界观教育就是要使人们认识世界的本性,破除人我之差别、幸福之营求,达到与万物浑然一体的境界。

美感教育(美育)。蔡元培堪称中国近代教育史上首倡美育的第一人。他受康德美学思想的影响,认为"美感者,合美丽与尊严而言之,介乎现象世界与实体世界之间,而津为桥梁"。③ 美育可以引领人们进入一种"自美感以外,一无杂念的意境",通过诗歌、美术、音乐等艺术活动,可以净化心灵、陶冶人格。

上述军国民教育、实利主义教育、公民道德教育偏重于现象世界之观念,为隶属于政治之教育;世界观教育和美感教育以追求实体世界之观念为目的,为超越政治之教育。蔡元培认为"五育"不可偏废。这一德、智、体、美、世界观全面和谐发展的教育方针的提出,不仅是对清末教育宗旨的否定,是教育上一个重大的进步,也奠定了我国近代全面发展教育的理论基础。

第三节　对北京大学的改革

北京大学的前身京师大学堂是一所封建思想和官僚习气都十分浓厚的学校,学生多为纨绔子弟,为猎取功名利禄而来。民国成立后,京师大学堂改名为北京大学,虽经过了一些初步的民主改革,学校面貌有所变化,但改革成效不明显,学校性质并未发生根本转变。北京大学这一当时全国的最高学府,实际上成了一个"官僚养成所"。1916年,蔡元培出任北大校长,进行大刀阔斧的全面改革,使得该校从内容到形式,方方面面都发生了根本的变化,终于由一所充满封建沉疴的旧大学转变为一所新型的现代大学。

---

① 陈学恂主编:《中国近代教育文选》,人民教育出版社1983年版,第323页。
② 陈学恂主编:《中国近代教育文选》,人民教育出版社1983年版,第324-325页。
③ 陈学恂主编:《中国近代教育文选》,人民教育出版社1983年版,第326页。

一、明确大学宗旨、转变师生观念

针对当时北京大学校政腐败、学生求官心切、学术氛围缺失、不少师生品行不检的现象,蔡元培上任伊始,第一步要做的是明确大学宗旨,转变师生观念。他在对全校师生发表的就职演说中明确指出:"大学者,研究高深学问者也。"他勉励学生:抱定宗旨,砥砺德行,敬爱师友。要求学生以研究学术为天职,不以大学为升官发财之阶梯。他说:"入法科者非为做官,入商科者非为致富,宗旨既定,自趋正轨。"①他更多次强调:"大学为纯粹研究学问之机关,不可视为养成资格之所,亦不可视为贩卖知识之所。学者当有研究学问之兴趣,尤当养成学问家之人格。"②这些观点,可谓抓住了要害,使师生耳目一新。

二、"思想自由、兼容并包"的办学指导思想

蔡元培执掌北京大学后确定了以"思想自由,兼容并包"为办学指导思想。他说:"大学者,'囊括大典,网罗众家'之学府也。"大学的宗旨是研究高深学问,但不应仅仅是研究某一家某一派的学问,而应是"网罗众家"。"无论何种学派,苟其言之成理,持之有故,尚不达自然淘汰之命运,虽彼此相反,而悉听其自由发展。"③只有这样,大学才能对学术的发展起促进作用。正是在这种办学指导思想下,北大出现了学术自由、百家争鸣的局面。

三、整顿教师队伍

蔡元培认为,要实现大学的宗旨,师资是关键。要提高大学的办学水平,首先必须有一大批积学深厚的学问家。为此,他一方面顶住各种压力,辞退一批不称职教师;另一方面,以"学诣"为标准,不拘一格,广延人才。他认为:"人才至为难得,若求全责备,则学校殆难成立。"在他的大力延揽下,北京大学教师队伍流派纷呈,极一时之盛。既有思想激进的新文化运动的著名代表人物,如陈独秀、李大钊、胡适、鲁迅、刘半农等,也有政治保守而旧学深厚的知名学者,如刘师培、辜鸿铭、黄侃、崔适、陈汉章等。经过整顿,北京大学的教师队伍面貌一新,充满朝气。1918年时,全校200多名教师中,教授90余人,教授平均年龄仅33岁。④

四、教授治校,民主管理

作为一位深受西方文化影响的知识分子,蔡元培主张按照教授治校、民主管理的原则,建立新的学校领导管理体制。为此,他在北京大学改革中主持设立了评议会、各科(系)教授会等新的管理机构。

---

① 陈学恂主编:《中国近代教育文选》,人民教育出版社1983年版,第332-333页。
② 高平叔:《蔡元培全集》(第三卷),中华书局1984年版,第191页。
③ 高平叔:《蔡元培选集》,浙江教育出版社1993年版,第79页。
④ 霍益萍:《近代中国的高等教育》,华东师范大学出版社1999年版,第122页。

评议会是全校最高的立法和权力机构。每5名教授选举评议员1人，校长为评议长，组成评议会，凡学校政策的兴废都必须通过评议会审核通过才能实施。各科（系）教授会是由各科（系）的教授、讲师公举数人组成，其中一人为教授会主任。教授会负责管理本科（系）的教务工作。各科（系）教授会主任组成全校统一的教务处，负责规划、领导全校的教学工作。评议会和各科（系）教授会的成立，使北京大学真正建立以教授治校为原则的学校领导管理体制，不仅调动了教师的积极性，也提高了管理效率和教学质量，从而促进了学校的发展。

五、"学为基本，术为枝叶"的学科改革原则

蔡元培将"学术"分为"学"与"术"两个方面，"学为学理，术为应用"，"学"、"术"之别，即基础理论科学和应用学科之别。他认为两者既相区别，又有联系，"学必借术以应用，术必以学为基本"①。他反对清末以来重术轻学的"西学为用"的流弊，大力提倡研究学术，并始终坚持大学是研究高深学问的机关，其重心为纯粹的学理，而专门学校、单设的学院（或单科大学）才是传授应用技术的场所。以这一原则为指导，他力行学科改革，使北京大学成为一所以研究基础理论为重点的综合性大学。

六、"尚自然"、"展个性"与教学制度改革

蔡元培认为，是否尊重、发展个性，是新旧教育的根本区别之一。他提出："知教育者，与其守成法，毋宁尚自然；与其求划一，毋宁展个性。"②他反对在大学教育中对学生强求一律，主张因材施教。1918年，北京大学在全国高校中率先推行选科制和学分制，以提高学生兴趣，发展学生个性。1922年以后，这一制度被全国其他高校纷纷采用。

总之，蔡元培对北京大学所进行的一系列破旧立新的改革，获得了极大的成功。这场改革的灵魂是"思想自由，兼容并包"。"兼容并包"不仅包容不同的学术和学说流派，不同的人物和主张，也在男生之外包容女生，在正式生之外包容旁听生。"兼容并包"也并非不偏不倚，而是有所扬抑，封建专制思想文化本已根深蒂固，所包容的主要是资产阶级乃至于无产阶级的新思想、新文化、新人物。改革不仅使学校自身面貌发生了根本改变，而且使其成为新文化运动的"重镇"和五四运动的策源地，其影响所及已远远超出北京大学校园。北京大学的改革也因此成为中国近现代高等教育发展史上的一座里程碑。

▶▶ 复习思考题：

1. 名词解释：蔡元培。
2. 评述蔡元培对北京大学的改革。

---

① 高平叔：《蔡元培全集》（第四卷），中华书局1984年版，第42页。
② 陈学恂主编：《中国近代教育文选》，人民教育出版社1983年版，第349页。

第十七章 陶行知的教育思想

第一节 生平与教育活动

陶行知(1891—1946年,见图17-1),原名文濬,后改知行、行知,安徽歙县人,我国现代杰出的人民教育家。早年曾间断就读于私塾和经馆,1906年入歙县崇一学堂读书,开始接受系统的西学教育。1910年考入南京汇文书院预科,不久转入金陵大学文科。1914年,以优异的成绩从金陵大学毕业后,自费赴美留学。一年后获得伊利诺大学政治学硕士学位。怀着教育救国的崇高理想,他进入哥伦比亚大学师范学院攻读教育学博士学位,师从杜威、孟禄、克伯屈、斯垂耶等教育名家。在哥伦比亚大学的两年时间里,陶行知以旺盛的求知欲,如饥似渴地学习各种教育理论知识,接受了西方现代教育尤其是实用主义教育理论的系统熏陶。

图17-1 陶行知

陶行知于1917年回国后,应聘南京高等师范学校,历任教育专修科主任、代理教务主任、教务主任等职。作为一位热情的教育改革者,他运用自己留学期间所学的教育理论知识,开展了一系列改革活动。如推行学分制和选科制,提倡各系科参观实习,改"教授法"为"教学法",鼓励学生自治等。同时,他还以南京高等师范学校代表的身份参加了新教育共进社,并担任《新教育》月刊编辑工作。以《新教育》杂志为阵地,他发表了一系列重要文章,努力宣传、介绍美国实用主义教育思想,为改革大造舆论。1919年后,杜威、孟禄、克伯屈等美国教育家相继来华讲学,陶行知不仅参与发起邀请,而且亲自陪同杜威、孟禄等人赴各地讲学,并担任翻译工作,还积极撰文,宣传他们的思想、学说,以此批判脱离实际的中国"老八股"教育。1921年底,陶行知出任中华教育改进社主任干事,成为20世纪20年代中国现代教育改革运动的主要领导者之一。

20世纪20年代中期以后,随着时代和社会形势的发展,陶行知的教育实践活动也发生了转变,他将目光从繁华的城市投向了广阔而贫瘠的乡村。1926年,陶行知为中华教育改进社起草《改造全国乡村教育宣言书》,明确宣告中华教育改进社今后的主要使命即在厉行乡村教育政策,为农民服务,提出"筹募一百万基金,征集一百万同志,提倡一百万所学校,改造一百万个乡村","一心一德的为中国乡村开创一个新生命"。① 1927年春,他在南京创办了试验乡村师范学校(该校后改名晓庄学校)。在探索乡村教育的实践中,陶行知越来越不能满足实用主义教育理论,不时提出相应的批评和改造建议,最终将其"翻了半个筋斗",创立了自己的生活教育理论体系。

1930年,晓庄学校遭国民党当局查封,陶行知遭通缉并被迫流亡日本。1931年春,陶行知从日本秘密潜回上海(1932年通缉令取消),推行普及教育运动。他创办自然学园和儿童科学通信学校,开展"科学下嫁"活动,编辑了许多科普读物。1932年,在上海郊区大场创办山海工学团,提出"工以养生,学以明生,团以保生"的教育宗旨,力图将工场、学校、社会打成一片,以达普及教育的目的,并在实践中总结出了"小先生制"、"传递先生制"等普及教育的方法。

1935年"一二·九"运动爆发后,陶行知积极参加抗日救亡运动。1936年1月,组织国难教育社,推行"国难教育",5月,当选全国各界救国联合会常委和执行委员,7月,赴英参加世界新教育会议,并受全国教育联合会委托,以"国民外交使节"的身份赴欧、美、亚、非等28国宣传抗日。1938年夏,他回国后积极呼吁战时教育,12月,在桂林成立生活教育社,并创立中国战时教育协会,均任董事长职。1939年7月,在重庆创办育才学校,运用生活教育的原理和方法,为抗战培养了大批人才。

陶行知1945年参加中国民主同盟临时全国代表大会(即民盟"一大"),当选为中国民主同盟中央常务委员兼教育委员会主任委员,主编《民主教育》月刊。1946年1月,在重庆创办社会大学,推行民主教育运动,4月,返回南京、上海,积极投身于"反内战、争民主"的斗争,7月25日,因劳累过度突发脑溢血病逝于上海。

陶行知的教育实践前后共计30年,在不同时期,他发起过平民教育、乡村教育、国难教育、战时教育、民主教育等运动,生活教育理论是贯穿其全部教育活动的基本思想。陶行知的教育思想对我国现代教育的发展产生了深远的影响。

第二节 生活教育理论

陶行知早年留学美国哥伦比亚大学,师承杜威、孟禄等。杜威的思想对陶行知影响很大,在强调学校与社会、教育与生活的沟通这点上,杜威给陶行知以直接影响。可以说,陶行知的"生活教育"理论是对杜威教育思想的吸取和改造。生活教育理论还是立足于对中国传统教育和中国现实充分认识的基础上的。陶行知的生活教育理论不仅考虑了一般传统教育脱离社会生活的状况,而且考虑到了中国学校教育尚未普及和民众极其缺乏教育的现实。

生活教育理论是陶行知教育思想的核心,也是改造中国传统教育的锐利武器,

---

① 陶行知:《中国教育改造》,人民出版社2008年版,第68页。

其中"生活即教育"、"社会即学校"和"教学做合一"是其三大理论基石。

一、"生活即教育"

这是生活教育理论的本体论，也是生活教育理论体系的核心。这一思想的提出，显然和杜威的"教育即生活"思想有密切关系。二者都强调教育与生活相联系，反对以死的书本为中心的传统教育。但是，陶行知的"生活即教育"又与杜威的"教育即生活"有着根本区别。杜威关注的主要是正规的学校教育与社会生活及个人（儿童）生活的关系，其目的是要改造不合时宜的学校教育与学校生活，使之更富活力，也更有益于儿童发展和社会改造。而陶行知认为杜威的"教育即生活"乃是为未来教育作准备的。在陶行知看来，生活就是教育，生活的内容至广至大，因而生活也是一种广泛的教育。他在肃清时人对于生活教育的误解时，曾指出："生活教育是生活所原有，生活所自营、生活所必需的教育。教育的根本意义是生活之变化。生活无时不变，即生活无时不含有教育的意义。"[①]"生活教育是以生活为中心之教育。""过什么生活便是受什么教育：过康健的生活便是受康健的教育；过科学的生活便是受科学的教育；过劳动的生活便是受劳动的教育；过艺术的生活便是受艺术的教育；过社会革命的生活便是受社会革命的教育。以此类推，我们可以说：好生活是好教育；坏生活是坏教育；高尚的生活是高尚的教育；下流的生活是下流的教育；合理的生活是合理的教育；有目的的生活是有目的的教育；无目的的生活是无目的的教育。"[②]可见，与"教育即生活"相比，"生活即教育"扩大了生活的场景和教育的视野，强调生活本身的教育意义，主张好的教育必须有好的生活，教育要适应生活并随生活的变化而不断变化；实际生活是教育的中心，生活与教育是同一过程，教育必须与生活高度一致，并且通过生活来进行。他认为，一方面，生活决定教育，教育绝不能脱离生活，教育目的、内容和方法，都不能脱离现实社会生活的需要；另一方面，教育对生活具有能动作用，应通过引导生活、改造生活，来创造新生活。

"生活即教育"强调教育要以生活为中心，反对脱离生活而以书本为中心的传统教育。尽管这一思想在生活和教育的区别以及系统的知识传授方面有所忽视，但在破除传统教育脱离民众，脱离社会生活的弊端方面有着十分重要的意义。

二、"社会即学校"

这是生活教育理论的范围论，亦即"生活即教育"思想在学校与社会关系问题上

---

① 华中师范学院教育科学研究所编：《陶行知全集》第 2 卷，湖南教育出版社 1985 年版，第 633 页。
② 华中师范学院教育科学研究所编：《陶行知全集》第 2 卷，湖南教育出版社 1985 年版，第 288-289 页。

第十七章 陶行知的教育思想

的具体化。

　　陶行知认为,杜威"学校即社会"的主张仍然有其弊端,他指出,即使是运用最先进的方法,在学校以教育为中心仍远远不够。企图使学校社会化,无异于在鸟笼里放些枝叶,一个人得到的仅是社会的概况、一种缩影,然而缩影和现实世界之间仍有鸿沟。鸟儿依旧是被囚于鸟笼中,学生也依旧为正规教育的固有缺陷所限制。他作了一个形象的比喻:"学校即社会,就好像把一只活泼的小鸟从天空里捉来关在笼里一样。它要以一个小的学校去把社会上所有的一切东西都吸收进来,所以容易弄假。"①在他看来,学校里的东西毕竟太少,校外不少有价值的东西学生都无法领教,因而也就无法真正消弭教育与生活、学校与社会相脱节、相隔离的弊病。"社会即学校则不然,他是要把笼中的小鸟放到天空中去,使他能任意翱翔,是要把学校的一切伸张到大自然里去。"②只有真正以生活的场所为教育的场所,使整个社会成为学校的教育环境,"教育的材料,教育的方法,教育的工具,教育的环境,都可以大大的增加。学生、先生也可以多起来"。③而20世纪二三十年代的旧中国,还存在着一个不容回避的严峻事实,那就是广大人民群众十分缺少教育。对此,陶行知说:"世界的课堂里既不许生活进去,又收不下广大的大众……那么,我们只好承认社会是我们的唯一的学校了。马路、弄堂、乡村、工厂、店铺、监牢、战场,凡是生活的场所,都是我们教育自己的场所。"④他主张以人民大众的生活场所为教育的场所,让整个社会都成为人民大众的学校。可见,提倡"社会即学校",一方面旨在拆除学校与社会之间的高墙,扩大教育的范围、对象和学习的内容,密切学校与社会的联系,使学校真正成为社会生活必不可少的组成部分;另一方面,也使社会的每一个地方、每一个生产生活的组织和机构,都承担起教育的职能。整个社会成为一所大学校,变原来的"小众教育"为真正的"大众教育"。通过学校教育与社会、生活的紧密结合,不仅促使学校自身进步,而且有利于教育的普及,从而促进人民群众生活的改进和社会的改良。值得注意的是,陶行知提出此命题的用意,是要反对脱离社会生活、脱离人民大众的"死学校",倡导更适应日常生活需要的学校教育,而非以社会代替学校、取消学校。针对有人指责"社会即学校"的提法就是把社会与学校等同起来,是一种学校消亡论,陶行知于1940年8月10日在致潘畏三的信中明确指出:有人说"我们是在企图取消学校教育了。(这是带

---

① 华中师范学院教育科学研究所编:《陶行知全集》第2卷,湖南教育出版社1985年版,第182页。
② 董宝良:《陶行知教育论著选》,人民教育出版社1991年版,第294页。
③ 董宝良:《陶行知教育论著选》,人民教育出版社1991年版,第243页。
④ 华中师范学院教育科学研究所编:《陶行知全集》第3卷,湖南教育出版社1985年版,第27页。

着一种挑拨性的话)而这绝非我们的本意"。① 事实上,陶行知的一生,是艰苦卓绝办学不止的一生。

三、"教学做合一"

这是生活教育理论的方法论。有感于传统教育的教与学相脱离、书本知识与实际生活相脱节,陶行知提出了"教学做合一"的主张。他说:"教学做合一是生活现象之说明,即是教育现象之说明。在生活里,对事说是做,对己之长进说是学,对人之影响说是教。教学做只是一种生活之三方面,而不是三个各不相谋的过程。同时,教学做合一是生活法,也就是教育法。它的含义是:教的方法根据学的方法;学的方法根据做的方法。事怎样做便怎样学,怎样学便怎样教。教与学都以做为中心。在做上教的是先生,在做上学的是学生。在这个定义下,先生与学生失去了通常的严格的区别,在做上相教相学倒成了人生普遍的现象。"② 陶行知对这一思想十分重视,认为有了教学做合一,"生活即教育"和"社会即学校"这两个命题才能真正落到实处,生活教育的内容和方法也才能相辅相成、联络贯通。

在陶行知看来,"教学做合一"实际上包含三层意思。一是指方法,事怎样做就怎样学,怎样学就怎样教;二是指关系,对事说是做,对己说是学,对人说是教;三是指目标,教育不是教人,不是教人学,而是教人学做事。③ 而在这三个方面中,"做"是"学"的中心,也是"教"的中心。至于什么是"做",陶行知明确指出:"'做'字在晓庄有个特别定义。这定义便是在劳力上劳心。单纯的劳力,只是蛮干,不能算做。单纯的劳心,只是空想,也不能算做。真正的做只是在劳力上劳心。我们做一件事便要想如何可以把这件事做好,如何运用书本,如何运用别人的经验,如何改造用得着的一切工具,使这件事做得最好。我们还要想到这事和别事的关系,想到这事和别事的相互影响。我们要从具体想到抽象,从我相想到共相,从片断想到系统。"④ 由此可见,"从做中学"强调手脑并用,行动与思想结合,意在克服传统教育下劳力与劳心长期割裂开来的弊端,促进人的智力、体力和谐发展。

陶行知提倡"教学做合一",尤其强调"做"的核心地位,亦是从杜威的"从做中学"、"学生中心"等实用主义教育理论中受到启发,但二者又有着本质区别。杜威认为,个体的经验具有统一性和完整性。以其经验论为基础,要求教学方法应建立在

---

① 华中师范学院教育科学研究所编:《陶行知全集》第2卷,湖南教育出版社1985年版,第289页。
② 华中师范学院教育科学研究所编:《陶行知全集》第2卷,湖南教育出版社1985年版,第289页。
③ 华中师范学院教育科学研究所编:《陶行知全集》第2卷,湖南教育出版社1985年版,第208页。
④ 华中师范学院教育科学研究所编:《陶行知全集》第5卷,湖南教育出版社1985年版,第204页。

第十七章 陶行知的教育思想

对学习者有意义的、直接的、具体的经验之上,从做中学,从经验中学,以活动性、经验性的主动作业来取代传统书本式教材的统治地位。陶行知则认为,杜威的"经验论"对反对僵化的传统教育确有其独特价值,不过,范围仍然过窄,且明显缺乏大众意识,与广大民众的切身经验并没有直接关联。而"教学做合一"中的"做"不仅包括校内的实验活动,也包括一切征服自然和改造社会的丰富的社会生活实践内容,教学做紧密结合,三位一体。陶行知把实践放在最重要的地位,认为是一切知识的本源。因此从哲学基础上看,陶行知亦逐步摆脱了杜威的经验主义哲学,将其理论建立在唯物主义认识论基础之上。

陶行知在改革中国教育的实践中逐步形成生活教育理论后,又根据社会生活和教育的实际需要不断将其丰富和完善。1936年,面对日益危急的抗日救亡形势,他发起国难教育运动,并先后发表《国难教育方案之特质》和《生活教育之特质》等文章,指出生活教育有六个特质:一是"生活的",即"生活的变化便是教育的变化。生活与生活一摩擦便立刻起教育的作用。摩擦者与被摩擦者都起了变化,便都受了教育"。强调教育在与生活密切结合的过程中,激起生活的火花,发出生活的变化。二是"行动的",即"人类和个人的知识的妈妈都是行动。行动产生理论,发展理论。行动所产生发展的理论,还是为了要指导行动"。主张行动必须在生活中取得主导地位,并指引生活达到更高的境界。三是"大众的",即"生活教育是大众的教育,大众自己办的教育,大众为生活解放而办的教育"。大众只有联合起来,才有生活可过,才有教育可受。四是"前进的",社会中有两种生活:"前进的生活"和"落后的生活"。"要用前进的生活来引导落后的生活,要大家一起来过前进的生活,受前进的教育。"只有这样的教育,才是真正的生活教育。五是"世界的",因为"课堂里既不许生活进去,又收不下广大的民众,又不许人动一动,又只许人向后退不许人向前进",因而生活教育只好承认社会即学校,世界即学校。六是"有历史联系的",其包括两层含义,首先,"必须把历史的教训和个人或集团的生活联系起来。历史教训必须通过现生活,从现生活中滤下来,才有指导生活的作用"。[1] 有选择地接受经生活滤过的宝贵历史教训,能促使生活更加丰富。陶行知认为,争取大众解放的生活教育,必须担负起自己的历史使命,必须教育大众联合起来解决国难。在倡导国难教育的过程中,把教育与现实的社会需要和大众斗争结合在一起,使生活教育理论更具现实意义。1946年,陶行知又把生活教育的方针总结为民主的、大众的、科学的、创造的。他尤为重视创造精神和创造能力的培养,提出了六大解放:解放儿童的眼睛、解放儿童的头脑、解放儿童的双手、解放儿童的嘴、解放儿童的空间和解放儿童的时间。他认为有了这六大解放,创造力才可以尽量发挥出来。显然,生活教育理论是一种立足于中国国情、不断进取创造且具有很强的现实针对性的理论,是我们民族教育宝库中

---

[1] 华中师范学院教育科学研究所编:《陶行知全集》第3卷,湖南教育出版社1985年版,第27-28页。

十分珍贵的遗产,至今仍具有借鉴意义。

教育启示录8

陶行知喂鸡

　　有一次,陶行知先生在武汉大学演讲。走上讲台,他不慌不忙地从箱子中拿出一只大公鸡,台下的听众全愣住了,不知陶先生要干什么。陶先生从容不迫地又掏出一把米放在桌上,然后按住公鸡的头,强迫它吃米,可是大公鸡只叫不吃。怎么才能让鸡吃米呢?他扳开鸡的嘴,把米硬往鸡的嘴里塞,大公鸡拼命挣扎,还是不肯吃。陶先生轻轻地松开手,把鸡放在桌子上,自己向后退了几步,大公鸡自己就吃起米来。这时陶先生开始演讲:"我认为,教育就跟喂鸡一样,先生强迫学生去学习,把知识硬灌给他,他是不情愿学的,即使学也是食而不化,过不了多久,他还是会把知识还给先生的。但是如果让他自由地学习,充分地发挥他的主观能动性,那效果将一定会好得多!"台下一时间欢声雷动,为陶先生形象的演讲开场白叫好。

　　资料来源　节选自但武刚主编的《教育学案例教程》,华中师范大学出版社2007年版,第71页。有修改。

复习思考题:

1. 名词解释:陶行知。
2. 评述陶行知"生活教育"理论。

第十八章 陈鹤琴的教育思想

第一节 生平和教育活动

陈鹤琴(1892—1982年),浙江上虞人,中国现代著名教育家、儿童心理学家和儿童教育专家,我国现代幼儿教育的奠基人。出生于小商人之家,幼年丧父。8岁入私塾读书,14岁考入杭州蕙兰中学,开始接受新式教育。1911年考入上海圣约翰大学,同年秋考入清华学堂高等科。1914年夏,从清华学校毕业后,取得"庚款"留美资格,与陶行知同船赴美。1917年获约翰·霍普金斯大学文学士学位后,在终生献身教育事业的坚定信念的驱使下,进入哥伦比亚大学师范学院攻读教育与心理,直接受教于克伯屈、孟禄、桑代克等著名教育家和心理学家,深受实用主义教育思想的影响。1918年,他获哥伦比亚大学教育学硕士学位,又转入心理学系攻读博士学位。后因公费留学期满,批准延期的公文姗姗来迟,遂应南京高等师范学校校长郭秉文之请,于1919年回国,受聘为该校教育科教授。

在执教南京高等师范学校的8年时间里,陈鹤琴除担任教育学、心理学和儿童心理学等多门课程的教学外,还历任教育科主任、教务主任等职。他以极大的热忱和精力投身教育改革活动,在学生自治、婚姻变革、语体文应用字汇及智力测验、教育测验等方面均进行了深入思考和探究;同时积极引入西方先进的教育理论、方法,参与接待杜威、孟禄、克伯屈等哥伦比亚大学教育家访华。20世纪20年代,近代意义上的儿童教育和儿童心理的研究及实施尚未引起国人的充分重视,为扭转这一局面,陈鹤琴成为中国儿童教育领域的拓荒者。自1920年起,他通过对长子陈一鸣的追踪研究,开始了对儿童教育及心理发展规律的探索。在取得大量第一手资料并结合西方儿童学理论最新研究成果的基础上,相继出版《儿童心理之研究》、《家庭教育》两部著作,为中国现代儿童心理和家庭教育开辟了一片新天地。1923年,更创办了中国第一所幼儿教育科学实验园地——南京鼓楼幼稚园,并亲任园长。他以鼓楼幼稚园为基地,开展了幼儿教育的课程、故事、读法、设备以及幼儿习惯和技能等一系列课题的实验研究,编写了多部幼儿教育教材,并主持了全国幼儿教育课程标准的制订工作。1927年后,他受聘为南京特别市教育局学校教育科第二科科长,负责小学教育。他在充分调查研究的基础上,把全校划分为东、西、南、北、中五个试验区并建立了校长会议和教学研讨制度。任职期间,大力提倡和推广教育实验,试验新的教育理论和教学方法,发起成立中华儿童教育社。1928年下半年,陈鹤琴应邀担任上海工部局华人教育处处长,前后11年,为争取租界区华人的教育权做出了多方面的贡献。在此期间,他仍兼任南京鼓楼幼稚园园长。1940年春,应江西省府主席之邀,陈鹤琴来到江西,着手筹建我国第一所公立幼稚师范学校——江西省立实验幼稚师范学校(1943年改为国立幼稚师范学校),以培养幼儿教育师资,训练幼儿教育运动干部。经过几年的艰苦努力,克服重重困难,终于建成一个包括专科部、幼师部、小学部、幼儿园、婴儿园5个部门在内的完整的幼儿师范教育体系,并在教育目标、教学原则与方法、课程设置等诸多方面进行了改革,打造了一所有崭新气象的新型学校。江西幼师培养出七届学生,共213人,这些学生来自江苏、浙江、安徽等12个省、市。学生毕业后足迹遍布全国,其中许多人为新中国幼教事业做出了积极贡献。

1945年抗战胜利后,他任上海市教育局督导处主任督学,又创办了上海市立幼稚师范学校(1947年2月改为市立女子师范),并兼任该校和国立幼稚师范专科学校两校校长,同时积极实验乡村幼稚教育,发展乡村幼教事业。

中华人民共和国成立后,陈鹤琴出任设在南京的中央大学师范学院院长。国立幼专并入中央大学后,成立幼教系,陈鹤琴任第一系主任。1949年9月陈鹤琴出席第一届全国政协会议,并任全国政协委员。在繁忙的行政、教学工作之余他仍关心和指导幼儿教育工作,恢复了《活教育》月刊(1950年改为《新儿童教育》)并亲自撰文30余篇,内容涉及:特殊教育、家庭教育、幼稚教师培养、幼稚园教材教法以及幼稚园玩具、教具制作等。

由陈鹤琴回国后的经历可知,他始终坚持不懈地致力于中国传统教育的革新,在幼儿教育、初等教育、中等教育、师范教育等领域均先后开展了各种形式的教育实验。正是在长期的教育改革实践中,陈鹤琴认识到,盲目模仿、照搬照抄不可能建立适应中国社会需要的教育。他说:"仍旧像中国初办教育的时候,今日抄袭日本,明日抄袭美国,到底弄不出什么好的教育来。"[①]他认为必须立足中国国情和儿童特点,另辟蹊径,创造本土化的教育理论与方法。经过多年的探索,20世纪30年代末陈鹤琴逐渐形成了一个完整的包括目的论、课程论、方法论等方面有机联系的活教育理论体系。

第二节 活教育理论

一、活教育的三大目标

活教育的目的论,是活教育理论的基本出发点。陈鹤琴明确指出,活教育的目的就是"做人,做中国人,做现代中国人"。[②]

这一命题是在针对传统教育的缺失并结合中国社会实际的基础上提出的。陈

---

① 朱永新:《沟通与融合:中国近现代教育思想史》,人民教育出版社2004年版,第256页。
② 吕静、周谷平编:《陈鹤琴教育论著选》,人民教育出版社1994年版,第448页。

鹤琴指出,如何做人是每个人从生到死都要面临的问题,也是真正的教育首先必须解决的问题。因为人是具有社会性的,自人类有史以来,人不能离开社会而独立。如何通过建立起良好的人际关系,以参与社会生活,进而求得社会的进步、人类的发展,便是一个"做人"的问题。然而,近世以来,教育本身变了质,以为读书就是受教育,反而把做人忘记了。因此,他在活教育理论中提出如何学习做人。但人并不是抽象存在物,人总是生活在特定的历史环境之中,不同的社会有不同的特质,人的生活内容及其意向必然受此特质所规定。据此,活教育理论进一步提出如何做中国人,做现代中国人。他赋予"现代中国人"五个方面的要求。

一是要有健全的身体。身体的好坏,对于一个人一生的生活事业及其抱负都有极大的影响。要改变身体羸弱、缺乏活力的面貌,摘掉"东亚病夫"的帽子,承担起现代中国与世界给予的任务,必须有健康的身体。陈鹤琴把"体育"放在首位,这符合中国当时的时代要求。

二是要有创造的能力。几千年的封建专制统治和一千多年的以科举为中心的教育体制压抑了民族素有的创造力。要改变民族因循苟且的习惯,创造力的培养必须从儿童抓起,因为儿童自身潜藏着极强的创造欲望,对于儿童的创造欲要善于诱导,善于启发。关于如何训练儿童的创造力,陈鹤琴主张从两个方面着手:第一要有劳动的身手,第二要有科学的头脑。

三是要有服务的精神。陈鹤琴认为,如果教育培养的人只有知识技能而不服务社会,只知自私自利,就失去了教育的目的。他主张教育必须培养儿童具有服务的精神,了解大我的意义。

四是要有合作的态度。要通过教育努力矫正中国社会和国民性中缺乏合作精神的态度,改变世人心目中一盘散沙的形象,形成彻底的合作精神。他主张,对于儿童要从小训练他们团结合作的精神。

五是要有世界的眼光。所谓世界的眼光,就是对世界的看法。教育要培养学生对世界的正确的看法。他说:"活教育主张'大自然大社会都是活教材',以宇宙为学校。"在此基础上,活教育进一步提出做世界人、现代世界人。

陈鹤琴明确指出,之所以提出"做世界人"的教育目的,是因为时代变化使然。他认为,自鸦片战争以来,中国社会发生激变,然而人们仍然普遍缺乏一种对世界的正确看法,不是惧外媚外,便是排外。而中国作为世界的一部分,不可能脱离世界关系而孤立自存。欲缔造世界的永久和平,自然亦仅非中国人的努力所能为功,必然也是世界每一个人的责任。每个中国人作为世界的一分子,他除了要过国家的生活,同时还要过世界的生活;他不但要了解中国社会发展的特质,同时还要了解世界的潮流;他不但要为中国的民主独立而努力,同时还要为世界和平而奋斗。所以活教育理论要求进一步做世界人、现代世界人。

从陈鹤琴有关活教育三大目标的论述中可以看出,他从认识理性和中国社会的现实需求出发,不仅赋予了教育目的以民族意识、国家观念、时代精神等含义,而且越过民族的界限,强调具备世界的眼光,这表明活教育理论对教育目的的认识逐层深化,并且是站在更高的层次论述教育目的问题。

二、活教育的课程论

陈鹤琴十分赞同陶行知对中国传统教育腐朽现状的描述:"教员们教死书,死教书,教书死;学生们读死书,死读书,读书死。"①他认为,要变这种死气沉沉的教育为前进的、自动的、有生气的教育,就必须"研究所有的教材是否符合儿童的需要。研究所用的教法是否能够引起儿童的兴趣,启发儿童的思想,培养儿童的创造能力"②。他明确宣布:"活教育的课程是把大自然、大社会做出发点,让学生直接向大自然、大社会去学习。"③即抛弃"书本万能"的错误观念,去向活的、直接的知识宝库——大自然、大社会探讨研究。

陈鹤琴所谓的"活教材",是将大自然、大社会作为直接的书,让儿童在与自然、社会的直接接触中,通过亲身观察获取知识。"比如讲到鱼,就要让小孩子看到真正的鱼,让他们观察鱼怎样呼吸,怎样转弯,怎样浮沉,让他们自己来解剖鱼体,研究鱼的各部。"④他认为这样获得的知识不仅真实、亲切,而且鼓励了儿童的学习兴趣和研究精神,儿童的收获自会比只靠书本大得多。他说:"过去我们明明有无限丰富的活教材不知采用,只知道捧着书本子死读,其实书本子只能当作学习的副工具,无论是国语也好,常识也好,算术也好,无不皆然。"⑤可见,与间接经验相比,陈鹤琴更为重视直接经验,指出活的、直接的知识要大大优于书本知识。当然,他也并未绝对否定书本,他说:"如其把教科书当作参考资料加以活用,得益当然也会很多的。"⑥他所反对的,只是把书本看作唯一的学习材料。

由于直接经验是儿童在大自然、大社会之中,通过各种活动获得的,所以活教育的课程论本质上是一种活动课程论。关于活教育课程的编制,陈鹤琴主张打破学科教学传统,依据儿童与环境的实际需要,采用大单元及活动中心为编制原则。具体而言,采用"五指活动"形式,即儿童健康活动(以体育活动、个人卫生、公共卫生、心理卫生和安全教育为范围),儿童社会活动(以公民、历史、地理和时势为范围),儿童科学活动(以生物、理化、工业及生产劳动为范围),儿童艺术活动(以音乐、美术、工艺和戏剧为范围),儿童文学活动(以童话、诗歌、谜语、故事、剧本、演说、辩论、儿童应用和书法为范围)。"五指"是一种形象的比喻,将上述五种活动比作一只手的五根指头,是相互联系的整体。"五指活动"有三大特点:一是强调"动",无论什么活动都要求学生直接参与而且是手脑并用全身心地投入;二是强调相近学科之间的联

---

① 吕静、周谷平编:《陈鹤琴教育论著选》,人民教育出版社1994年版,第300页。
② 吕静、周谷平编:《陈鹤琴教育论著选》,人民教育出版社1994年版,第300页。
③ 吕静、周谷平编:《陈鹤琴教育论著选》,人民教育出版社1994年版,第347页。
④ 吕静、周谷平编:《陈鹤琴教育论著选》,人民教育出版社1994年版,第348页。
⑤ 吕静、周谷平编:《陈鹤琴教育论著选》,人民教育出版社1994年版,第348页。
⑥ 吕静、周谷平编:《陈鹤琴教育论著选》,人民教育出版社1994年版,第348页。

系,这有利于知识的相互渗透。三是强调人与各种知识之间的联系。可见,"五指活动"从儿童生活出发,追求儿童的完整生活,强调课程的整体性、连贯性和渗透性,从而能有效避免传统学科课程四分五裂,违反儿童生活及心理的弊端。为使"五指活动"顺利进行,陈鹤琴拟订了《五指活动实施大纲》及各种活动的具体实施大纲,详细规定了活动的目标、性质、组织、教师、集会、教学、经费等事项,具有很强的可操作性。

三、活教育的方法论

与以活动为中心的课程论相应,活教育的教学方法论强调"做"是学习的基础。陈鹤琴曾明确指出,活教育教学方法的基本原则是"在做中教,做中学,做中求进步"。他说,这一原则脱胎于杜威的"从做中学",但比杜威的主张更进一步,不但是要在"做"中学,还要在"做"中教,不但要在"做"中教与学,还要不断地在"做"中争取进步。①

陈鹤琴依据儿童心理学和教育学原理,结合其自身的教育经验,总结出17条活教育的教学原则:凡是儿童自己能够做的,应当让他自己做;凡是儿童自己能够想的,应当让他自己想;你要儿童怎样做,就应当教儿童怎样学;鼓励儿童去发现他自己的世界;积极的鼓励胜于消极的制裁;大自然、大社会是我们的活教材;比较教学法;用比赛的方法来增进学习的效率;积极的暗示胜于消极的命令;替代教学法;注意环境,利用环境;分组学习,共同研究;教学游戏化,教学故事化;教师教教师,儿童教儿童;精密观察。② 他还分别对上述教学原则进行了具体详尽的阐述。不仅如此,陈鹤琴还提出了13条训育原则,与其活教育的教学原则相对应,即:从小到大,从人治到法治,从法治到心理,从对立到一体,从不自觉到自觉,从被动到自动,从自我到互助,从知到行,从形式到精神,从分家到合一,从隔阂到联络,从消极到积极,从空口说教到以身作则。

从活教育的教学原则体系可以清晰地看出,它强调儿童在学习过程中的主体地位和在活动中直接经验的获取。陈鹤琴认为,"做"是儿童获得真知的基本途径。他说:"一切的学习,不论是肌肉的,不论是感觉的,不论是神经的,都要靠'做'的。"③正如不看花卉,不能欣赏花卉的美丽;不听音乐,不能欣赏音乐的感染力;不尝酸甜苦辣,不会知道其中的滋味。因此"儿童的世界,是儿童自己去探讨,去发现的。他自己所求来的知识,才是真知识,他自己所发现的世界,才是他的真世界。"④

在强调"做"的同时,陈鹤琴也指出,一切教学,不仅应以"做"为基础,还应在思想上下工夫。亦即活教育所主张的"做",是手脑结合的"做",是在思想参与下的

---

① 吕静、周谷平编:《陈鹤琴教育论著选》,人民教育出版社1994年版,第349页。
② 吕静、周谷平编:《陈鹤琴教育论著选》,人民教育出版社1994年版,第461页。
③ 吕静、周谷平编:《陈鹤琴教育论著选》,人民教育出版社1994年版,第463页。
④ 吕静、周谷平编:《陈鹤琴教育论著选》,人民教育出版社1994年版,第467页。

"做"。他批评注入式的教学法,不让儿童思考,而"思想是行动之母,思想没有受过锻炼,行动就等于盲动,流于妄动"①。主张学校的各种活动、各种教学,都不应直接将结果告诉学生,应当让儿童自己去试验、去思考、去求结果。他认为直接经验、自己思考,方是学习中的唯一门径。

由于学生的"做"往往带有盲目性,因此活教育理论在鼓励学生积极"做"的同时,也要求教师进行有效的指导。但这种指导不是越俎代庖,而是为学生的"做"积极创造条件,使学生的积极性主动性得到充分发挥。在"做中教"的过程中,教师指导学生正确地掌握知识和技能。显然,活教育的教学与传统的灌输式教学有着本质区别。

在提出了活教育的教学原则体系之后,陈鹤琴还将活教育的教学过程分为四个步骤,即实验、阅读、发表和检讨。实验是教学过程的第一步骤,强调通过学生自己的研究和观察获得直接经验,这是教学过程的出发点。第二步骤是阅读,陈鹤琴认为,仅有直接经验还不足以彻底了解事物,况且并非所有事物都可以有条件进行实验观察,因此,学生还必须通过阅读来弥补感性经验的不足。只有做到直接经验和间接经验的互为补充,才可能防止陷入主观主义、经验主义的泥潭。第三步骤是发表,要求学生把从实验观察和阅读参考中所获取的知识经验加以整理,融会贯通,以报告、故事、童话、剧本等形式表达出来,以培养学生的主动性和创造力。第四步骤是检讨,教师和学生共同检验学习的成果,互相启发,互相学习,使之臻于完善,并将总结所得应用于生活实践中去。这四个步骤是教学过程的一般程序,不是机械的、割裂的。经过一个又一个这样的教学过程,无论是学生还是教师,其知识和能力都会有所进步,真正体现了"做中教,做中学,做中求进步"。

综观陈鹤琴的活教育理论,不可否认,明显受到杜威实用主义教育理论的影响。对此,陈鹤琴坦承:"'活教育'并不是一项新的发明。它的理论曾被世界上不同的教育界权威倡导过。当作者从1914年到1919年在美国接受教育时,最知名的教育家之一杜威博士所提倡的美国进步教育,对形成中国的活教育运动起了相当的影响。"②但活教育理论绝非实用主义教育理论的简单照搬。它在吸取杜威实用主义教育的合理内核,如批判传统教育忽视儿童生活和主体性,力图去除以学校和课堂为中心而脱离社会生活、以书本知识为中心而脱离实际和实践、以教师为中心而漠视学生存在等弊端的基础上,针对中国社会现实和大众需要,构建了一座有中国特色的教育理论大厦,是植根于国情民性与自觉实践基础上的理论再创造。一如陈鹤琴曾明确宣告的那样:"我们现在提倡的活教育是接受着世界新教育的思潮,并和杜威一样的在创造理论,也创造方法。"③

总之,活教育是中国教育思想史上一个重要的思想流派,对中国的教育理论发

---

① 吕静、周谷平编:《陈鹤琴教育论著选》,人民教育出版社1994年版,第464页。
② 北京市教育科学研究所编:《陈鹤琴全集》第6卷,江苏教育出版社1992年版,第295页。
③ 朱永新:《沟通与融合:中国近现代教育思想史》,人民教育出版社2004年版,第276页。

第十八章 陈鹤琴的教育思想

展做出过重要贡献,陈鹤琴的许多观点对于我们今天的教育改革仍然具有启迪和借鉴作用。因此,陈鹤琴的活教育理论依然值得我们认真学习和研究。

教育启示录 9

春晖中学

春晖中学是一所私立的农村中学。五四新文化运动后的 20 世纪 20 年代初期,其全新的教育理念犹如引力巨大的磁场,吸引群贤毕至象山脚下、白马湖畔,一时间群星璀璨。春晖中学的校史记载着,从 1921 年到 1925 年,在这里任教的有:夏丏尊、朱自清、丰子恺、朱光潜、匡互生、王任叔(巴人)、杨贤江、刘薰宇等。而到过春晖中学居住、讲学的有蔡元培、李叔同、何香凝、黄炎培、柳亚子、张闻天、俞平伯、吴觉农、蒋梦麟、于右任、吴稚晖……

春晖中学的创办人是近代著名教育家经亨颐。经亨颐一生历任浙江一师、上虞春晖中学和省立宁波四中校长,而最能体现其教育思想和教育实践主张的,当首推春晖中学。春晖中学私立的性质,使其在学校建设方面不再受制于当时的政府;春晖中学办在乡村,官厅的压力和守旧势力的干涉相对城市有所减弱。多年来,经亨颐对"政府摧残教育"、"乱我清净教育界"不满,春晖依其"以哲人统治之精神自谋进行"的思路办学,"一洗从来铸型教育之积弊"。其兴学目标是:发展平民教育,培养有健全人格的国民。他常对学生说:"什么是人格? 人格是做人的格式。""求学何为? 学为人而已。"他期望学生弘扬古人修身、齐家、平天下的精神,从改造自己做起,以达到改造社会的目的。他在《春晖中学校则》中,阐明学校以实施基础训练,发展个性、增进知能,预备研究高深学问,并适应社会生活为宗旨。经亨颐以西方的教育思想和教育实践反观中国教育,认为中国的教育是一种"铸型教育",即教育原则固步不前,教育手段千篇一律,教育方法一成不变,教育对象不分差别,教育目标只顾眼前。针对其弊端,他倡导学校教育与社会教育相结合,即"以社会教育个人,以个人教育社会"。

为了使自己的教育思想在春晖中学得到实施,经亨颐尝试推行教员专任、学生自治、教学自主、学制改革、男女同学,还为教师提供了优越的教学环境和优厚的待遇。这一切迥然有别于其他学校的举措,吸引了大批人才。

一所好的学校,不仅能使学生得到好的成长,使教师得到很好的发展,还能在一定程度上影响一个地方的社会文化风尚。生机勃勃的春晖中学,一时间有了很高的声望。1930 年,浙江省教育厅的报告中称,在数量上以及在校师生人数上,私立均超过了公立,质量方面,私立者也多不亚于公立,如春晖中学等学校,在造就人才方面,贡献很大。20 世纪的二三十年代,中国教育界留下了"北有南开,南有春晖"的美谈。

曾在春晖中学任教的夏丏尊先生在授课之余,翻译了意大利作家亚米契斯的小说《爱的教育》。他在译者序言中批评当时的教育:"单从外形的制度方法上,走马灯似的更变迎合,而于教育的生命,从未有人培养顾及。好像掘池,有人说四方形好,有人说圆形好，朝三暮四地改个不休，而对于池所以为池的要素的水，反无人注意。教育上的水是什么？就是情，就是爱。教育没有了情爱，就成了无水的池。任你四方形也罢，圆形也罢，总逃不了一个空虚。"

夏丏尊在浙江一师任教时，和李叔同先生是同事，也是好朋友。夏丏尊曾对人说，李叔同先生教图画、音乐课，学生对图画、音乐看得比国文、数学还重。这是因为李先生有丰厚的知识做背景。他教图画、音乐，可他懂得的不仅是图画、音乐。他的诗文比国文先生的好，他的书法比习字先生的好，他的英文比英文先生的好。好比是一尊佛像，背后有光，故能令人敬仰。夏丏尊这样评价李叔同先生，其实他自己又何尝不是如此呢？他早年留学日本，口语、笔译堪称娴熟，回国后长年教国文，可科学、佛典、金石、书法无一不通。丰子恺说，凡熟识夏先生的人都知道，夏先生是个先天下之忧而忧的人。学校有了什么问题，别人都当作例行公事处理，他却当作自家的问题真心地担忧。"国家的事，世界的事，别人当作历史小说看的，在夏先生都是切身的问题……"

资料来源　节选自张清平《"人散后，一钩新月天如水"》，有改动。

复习思考题：

1. 简述陈鹤琴的活教育目的论。